KB269029

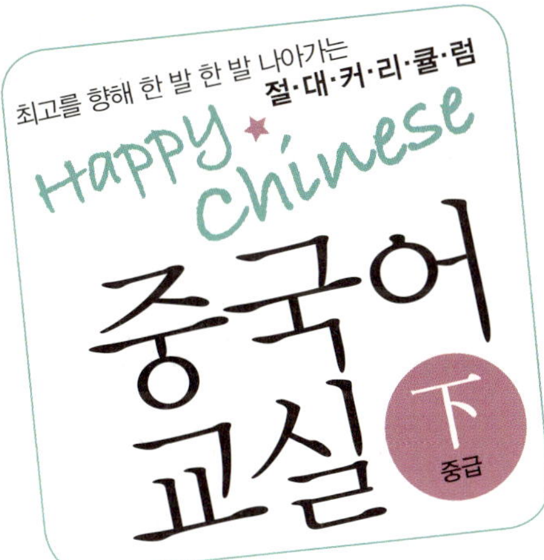
최고를 향해 한 발 한 발 나아가는
절·대·커·리·큘·럼
Happy Chinese
중국어
교실
下
중급

Happy Chinese

중국어교실 중급 下

지은이 陈阿宝
펴낸이 임준현
펴낸곳 넥서스CHINESE

초판 1쇄 인쇄 2008년 6월 25일
초판 1쇄 발행 2008년 6월 30일

출판신고 2001년 12월 5일 제 313-2005-00004호
121-840 서울시 마포구 서교동 394-2
Tel (02)330-5500 Fax (02)330-5555

ISBN 978-89-5795-163-7 14720
　　　 978-89-5795-164-4 (세트)

가격은 뒤표지에 있습니다.
잘못 만들어진 책은 구입한 곳에서 바꾸어 드립니다.

www.nexusbook.com

넥서스CHINESE

중국어 학습의 가장 정확하고 빠른 '지름길' 이 여기 있습니다!

중국어와 친구 되기를 희망하는 여러분을 진심으로 환영합니다.
중국어 첫 수업, 마치 첫 데이트를 하던 때와 비슷한 가슴 벅참과 설렘이 느껴지던 순간이었습니다.

이제부터 배워 갈 중국어는 순간순간 여러분에게 주는 희열도 만만치 않겠지만, 때론 여러분을 속상하게 할지도 모릅니다. 저도 예전엔 맘 고생 많이 했거든요. 그래서 "에라 모르겠다!" 하고 포기하려고도 했었습니다. 그·러·나 그 동안 공부했던 시간과 학원비로 날린 돈이 아까워 오기로 버티다 보니 어느새 중국어가 없으면 숨을 쉬어도 살아 있는 것이 아니요, 밥을 먹어도 배가 부르지 않는 중국어 중독자가 되고 말았습니다.

여러분도 이 교재를 만난 이상 '저' 처럼 그렇게 되실 거라고 믿습니다. 이 책에는 말이죠, '저' 의 중국어 사랑이 듬뿍 담겨 있습니다. 세상의 모든 부모님은 이렇게 말씀하십니다. '내 새끼만큼은 고생시키고 싶지 않아요.' 저 역시 저의 중국어 후배이신 여러분들은 제가 했던 고생을 안 했으면 하는 마음에서, 그 옛날의 시행착오를 거울 삼아 이 책 구석구석을 채웠습니다.

어떻게 채웠는지 말해달라고요? 여러분께서 만약 열정과 좌절 사이를 넘나들며 〈중국어교실〉 시리즈를 모두 끝내신다면 어느새 중국어 실력이 몰라보게 향상된 자신을 발견하게 될 것입니다.

어학에는 '왕도' 란 없습니다. 그러나 어떤 방법을 택하느냐에 따라 '지름길' 은 찾을 수 있습니다. 여러분은 이 책에서 중국어 학습의 '지름길' 을 발견하실 수 있으리라 믿습니다. 이제 중국어를 시작하는 여러분에게 '중국어 학습의 든든한 동반자' 가 되겠습니다.

모쪼록 중국어와 마음이 '통(通)' 해 끝까지 함께 하는 여러분이 되셨으면 하는 마음입니다.

넥서스CHINESE 편집부

기본문형

이번 과에서 배울 어법을 기본문형을 통해 미리 공부합니다.

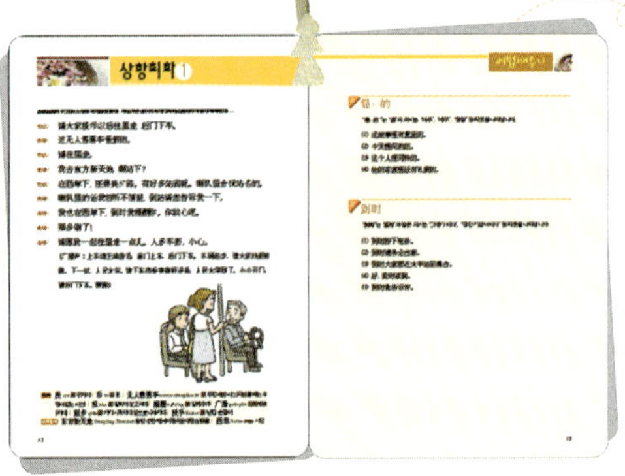

상황회화 1,2

미진이 중국 유학 생활을 통해 펼치는 드라마 스토리. 학교에서 벌어지는 일들과 일상 생활에서 벌어지는 일들이 한 편의 드라마로 펼쳐집니다. 자~ 우리 주변에서 일어나는 일들을 중국어로 어떻게 표현하는지 생동감 넘치는 삽화와 함께 드라마로 감상해 볼까요? 회화는 꼭 소리 내어 5번씩 읽으세요. 어법까지 해결됩니다.

어법배우기 1,2

회화 속에 숨어 있는 어법들을 하나하나 쏙쏙 파헤쳐 볼까요?
체계적인 설명과 풍부한 예문으로 중국어의 기초를 다지세요~!

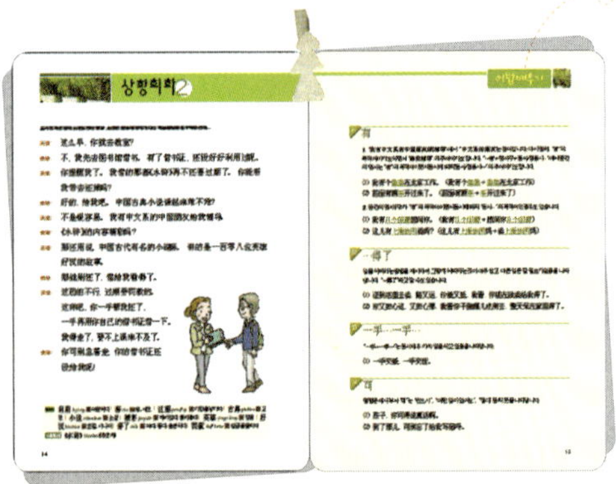

[시험 유형의 연습문제로 복습 시작]

听力Test

듣기 문제입니다. 녹음을 잘 듣고 물음에 답해 보세요. 책을 보고 이해히는 것과 귀로 듣는 중국어는 차원이 다릅니다.

阅读Test

독해 문제입니다. 짧은 단문을 읽고 질문에 알맞은 답을 쓰는 주관식 문제로 앞에서 배운 상황 회화의 내용과 비슷하여 그리 어렵지는 않습니다.

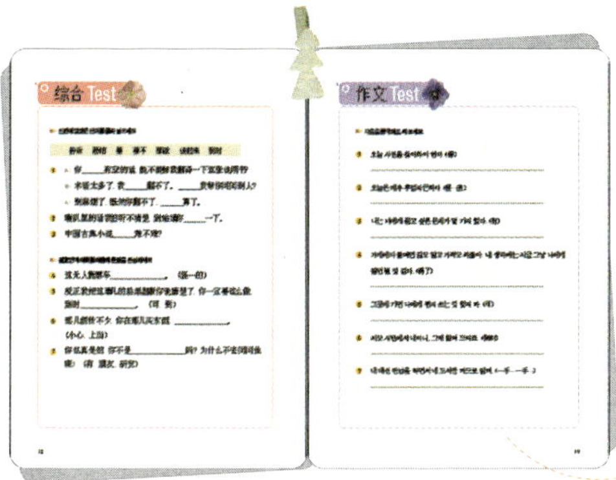

综合Test

종합 문제입니다. 주로 〈어법배우기〉에서 다뤘던 어법이나 수업 중에 선생님이 강조하셨던 내용을 위주로 공부하면 쉽게 풀 수 있답니다.

作文Test

작문 문제입니다. 앞에서 배웠던 내용을 써 보면서 총체적으로 점검합니다. 보고 쓰고를 되풀이해도 아련한 기억 속의 그대처럼 어렴풋하니 틀린 문제는 반복해서 써 보세요!

[쉬어 가는 페이지]

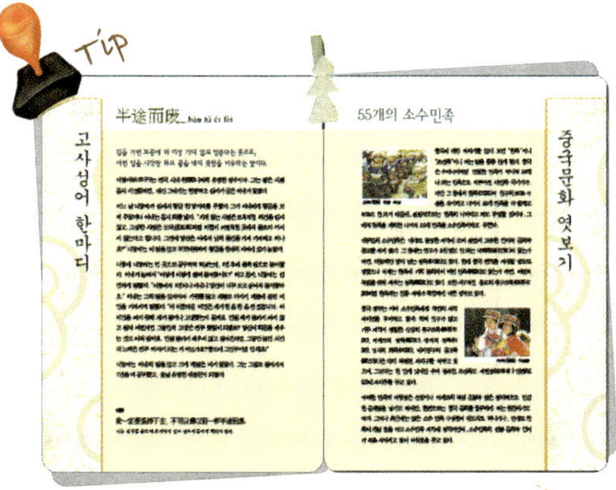

고사성어 한마디

중국어에서 많이 쓰이는 사자성어를 재미있는 이야기로 배워 봅니다.

중국문화 엿보기

단순히 중국어만 배우는 게 아니라 중국의 문화, 역사, 사회 등 다방면을 알 수 있습니다.

차례

Happy Chinese

최고를 향해 한 발 한 발 나아가는 절·대·커·리·큘·럼

중국어교실 시리즈

종합	회화

초급

Happy Chinese 중국어교실
초급 1~6 각권 1개월씩 총 6개월 과정

Happy Chinese 중국어교실
초급 上·中·下(초급 1~6의 합본)
각권 2개월씩 총 6개월 과정

Happy Chinese 중국어교실
회화편 초급 2개월 과정

중급

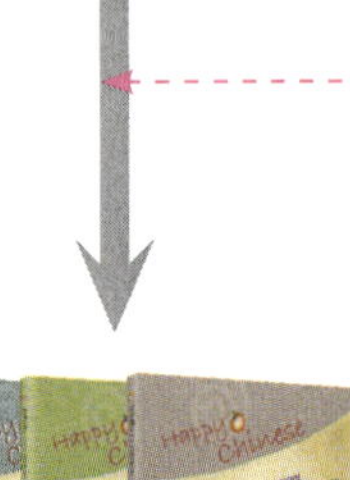

Happy Chinese 중국어교실
중급 1~4 각권 1개월씩 총 4개월 과정

Happy Chinese 중국어교실
중급 上·下(중급 1~4의 합본)
각권 2개월씩 총 4개월 과정

Happy Chinese 중국어교실
회화편 중급 2개월 과정

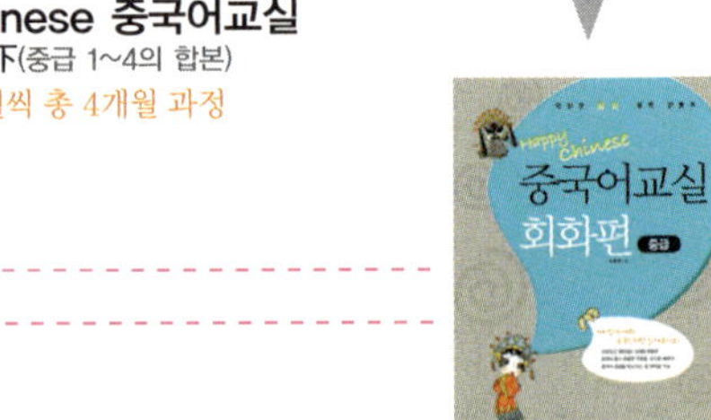

고급

Happy Chinese 중국어교실
고급 1~2 각권 1개월씩 총 2개월 과정

미진(美珍)

중국으로 유학 온 20살의 발랄한 한국 유학생. 당차고 활발하며, 여행하는 것을 좋아한다. 같은 반 제룬에게 반해 대시하려 하는데……

미첼(米切尔)

미진의 룸메이트인 캐나다 유학생. 금발의 키가 큰 미녀. 태극권에 관심이 많으며, 데이비드라는 미국 남자 친구가 있다.

제룬(杰伦)

중국 학생. 부잣집 아들로 럭셔리하며, 호감형의 외모로 여학생들 사이에 인기가 많다. 그러나 인기에 비해 여자에게는 전혀 관심이 없고 오직 공부에만 전념하는 학구파 .

영준(英俊)

미진의 고등학교 동창. 중국으로 유학 온 후 미진에게 많은 도움을 받는다. 엉뚱하지만 쾌활한 성격으로 주위에 친구들이 많다.

샤오리(小李)

중국 학생이며 미진의 둘도 없는 단짝 친구. 미진에게는 수호신 같은 존재로 두뇌가 명석하고 예의가 바르다. 운동이면 운동, 공부면 공부, 다방면으로 뛰어나다. 미진을 친구 아닌 이성으로 느끼는데……

희선(喜宣)

한국에서 다니던 대학을 휴학하고 1년 단기어학연수를 왔다. 외국어 배우는 것을 좋아하며 내성적인 성격에 말수가 적은 편이다. 미진의 단짝 친구 샤오리를 짝사랑하고 있다.

1 到时我 | 提醒
告诉
叫 | 你。你放心吧。

2 你可 | 别急着走。
千万别忘了。
一定要小心。

3 我
湖面
他 | 有 | 中文系的中国朋友给我辅导。
两只船开过来。
个叔叔在美国。

PART 01

到时我提醒你。

때가 되면 너에게 말해 줄게.

학습 목표
1. 상대방이 잊거나 실수하지 않도록 일깨워 줄 때 쓰는 표현을 익혀 봅니다.
2. '有'의 쓰임에 대해 공부합니다.

4	我	得	走了，要不上课来不及了。
	今天		把照片取回来。
	你		去图书馆还书。
	她		办签证。

5	小心	开门。
		你的钱包。
		摔跤。

쇼핑을 하러 东方新天地에 가기로 한 美珍. 처음 가는 곳이라서 어디서 버스를 내려야 할지 막막한데……

司机：　请大家投币以后往里走，后门下车。

美珍：　这无人售票车怪挤的。

司机：　请往里走。

美珍：　我去东方新天地，哪站下？

司机：　在西单下，还得换37路。有好多站路呢。喇叭里会报站名的。

美珍：　喇叭里的话我怕听不清楚，到站请您告诉我一下。

乘客：　我也在西单下，到时我提醒你。你放心吧。

美珍：　那多谢了！

乘客：　请跟我一起往里走一点儿。人多车挤，小心。

　　　　（广播声：上车请主动投币。前门上车，后门下车。车辆起步，请大家扶好站稳。下一站，人民大学。请下车的乘客做好准备。人民大学到了。小心开门。请后门下车。谢谢!）

단어 投 tóu 동 던지다, 투입하다 ｜ 币 bì 명 돈 ｜ 无人售票车 wúrén shòupiàochē 명 무인 매표 버스(차표를 파는 차장이 없는 버스) ｜ 报 bào 동 알리다, 보고하다 ｜ 提醒 tíxǐng 동 일깨우다 ｜ 广播 guǎngbō 명동 방송(하다) ｜ 起步 qǐbù 동 가기 시작하다, 앞으로 나아가다

고유명사 东方新天地 Dōngfāng Xīntiāndì 동방 신천지(베이징의 초대형 쇼핑몰) ｜ 西单 Xīdān 〈지명〉 시단

01 怪…的

'怪…的'는 '很'의 의미로, '아주', '매우', '정말' 등의 뜻을 나타냅니다.

(1) 这故事怪有意思的。

(2) 今天怪闷热的。

(3) 这个人怪可怜的。

(4) 他的态度怪没有礼貌的。

02 到时

'到时'는 '届时'와 같은 의미로, '그때가 되다', '정한 기일이 되다' 등의 뜻을 나타냅니다.
'到时候'라고 쓸 수도 있습니다.

(1) 到时按下电铃。

(2) 到时请务必出席。

(3) 到时大家都在火车站前集合。

(4) 好, 我到时准到。

(5) 到时我告诉你。

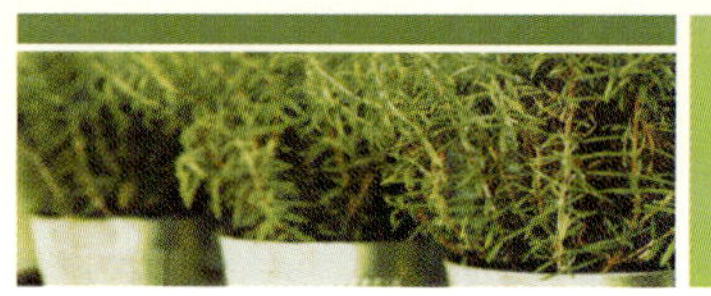

도서관 가는 길에 英俊을 만난 美珍. 英俊는 美珍에게 자기 대신 책을 반납하길 부탁하는데……

英俊: 这么早，你就去教室？

美珍: 不，我先去图书馆借书。 有了借书证，还没好好利用过呢。

英俊: 你提醒我了。 我借的那套《水浒》再不还要过期了。 你能帮
我带去还掉吗？

美珍: 好的，给我吧。 中国古典小说读起来难不难？

英俊: 不是很容易。 我有中文系的中国朋友给我辅导。

美珍: 《水浒》的内容精彩吗？

英俊: 那还用说，中国古代有名的小说嘛。 讲的是一百零八位英雄
好汉的故事。

美珍: 那就别还了，借给我看得了。

英俊: 这恐怕不行，过期要罚款的。
这样吧，你一手帮我还了，
一手再用你自己的借书证借一下。
我得走了，要不上课来不及了。

美珍: 你可别急着走，你的借书证还
没给我呢！

단어 　利用 lìyòng 통이용하다 ｜ 套 tào 명벌, 세트 ｜ 过期 guò//qī 통기한을 넘기다 ｜ 古典 gǔdiǎn 명고
전 ｜ 小说 xiǎoshuō 명소설 ｜ 精彩 jīngcǎi 형재미있다, 흥미롭다 ｜ 英雄 yīngxióng 명영웅 ｜ 好
汉 hǎohàn 명호걸, 사나이 ｜ 得了 déle 조되다, 좋다, 충분하다 ｜ 罚款 fá//kuǎn 통벌금을 물리다

고유명사 《水浒》Shuǐhǔ《수호지》

01 有

1. '我有中文系的中国朋友给我辅导' 에서 '中文系的朋友' 는 겸어입니다. 다시 말해, '有' 의 목적어이기도 하면서 '给我辅导' 의 주어이기도 합니다. '…有＋명사(구)＋동사/형용사…' 에서 중간의 명사(구)는 '有' 의 목적어이면서 동시에 뒤의 '동사/형용사…' 의 주어이기도 합니다.

(1) 我有个弟弟在北京工作。 （我有个弟弟＋弟弟在北京工作）
(2) 前面有辆车开过来了。 （前面有辆车＋车开过来了）

2. 중간의 명사(구)가 '有' 의 목적어이면서 동시에 뒤의 '동사…' 의 목적어인 경우도 있습니다.

(1) 我有几个问题想问你。 （我有几个问题＋想问你几个问题）
(2) 这儿有上海地图卖吗？ （这儿有上海地图吗＋卖上海地图吗）

02 …得了

일을 처리하는 방법을 제시하며, 그렇게 처리하는 것이 아주 쉽고, 다른 일은 할 필요가 없음을 나타냅니다. '…算了' 라고 할 수도 있습니다.

(1) 送到店里去卖，路又远，价钱又低，我看，你现在就卖给我得了。
(2) 你又担心这，又担心那，我看你干脆哪儿也别去，整天呆在家里得了。

03 一手…一手…

'一手…一手…' 는 동시에 두 가지 일을 하고 있음을 나타냅니다.

(1) 一手交钱，一手交货。

04 可

명령문에서 부사 '可' 는 '반드시', '어떤 일이 있어도', '절대' 등의 뜻을 나타냅니다.

(1) 孩子，你可得说真话啊。
(2) 到了那儿，可别忘了给我写信呀。

1 A. 很有意思　　B. 很奇怪　　C. 又怪又有趣

2 A. 现代音乐　　B. 民族音乐　　C. 古典音乐

3 A. 她朋友搬家了
B. 她朋友没去看她
C. 她朋友没有及时告诉她新地址

4 A. 男的可以去退货　B. 男的不能去退货　C. 男的不想去退货

5 A. 四月　　B. 五月　　C. 六月

6 A. 男的不认识西单
B. 女的应该在下一站下车
C. 女的误了站

7 A. 他还没看完　　B. 老王急着要看　　C. 老王要他赶快还

8 A. 他们家吃晚饭不可能早
B. 下班回来，饭菜早就做好了
C. 有时候吃得比较早

9 A. 那家商店卖的食品不新鲜
B. 他喜欢买过期的食品，因为便宜
C. 这袋食品在家里放得太久了

10 A. 火车上　　B. 公共汽车上　　C. 马路上

我的同屋米切尔呀，记性不好。 常常是关上了门才想起来没带上钥匙，到了商店想起来忘了带钱包。 有一次，别人请她签名，可她怎么也想不起来自己叫什么名字！这不，昨天是我生日，她说好了要送我一件礼物，可是她忘得一干二净，到了今天晚上才想起来。 她还怪我不好呢，说我记性太差，昨天不该忘了提醒她。

▶▶▶ 단문을 읽고 문제에 알맞은 답을 쓰세요.

1 米切尔记性怎么样？

____

2 米切尔总是关上了门才想起来什么？

____

3 别人请米切尔签名时，她想不起来什么？

____

4 昨天米切尔忘了什么事？

____

告诉　恐怕　要　要不　那就　读起来　到时

1　A：你______有空的话，能不能帮我翻译一下这张说明书？

　　B：术语太多了，我______翻不了。______我帮你问问别人？

　　A：别麻烦了，既然你翻不了，______算了。

2　喇叭里的话我怕听不清楚，到站请您______我一下。

3　中国古典小说______难不难？

4　这无人售票车____________。　（怪…的）

5　反正我把这事儿的后果都跟你说清楚了，你一定要这么做，
　　到时____________。　（可，别）

6　那儿假货不少，你在那儿买东西，____________。
　　（小心，上当）

7　你也真是的，你不是____________吗？
　　为什么不去问问他呢！　（有，朋友，研究）

▶▶ **다음을 중국어로 써 보세요.**

1 오늘 사진을 찾아와야 한다. (得)

____

2 오늘은 매우 후덥지근하다. (怪…的)

____

3 나는 너에게 묻고 싶은 문제가 몇 가지 있다. (有)

____

4 가게에다 팔려면 길도 멀고 가격도 싸잖아. 내 생각에는 지금 그냥
나에게 팔면 될 것 같다. (得了)

____

5 그곳에 가면 나에게 편지 쓰는 것 잊지 마. (可)

____

6 저도 시단에서 내리니, 그때 알려 드리죠. (到时)

____

7 내 대신 반납을 하면서 네 도서관 카드로 빌려. (一手…一手…)

____

半途而废 _bàn tú ér fèi

길을 가던 도중에 더 이상 가지 않고 멈춘다는 뜻으로,
어떤 일을 시작만 하고 끝을 내지 못함을 비유하는 말이다.

낙양자(乐羊子)는 전국 시대 위(魏)나라의 유명한 장수이다. 그는 젊은 시절 몹시 가난했지만, 대신 그에게는 현명하고 심지가 굳은 아내가 있었다.

어느 날 낙양자가 길에서 황금 한 덩어리를 주웠다. 그가 아내에게 황금을 보여 주었더니 아내는 몹시 화를 냈다. "기개 있는 사람은 모욕적인 적선을 받지 않고, 고상한 사람은 도둑샘[盗泉]처럼 이름이 꺼림칙한 곳에서 물조차 마시지 않는다고 합니다. 그런데 당신은 어째서 남의 물건을 거저 가지려고 하나요?" 낙양자는 이 말을 듣고 부끄러워하며 황금을 원래의 자리에 갖다 놓았다.

나중에 낙양자는 먼 곳으로 공부하러 떠났는데, 1년 후에 불쑥 집으로 돌아왔다. 아내가 놀라서 "어떻게 이렇게 빨리 돌아왔어요?" 하고 묻자, 낙양자는 겸연쩍게 말했다. "타향에서 1년이나 지내니 당신이 너무 보고 싶어서 돌아왔다오." 아내는 그의 말을 듣자마자 가위를 들고 베틀로 다가가, 베틀에 걸린 비단을 가리키며 말했다. "이 아름다운 비단은 제가 한 올 한 올 짠 것입니다. 이 비단을 짜기 위해 제가 얼마나 고생했는지 몰라요. 만일 제가 끝까지 짜지 않고 잘라 버린다면 그동안의 고생은 전부 헛일이 되겠죠? 당신이 학문을 배우는 것도 이와 같아요. 만일 끝까지 배우지 않고 돌아온다면, 그동안 들인 시간과 노력은 전부 허사가 되는 거 아닌가요? 중도에 그만두어선 안 돼요!"

낙양자는 아내의 말을 듣고 크게 깨달은 바가 있었다. 그는 그길로 돌아가서 7년을 더 공부했고, 훗날 유명한 대장군이 되었다.

예문

我一定要坚持下去, 不可以像以前一样半途而废。
나는 전처럼 중도에 포기하지 말고 반드시 끝까지 해내야 한다.

55개의 소수민족

요족(瑤族) 전통 의상

중국에 대한 이야기를 듣다 보면 '한족'이니 '조선족'이니 하는 말을 종종 듣게 된다. 중국은 우리나라처럼 단일한 민족이 아니라 56개나 되는 민족으로 이루어진 다민족 국가이다. 다만 그 중에서 한족(汉族)이 인구의 90% 이상을 차지하고 나머지 55개 민족을 다 합해도 10%도 안 되기 때문에, 실질적으로는 한족의 나라라고 봐도 무방할 것이다. 그래서 한족을 제외한 나머지 55개 민족을 소수민족이라고 부른다.

대부분의 소수민족은 대대로 일정한 지역에 모여 살면서 고유한 언어와 문화와 종교를 지켜 왔다. 그 중에는 인구가 3천 명도 안 되는 낙파족(珞巴族)이 있는가 하면, 1천6백만 명이 넘는 장족(壯族)도 있다. 한때 중국 전역을 지배할 정도로 강했으나 이제는 한족에 거의 동화되어 버린 만족(满族)도 있는가 하면, 여전히 독립을 위해 싸우는 장족(藏族)도 있다. 또한 서구적인 용모의 위구르족(维吾尔族)처럼 한족과는 인종 자체가 확연하게 다른 경우도 있다.

중국 정부는 여러 소수민족에게 약간의 지역 자치권을 부여하고 있다. 특히 인구가 많고 거주 지역이 광활한 신장의 위구르족(维吾尔族), 티베트의 장족(藏族), 광시의 장족(壯族), 닝샤의 회족(回族), 네이멍구의 몽고족(蒙古族)은 각각 독립된 자치구를 이루고 있

이족(彝族) 여성들

으며, 그보다는 한 단계 낮지만 우리 동포인 조선족도 지린성(吉林省) 옌볜(延边)에 자치주를 두고 있다.

이러한 민족적 다양성은 신장이나 티베트의 독립 운동과 같은 정치적으로 민감한 문제들을 낳기도 하지만, 한편으로는 중국 문화를 풍부하게 하는 원천이기도 하다. 그러나 최근에는 많은 소수 민족 구성원이 대도시로 떠나거나, 반대로 한족이 개발 붐을 타고 소수민족 지역에 정착하면서, 소수민족의 전통 문화와 언어가 차츰 사라지고 있어 아쉬움을 주고 있다.

1 要是　　烧得厉害,　　也许　　要打针。
　　　　　天气不好,　　　　　　她不去。
　　　　　你不喜欢,　　　　　　他可以换这件衣服。

2 也许　　会发现什么好东西。
　　说不定
　　可能

3 她　一定　着凉了。
　　　准
　　　肯定

她一定也着凉了。

그녀도 틀림없이 감기에 걸렸을 거야.

학습 목표

1. 추측을 나타내는 다양한 표현을 익혀 봅니다.
2. 부사 '反正' 의 용법에 대해 알아봅니다.

4　我看，

少说
起码
至少

也要千把块钱。

5　别是

乾隆以前的吧？
让人给撞了？
又弄错了吧？

상황회화 ①

몸이 좋지 않은 美珍. 杰伦은 美珍에게 병원 가서 진찰받기를 권하는데……

杰伦:　我看你咳得比昨天还厉害。你现在感觉怎么样？

美珍:　有点儿头疼，还一阵阵发冷。

杰伦:　你看上去脸色不太好。是不是发烧了？你有没有量过体温？

美珍:　没有。

杰伦:　还是上医院去看看吧。我今天反正没事儿，陪你去。

美珍:　那太谢谢你了。我说不定得了肺炎。

杰伦:　不会吧。最近感冒的人比较多，说不定你也感冒了。这几天晚上比较闷热，你准是睡觉没盖好被子。

美珍:　我同屋晚上喜欢把空调开得很低。今天她也咳嗽了。

杰伦:　她一定也着凉了。

美珍:　多半是我把感冒传给她了。

杰伦:　你还是赶紧去医院检查一下吧。

美珍:　医生会不会给我打针？

杰伦:　要是烧得厉害，也许要打针。你总不会怕打针吧？

美珍:　是啊，我就是怕打针。

단어　咳(嗽) ké(sou) [동] 기침하다 ｜ 阵 zhèn [양] 바탕, 차례 ｜ 发冷 fālěng [동] 오한이 나다 ｜ 反正 fǎnzheng [부] 어쨌든 ｜ 肺炎 fèiyán [명] 폐렴 ｜ 着凉 zháo∥liáng [동] 감기 걸리다 ｜ 多半 duōbàn [부] 대개, 아마도 ｜ 传 chuán [동] 전염되다 ｜ 检查 jiǎnchá [동] 검사하다 ｜ 打针 dǎ∥zhēn [동] 주사를 놓다

01 反正

1. 어떠한 상황에서도 결론은 변하지 않음을 나타내며, '无论', '不管' 등과 호응하기도 합니다.

(1) 不管怎么说, 反正是件文物。

(2) 谁先讲都行, 反正你们每个人都得讲一讲。

2. 어떤 상황을 제시하고, 그 상황에서는 어떠한 일이 아주 당연한 것임을 나타냅니다.

(1) 反正今天我没事, 就陪你去吧。

(2) 不去就不去吧, 反正这地方离我家不远, 将来总有机会去的。

02 总

'总'은 '不管怎么说'와 같은 의미로 '어쨌든', '필경', '결국', '아무튼', '아무래도' 등의 뜻이며,
사물의 가장 근본적인 면을 가리킵니다.

(1) 不管今天去还是明天去, 你总得去一趟, 不去是不行的。

(2) 虽然有些人觉得京剧节奏太慢, 内容太旧, 但京剧的艺术水平那么高,
总能吸引住一部分观众的。

(3) 你学了那么长时间的汉语, 总不会连这么简单的汉字也不认识吧?

(4) 孩子总是孩子, 不能对他们要求太高。

(5) 努力下去, 总会获得成功的。

골동품에 관심이 많은 美珍과 杰伦이 골동품에 관해 얘기를 나눈다.

美珍: 听说你常去琉璃厂，对古董一定很有研究吧。

杰伦: 说不上有研究，比较喜欢就是了。

美珍: 我也很喜欢古董。 但不敢买。 价高了吧，怕不值；价低了吧，
心想八成是假货。

杰伦: 买古董，一靠运气，二靠眼力。 只有多看多比较，才能分出真假
来。 你有兴趣，什么时候我们一起去看看。

美珍: 和你一起去，也许会发现什么好东西。

杰伦: 我给你看一件瓷器，是我上个月在琉璃厂买的。

美珍: 白底儿青花，做工精致极了。 看上去有些年份了，别是乾隆以
前的吧？

杰伦: 那是国家保护文物，还能随便买卖？
你看底部的印记，是宣统年间的。

美珍: 不管怎么说，反正是件文物。
我看，少说也要千把块。

杰伦: 可我是六百块买下的，便宜吧？

［단어］ 古董 gǔdǒng ［명］골동품 ｜ 值 zhí ［동］가치가 있다 ｜ 靠 kào ［동］기대다 ｜ 运气 yùnqi ［명］운 ｜ 眼力
yǎnlì ［명］안목, 보는 눈 ｜ 瓷器 cíqì ［명］도자기 ｜ 做工 zuògōng ［명］가공 기술 ｜ 精致 jīngzhì ［형］세밀하
다, 정교하다 ｜ 印记 yìnjì ［명］날인한 도장 ｜ 文物 wénwù ［명］문화재

［고유명사］ 琉璃厂 Liúlíchǎng 〈지명〉류리창(베이징의 골동품 거리) ｜ 乾隆 Qiánlóng 건륭(1736~1795, 청나라
고종의 연호) ｜ 宣统 Xuāntǒng 선통(1909~1911, 청나라 마지막 황제 푸이의 연호)

28

01 说不上

'说不上'은 '별로 ~없다', '~라고 할 정도는 아니다' 등의 뜻을 나타냅니다.

(1) 他们俩说不上是什么好朋友。
(2) 我说不上会说汉语。

02 …吧，… ；…吧，…

'…吧，… ；…吧，…'는 두 가지 사항을 열거하여 이러지도 저러지도 못하는 상황을 나타냅니다.

(1) 坐火车吧，太慢了点儿 ；坐飞机吧，太贵了点儿。
(2) 告诉他吧，纪律不允许 ；不告诉他吧，又怕他生气。
(3) 走吧，不好 ；不走吧，也不好。

03 不管怎么说

어떤 상황에서라도 어떠한 사실이 반드시 존재하며, 그 결론은 반드시 옳은 것임을 나타냅니다.

(1) 也许你不喜欢你母亲，甚至有点恨她，可是，不管怎么说，她是你的母亲呀，她现在有困难，你怎么能不帮助她呢？
(2) 不管怎么说，打人总是不对的。

▶▶▶ 대화를 듣고 알맞은 답을 고르세요.

1 A. 别人借走了   B. 在家里   C. 在汽车上

2 A. 一定能赶到   B. 不一定   C. 不可能

3 A. 小张一定知道   B. 小张不可能知道   C. 可能小张也不知道

4 A. 车站   B. 医院   C. 饭店

5 A. 他不爱玩古董
      B. 他对古董没有研究, 只是喜欢玩玩
      C. 他不但爱玩古董, 而且挺有研究的

6 A. 值   B. 不值   C. 说不准

7 A. 这两个人感冒了
      B. 他们的爷爷、奶奶感冒了
      C. 他们今天没空, 不去看爷爷、奶奶了

8 A. 跟昨天差不多   B. 比昨天好   C. 比昨天差

9 A. 老王眼睛很好   B. 老王运气好   C. 老王有眼力

10 A. 这些建筑的历史没有六七十年
       B. 这些建筑只有六七十年的历史
       C. 这些建筑至少有六七十年的历史了

今天早上，快上课了，可是美珍还没到。 有的同学说，她一定是起床晚了。 可是她每天早上总是六点不到就起床的，今天怎么会晚了呢？ 有的同学猜想是路上堵车，她来不及赶到。 不对，她从来不坐车，她一向是骑车来的。 有的同学担心她骑车跟人撞了。 不过，她骑车一向十分小心，骑得也不快，不太可能出事儿。还有的同学怀疑，她最近交了个男朋友，也许跟朋友一起旅行去了。反正，大家都估计，美珍今天不是迟到，就是干脆不来了。 正在这时，上课的铃声响了，美珍走进了教室。

▶▶▶ 단문을 읽고 문제에 알맞은 답을 쓰세요.

1 美珍今天来上课了没有？

____

2 美珍今天迟到了没有？

____

3 大家对美珍都有哪些猜测？这些猜测有没有根据？

____

4 什么时候，美珍走进了教室？

____

▶▶ 괄호 안의 어휘를 적당한 위치에 넣으세요.

1 A 努力下去, B 会获得 C 成功的。　(总)

2 我 A 想他明天 B 总 C 会不来吧。　(不)

3 我 A 看, B 少说 C 要千把块。　(也)

4 多半是 A 我把感冒 B 传 C 她了。　(给)

▶▶ 괄호 안의 어휘를 이용해 문장을 완성하세요.

5 买古董, ＿＿＿＿＿＿＿＿＿＿＿＿＿。　(一靠, 二靠)

6 A : 听说他要提前回国, 你知道吗?

　　B : 不可能吧。 我跟他是多年的老朋友了, 他要是想提前回国,

　　　　＿＿＿＿＿＿＿＿＿＿＿＿＿。　(总)

7 A : 你看他多大年纪?

　　B : 他的头发全白了, 我看＿＿＿＿＿＿＿＿＿＿。　(少说)

8 A : 你说这个青瓷花瓶是件文物, 那么, 它是什么时候的文物呢?

　　B : 具体年代我说不准, ＿＿＿＿＿＿＿＿＿＿。　(反正)

▶▶ 다음을 중국어로 써 보세요.

1 그들 둘은 다정한 벗이라고 할 정도는 아니다. (说不上)

____

2 오늘 가든 내일 가든, 너는 결국 한 번은 가야 한다. 안 가면 안 된다. (总)

____

3 누가 먼저 말을 해도 좋다. 어쨌든 너희들 모두 말해야 한다. (反正)

____

4 가자니 그렇고, 안 가자니 또 그렇다. (…吧,… ; …吧,…)

____

5 그녀도 분명히 감기에 걸렸을 거야. (一定)

____

6 만약에 열이 심하면 주사를 맞아야 할지도 모른다. (要是…也许…)

____

7 뭐라고 하든, 어쨌든 문화재잖아. (反正)

____

大公无私_dà gōng wú sī

오로지 공공의 이익을 위할 뿐 전혀 사심이 없다는 뜻으로,
우리말의 '공평무사'와 비슷한 말이다.

춘추 시대에, 진(晉)나라 평공(平公)이 당시 대부(大夫)였던 기황양(祁黄羊)에게 물었다. "남양현(南阳县)의 현령(县令) 자리가 비어 있는데, 누구를 임명하면 좋겠소?" 기황양은 곧바로 "해호(解狐)가 적임자이니 그를 임명하시지요."라고 대답했다. "해호는 그대의 원수가 아니오? 어째서 그를 추천하시오?" 평공이 의아해하며 묻자 기황양은 이렇게 대답했다. "전하께선 누가 적임자인지 물으셨지, 그가 제 원수인지 물으신 것이 아니지 않습니까?" 이에 평공은 해호를 임명하였고, 과연 해호는 남양현의 백성들을 위해 좋은 일을 많이 하여 칭송을 받았다.

얼마 후 평공이 또 기황양에게 물었다. "지금 조정에 법관(法官) 자리가 하나 비었는데, 누구를 임명하면 좋겠소?" 기황양은 "기오(祁午)가 적임자입니다."라고 대답했다. "기오는 그대의 아들이 아니오? 자기 아들을 추천하다니 뒷말이 많지 않겠소?" 평공이 또 의아해하며 물었다. "전하께선 누가 적임자인지 물으셨지, 그가 제 아들인지 물으신 것이 아니지 않습니까?" 이에 평공이 기오를 법관에 임명하니, 과연 기오는 훌륭히 직책을 수행하였다.

공자는 이 두 가지 일을 전해 듣고는 감탄하며 말했다. "기황양은 인재를 추천할 때 원수라고 해도 배척하지 않고 친아들이라고 해도 회피하지 않으니 정말 공평무사하구나!"

예문
我们可以也必须要求公务员们大公无私。

우리는 공무원들에게 공평무사할 것을 요구할 수 있고 또한 요구해야만 한다.

중국의 명주(名酒)

우리나라 사람들의 술 사랑도 유별나지만, 중국인들도 그에 못지 않게 술을 즐기는 편이다. 중국 술은 역사가 유구하며, 각 지방마다 특산주가 있어서 종류도 수천 가지에 이른다고 한다.

중국 술은 제조 방법과 그 특성에 따라 백주(白酒), 황주(黃酒), 약주(药酒)로 나뉘어진다. 백주는 무색 투명하고 도수가 30~60도 정도로 높은 증류주로서, 우리가 흔히 '빼갈'이라고 부르는 술이 이것이다. 가장 유명한 백주는 모태주(茅台酒)와 오량액(五粮液)인데 해외에도 잘 알려진 명주(名酒)라서 그만큼 가짜도 많다. 황주는 도수가 12~20도 정도로 비교적 낮고 황색이나 붉은색을 띠는 술이다. 대표적인 황주에는 소흥주(绍兴酒)가 있으며, 소흥주 중에서도 여아홍(女儿红)이 유명하다. 약주는 말 그대로 몸에 좋은 한약재를 넣어 빚은 술로서, 죽엽청주(竹叶青酒) 등이 유명하다.

중국 최고의 명주 – 모태주

참고로 중국의 7대 명주로는 모태주(茅台酒), 분주(汾酒), 서봉주(西凤酒), 노주(老酒), 오량액(五粮夜), 소흥주(绍兴酒), 연태포도주(烟台葡萄酒)를 꼽는데, 책에 따라 약간씩 달리 분류하기도 한다.

소흥주

중국 술은 불을 붙이면 파란 불꽃이 일어날 만큼 독한 술이 많지만, 의외로 술에 취해 거리에서 비틀거리는 사람은 별로 볼 수 없다. 이것은 술 자체의 순도가 높기 때문만이 아니라 중국인들은 음주 예절을 중요시하여 술에 취해 실수하는 것을 매우 싫어하기 때문이다. 따라서 중국인과 술을 마실 때, 흥에 겨워 함부로 "干杯(원샷)!"을 외치다가는 낭패를 볼 수도 있다. 다행히 요즘 중국 젊은이들은 도수가 높은 백주가 아닌 맥주를 즐겨 마시며 술을 강권하는 것도 싫어하는 편이니, 술에 약한 사람이라도 즐겁게 어울릴 수 있을 것이다.

1 相信　　　自己能做成。
　　　　　　我不会骗你。
　　　　　　孩子能学好。

2 我才不　　相信　　　　　　呢。
　　　　　　怕你
　　　　　　稀罕那点小钱

3 我也想　　学，　　就是担心　　学不好。
　　　　　　吃，　　　　　　　　胖。
　　　　　　喝酒，　　　　　　　醉。

我才不相信呢。

나는 믿을 수 없어.

학습 목표

1. 어떤 일에 대해 확신(또는 의심)을 나타내는 표현을 익혀 봅니다.
2. '才…呢' 용법에 대해 알아봅니다.

4 没问题， 这事包在我身上。
你放心吧，

5 你怎么就 怀疑 自己学不好呢？
我   他在骗我。
杰伦   自己学不好书法。
我   她到底会不会打篮球。

美珍은 서예를 배우고 싶지만 잘하지 못할까 걱정이다. 그런 美珍에게 小李는 자신감을 가지라고 하는데……

美珍: 你们都在学书法，我也想学，就是担心学不好。

小李: 还没学，怎么就怀疑自己学不好呢？我想，不论做什么事，首先要有信心，相信自己能做成。中国有一句老话：“天下无难事，只怕有心人。”

美珍: 书法是一门艺术。没有天分恐怕是学不好的。

小李: 但我相信，天才来自三分天分加七分勤奋。你知道中国古代书法家王羲之吗？

美珍: 去绍兴的时候，我去过他练字的地方。据说王羲之非常用功，日夜苦练。

小李: 大书法家的成功就是靠勤学苦练换来的。只要坚持不懈，水滴也能石穿。当然，我们学书法，并不都是为了成为书法家，大多只是为了把字写得端正些、漂亮些。

美珍: 你说得有道理。那么，你能给我讲讲怎么学书法吗？

小李: 我可说不好，还是请我的老师给你讲吧。

단어 书法 shūfǎ 몡 서예 | 老话 lǎohuà 몡 옛말, 속담 | 天分 tiānfèn 몡 선천적인 재능, 소질 | 天才 tiāncái 몡 천재 | 勤奋 qínfèn 혱 근면하다, 열심이다 | 勤学苦练 qín xué kǔ liàn 열심히 배우고 연습하다 | 坚持不懈 jiānchí búxiè 쉬지 않고 계속하다 | 水滴石穿 shuǐ dī shí chuān 낙숫물이 댓돌을 뚫는다, 작은 힘이라도 끈기 있게 계속하면 성공한다 | 端正 duānzhèng 혱 단정하다, 똑바르다

고유명사 王羲之 Wáng Xīzhī 왕희지(중국 진나라 때의 서예가)

01 不论

'不管', '无论' 으로 바꿔 쓸 수 있으며, 어떠한 조건에서도 결론은 변하지 않음을 나타냅니다.
뒷절에는 '都', '也', '总' 이 와서 호응하는 경우가 많습니다.
'不论' 뒤에는 '谁', '什么', '哪', '怎么', '多' 의 의문사가 있는 의문문이나 정반의문문, 선택의문문
이 옵니다.

(1) 不论有什么困难，我们都一定要完成任务。

(2) 不论困难有多大，我们也一定要完成任务。

(3) 不论有没有困难，我们总要完成任务。

(4) 不论买了票的还是没有买票的，个个都想进去看看。

02 来自

1. '从…来' 의 뜻으로, 여기서 '自' 는 '从' 의 뜻을 나타냅니다.

(1) 我来自泰国。

(2) 我们来自世界各地。

2. '自' 가 기타 동사 뒤에 놓여 쓰이는 경우도 있습니다.

(1) 这篇课文选自一部长篇小说。

(2) 这是发自内心的笑。

03 并

부정문에 쓰여 사람들이 생각하는 것과는 사실이 다름을 나타냅니다.

(1) 我跟他虽然是同屋，可是我对他并不了解。

(2) 学习努力的人成绩并不一定好。

(3) 大家都以为他知道那件事，其实他并不知道。

내일 농구 경기가 있는데 선수가 한 명 모자라서 美珍이 전전긍긍하는데……

美珍: 明天篮球比赛，队里还少一个人。

小李: 我来凑个数吧。

美珍: 去，去，女同学比赛，你来凑什么热闹。

小李: 和你开个玩笑。我说，小丽不错，她会打球，而且打得很好。

美珍: 别瞎扯了。戴着副眼镜，斯斯文文的样子，我才不相信呢。

小李: 你这是以貌取人。中学时，我和她是同学，我是校男队的，她是校女队的。进了大学，学习一紧张，她就不打球了。

美珍: 可她这么长时间不训练了，还行吗？

小李: 这你放心，经过专门训练的人，一拿到球，感觉就来了。再说，不管怎么样，她打起球来反正不会比你差。

美珍: 好吧。今天下午训练，能通知到她吗？

小李: 没问题，这事儿包在我身上。

美珍: 谢谢你了，帮我解决了一个大难题。

단어 凑数 còu // shù 동 수를 채우다 | 凑热闹 còu rènao ❶함께 모여 떠들썩하게 즐기다 ❷더욱 귀찮게〔성가시게〕하다 | 瞎扯 xiāchě 동 마구 지껄이다, 함부로 말하다 | 斯文 sīwén 형 점잖다, 고상하다 | 以貌取人 yǐ mào qǔ rén 용모로 사람을 평가하다 | 专门 zhuānmén 형 전문적인 | 训练 xùnliàn 동 훈련하다 | 包 bāo 동 일을 도맡다, 전적으로 책임지다

01 才……呢

1. 부정의 어기를 강조하는 경우

(1) 我才不去那种鬼地方呢!
(2) 他才不会那么傻呢!

2. 정도가 매우 높음을 나타내는 경우

(1) 你别看这本词典小, 它才有用呢!
(2) 昨天晚上那场排球赛才叫精彩呢!

02 不管怎么样

'不管怎么样'은 '어쨌든 간에' 라는 뜻으로, 어떤 조건에서든지 결론은 바뀌진 않음을 나타냅니다.

(1) 不管怎么样, 他们还是按时完成了。
(2) 不管怎么样, 我也要参加这次冬季游泳比赛。
(3) 不管怎么样, 希望能有个好的结局。
(4) 不管怎么样, 他都不会放弃我。

1 A. 表示怀疑　　　　B. 表示同意　　　　C. 表示相信

2 A. 男的是个书法家　B. 男的写了一篇文章　C. 男的正在练字

3 A. 人人都是天才　　B. 只要勤奋就能成功
　　C. 光靠勤奋成不了天才

4 A. 女的很有把握，男的没有把握
　　B. 女的觉得把握不大，男的觉得把握很大
　　C. 两个人都觉得很有把握

5 A. 包在他身上　　　B. 要靠大家一起努力　　C. 他水平不高

6 A. 大人说的事，小孩子不懂
　　B. 小孩子应该到热闹一点的地方去　　C. 让孩子们安静点

7 A. 报纸上是这样说的，谁知道是真是假
　　B. 那是千真万确的事　　　　C. 报纸上说那是真的

8 A. 应该坚持自己的看法　　B. 只有自己才是最可信的
　　C. 对别人的话不要相信

9 A. 小丽篮球打得非常好　　B. 女的不太会打篮球
　　C. 男的不相信小丽会打篮球

10 A. 他猜想那个人很可能以前是国家队队员
　　B. 他有点不相信那个人以前是国家队队员
　　C. 他不怀疑那个人以前是国家队队员

三天前, 我在火车站附近遇到了一个陌生人。 他说他的钱包被人偷走了,
回不了了家, 希望我借一点钱给他。 我看他戴着副眼镜,
斯斯文文的样子, 就相信了他, 把钱借给他了。
回来跟同学们一说, 他们都说我不该以貌取人。
他们怀疑那个人是个骗子, 骗了我的钱。
这么说, 他是不会把钱还给我了。
可是我实在不愿意相信同学们的话。
我坚持认为, 我并没做错。 我相信,
下次再遇上这样的事, 我还是会这样做的。

▶▶▶ 단문을 읽고 문제에 알맞은 답을 쓰세요.

1　三天前, 我遇到了一个陌生人, 他说他有什么困难?

____

2　我为什么相信了他?

____

3　我的同学们相信那个人说的话吗?

____

4　我是怎么想的?

____

▶▶▶ 빈칸에 알맞은 단어를 골라 넣으세요.

从	自

1 他是______法国来的。

2 他来______法国。

并	才

3 他______不会去参加比赛呢!

4 其实, 他______不会去参加比赛。

不论	尽管

5 ______困难很大, 但我们一定要完成任务。

6 ______有多大的困难, 我们也一定要完成任务。

▶▶▶ 괄호 안의 어휘를 이용해 문장을 완성하세요.

7 这么难的文章, 我____________。 (怀疑, 他, 看懂)

8 我不知道未来会是什么样子, ________________。
(反正, 现在, 糟)

9 ____________, 他都能回答出来。 (不论)

▶▶ 다음을 중국어로 써 보세요.

① 어찌 됐든, 그들은 그래도 제시간에 완성했다. **(不管怎么样)**

② 그는 절대 그렇게 어리석지 않을 거야. **(才…呢)**

③ 나는 천재는 30%의 재능과 70%의 노력으로 이루어진다고 믿어. **(来自)**

④ 어려움이 있든 없든 우리는 임무를 완수할 것이다. **(不论)**

⑤ 열심히 공부하는 사람이 반드시 성적이 좋지는 않다. **(并)**

⑥ 어제 저녁의 배구 경기는 정말 재미있었다. **(才…呢)**

⑦ 이 본문은 한 장편 소설에서 발췌한 것이다. **(来自)**

举棋不定_jǔ qí bù dìng

**바둑돌을 손에 쥔 채 두지 못한다는 뜻으로,
어떤 일을 주저하며 결정하지 못함을 비유하는 말이다.**

위(卫)나라의 헌공(献公)은 폭군으로, 그가 왕위에 있을 때 백성들은 많은 고통을 받았다. 이에 대신들이 그를 쫓아내고 도공(悼公)을 새 왕으로 삼았다. 도공은 마음이 약한 사람이어서, 죽기 전에 아들에게 이렇게 유언을 남겼다. "내가 죽으면 네가 헌공을 다시 모셔 오거라. 임금을 몰아낸 채로는 죽어서도 편히 눈을 감지 못할 것 같구나."

헌공은 이 소식을 듣고 기뻐하며, 복수할 기회가 왔다고 생각했다. 그는 일부러 착한 척하며, 그저 조국으로 돌아가기만 바랄 뿐 다시 왕이 될 욕심은 없다고 말하고 다녔다. 도공의 아들은 당장 헌공을 귀국시켜서 아버지의 유언을 이루고 싶었다. 하지만 대신들은 헌공의 사람됨을 잘 알기 때문에 헌공의 말이 틀림없이 거짓말일 거라고 생각하고 하나같이 반대했다.

그 중에서 숙의(叔仪)라는 대신이 말했다. "바둑돌을 손에 쥔 채 두지 않고 망설이면 꼭 지게 된다는 것을 알 겁니다. 임금을 쫓아냈다가 다시 부르다니, 바둑도 한번 두면 무를 수 없는데 임금을 어찌 무른단 말이오? 만일 내 말을 믿지 않고 헌공을 돌아오게 한다면, 그는 틀림없이 복수를 할 테니 우리는 죽은 목숨이오. 이 바둑을 물렀다가는 우리가 지게 될 거요."

하지만 도공의 아들은 충고를 듣지 않고 헌공을 불러들였고, 결국 헌공에게 죽음을 당했다.

예문

正在我举棋不定之际, 老师给了我勇气, 我就决定了。
내가 망설이면서 결정하지 못하고 있을 때, 선생님께서 용기를 주셔서 결정하였다.

'짝퉁'의 천국

중국은 소위 '짝퉁[假货]'의 천국이다. 고가의 명품 브랜드를 감쪽같이 모방한 가짜가 시장은 물론이고 백화점과 면세점까지 버젓이 진출하기도 한다. 수백만 원짜리 명품도 중국에서는 단돈 만 원이면 짝퉁으로 살 수 있기 때문에, 아예 일부러 베이징의 슈수이제(秀水街)나 훙차오(红桥) 시장을 찾아가서 짝퉁 쇼핑을 하는 관광객도 많다.

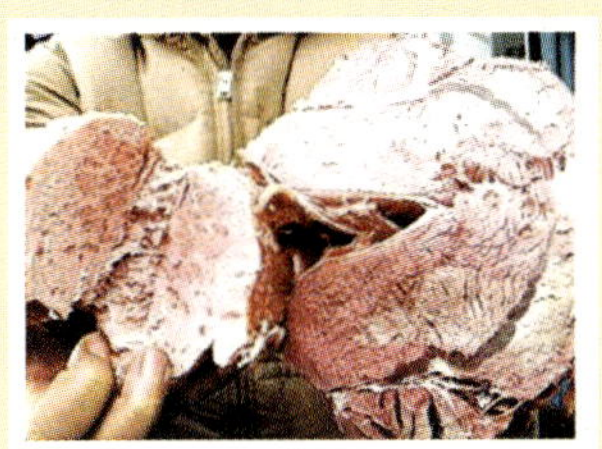
가짜 쇠고기

고가의 명품만 가짜가 있는 게 아니다. '사람 빼고는 못 만드는 게 없다.'라는 말이 있을 정도로 가짜는 중국 사회 곳곳에 퍼져 있다. 시중에서 팔리는 DVD는 95% 이상이 가짜라고 하고, 위조지폐도 너무 많다 보니까 발견해도 경찰에 신고하지 않고 그냥 슬쩍 써 버리고 만다. 학생증이나 졸업증명서 등의 각종 증명서도 돈만 있으면 얼마든지 만들 수 있고, 기업의 탈세를 목적으로 한 가짜 영수증도 인기 품목이라고 한다.

특히 불량 식품은 문제가 심각하다. 공업용 메틸알콜로 만든 가짜 술을 먹고 많은 사람들이 실명하거나 목숨을 잃은 일도 있었고, 가짜 분유가 유통되어 젖먹이들이 영양실조로 숨진 일도 있었다. 너무나 정교해서 사람들을 놀라게 했던 가짜 달걀에 이어 가짜 우유, 가짜 생수가

가짜 모태주 단속

해외 토픽에 오르더니, 최근에는 싸구려 햄과 밀가루를 반죽해서 만든 가짜 쇠고기까지 나와서 소비자의 건강을 위협하고 있다. 의약품도 예외는 아니어서, 자동차 부동액으로 쓰이는 디에틸렌글리콜이 들어간 가짜 주사제 때문에 9명이나 숨지는 사건도 있었다.

기상천외한 중국의 가짜가 인터넷을 장식하며 국가 이미지를 떨어뜨리자 중국 당국에서는 단속과 처벌을 강화하고 있지만, 가짜는 오히려 더 활개치고 있다. 눈부신 경제 성장의 이면에서, 수단 방법을 가리지 않고 돈벌이에만 혈안이 된 중국 사회의 현 주소를 보여 주는 듯하여 씁쓸하기도 하다.

1

我	需要	了解大家的感受。
一共		几个人表演？
我们		一段时间准备一下。
我们		一个房间放东西。

2 对，这是

少不了	的。
必须要有	
十分必要	

3 除了

自己修改	以外，还	得听听老师的意见。
他		有三人。
药物		可用什么方法？

PART 04

我也非买一本不可。

나도 꼭 한 권 사야겠다.

학습 목표

1. 반드시 해야 한다는 필요나 당위의 표현을 익혀 봅니다.
2. '除了…以外' 용법에 대해 알아봅니다.

4 我也

非买一本不可。
必须买一本。
不能不买一本。

5 对　我　　　　　来说，

我们外国学生
年轻人

生词还不少呢。
用起来方便吗？
目前最重要的是要
学好文化知识。

다음 주 목요일에는 유학생들을 중심으로 중국어 파티가 열린다. 美珍네 반에서도 파티 준비가 한창인데……

米切尔: 同学们，下星期四，我们有一个汉语晚会，每个班出一个节目。
我们讨论一下，看表演什么好？

英俊: 我说一定要精彩一点的，别落在别的班后面。

美珍: 我提议，我们来个小品，把留学生活表现出来。

米切尔: 这是个好主意，一定很生动，也很有趣。 但得有人写个稿子。
你来写怎么样？

美珍: 行，我来试试看。 不过，我需要了解大家的感受，有空儿请跟我
聊聊。 写完以后还请大家提意见修改。

英俊: 我们除了自己修改以外，还得听听老师的意见。

米切尔: 对，这是少不了的。

喜宣: 一共需要几个人表演？

米切尔: 我想人人都扮演一个角色。 另外，还可以单独表演节目。

英俊: 喜宣打太极拳打得很好，可以请她
单独表演。

喜宣: 别拿我开心，我才学了一个月。

英俊: 但你打得非常棒。 你还是表演一下吧，
好为我们班增光。

喜宣: 那好吧。 我就献丑了。

단어 小品 xiǎopǐn 몡 소품, 간단한 연극·잡문 등 | 生动 shēngdòng 혱 생동감 있다 | 稿子 gǎozi 몡 원고 | 修改 xiūgǎi 동 수정하다 | 扮演 bànyǎn 동 ~의 역을 맡다, 출연하다 | 角色 juésè 몡 ❶배역 ❷역할 | 单独 dāndú 혱 단독으로, 혼자서 | 增光 zēng//guāng 동 ❶빛을 더하다 ❷명예를 더욱 빛내다 | 献丑 xiàn//chǒu 동 부끄러운 솜씨를 보여 드리겠습니다, 하찮은 재주를 보여 드리겠습니다

01 除了…(以外)

1. '~을 제외하고(는)'의 뜻으로, 그것을 계산에 넣지 않음을 나타내며, 보통 뒤에 '全', '都' 등을 함께 씁니다.

(1) 除了他，其他同学全去了。(只有他没去)
(2) 除了他，别的同学都没骑车。(只有他骑车)
(3) 除了音乐，他别的都不喜欢。(他只喜欢音乐)

2. ~외에(도)'의 뜻으로, 그것 외에 다른 것이 또 있음을 나타내며, 보통 뒤에 '还', '也', '只' 등을 함께 씁니다.

(1) 除了音乐以外，他还喜欢书法。(他喜欢音乐和书法)
(2) 除了他，别的同学也去了。(大家都去了)
(3) 除了足球，他还喜欢篮球。(他喜欢足球和篮球)

02 好

'~할 수 있노록'의 뜻으로, 복문의 뒷부분에 쓰여 앞부분에서 서술한 동자의 목적을 나타냅니다. '以便', '便于'와 같은 용법이지만 구어에서 주로 쓰입니다.

(1) 告诉我他在哪儿，我好找他去。
(2) 把铅笔削削，上课好用。

이직 중국 사전을 써 본 적이 없는 美珍에게 米切尔이 〈현대한어사전〉을 소개해 주고 있다.

美珍 ： 真不简单, 你都能看中文杂志了!

米切尔: 你看错了, 这不是什么杂志, 是儿童读物。

美珍 ： 让我看看。 画得很有趣, 可是对我来说, 生词还不少呢。

米切尔: 我也一样, 少不了要查查词典。 我有好几本词典, 其中一本叫《现代汉语词典》。

美珍 ： 我早就听说《现代汉语词典》很不错, 非常实用。 对我们外国学生来说, 用起来方便吗?

米切尔: 我觉得不太难。 你可以用音序查字法, 就跟我们用英文词典差不多。

美珍 ： 可是, 好多字不知道读音。

米切尔: 那就用部首查字法。

美珍 ： 部首查字法对我们韩国学生来说, 不太难。

米切尔: 这本词典比较简明, 容易看懂。 还有, 词汇量比较大, 有六万多个。 读书看报, 非常管用。

美珍 ： 你这么一介绍, 我也非买一本不可了。

단어 杂志 zázhì 명 잡지 ｜ 读物 dúwù 명 도서 ｜ 实用 shíyòng 형 실용적이다 ｜ 音序 yīnxù 명 발음순, 독음순 ｜ 部首 bùshǒu 명 부수 ｜ 简明 jiǎnmíng 형 간단 명료하다 ｜ 管用 guǎnyòng 형 유용하다, 쓸모가 있다

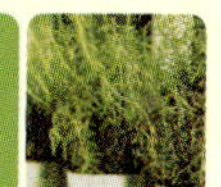

01 对···来说

'对···来说'는 어떤 판단이 어떤 사람이나 일을 겨냥해 이루어졌음을 나타냅니다.

(1) 对外国人来说, 这些句子太难了。

(2) 这种运动对老年人来说是不合适的。

(3) 对听力不太好的同学来说, 多听是一个很有效的方法。

(4) 对搞这样的活动来说, 总是多一点人好。

(5) 对我们的工作来说, 成绩总是最重要的。

02 非···不可

어떤 일을 반드시 해야 함을 가리킵니다. 구어체에서는 '不可'를 생략하기도 합니다.

(1) 要办好这件事, 非他不可。

(2) 我不想买, 可他非要我买不可。

(3) 穿这么点衣服跑出去, 非得感冒!

(4) 你非去不可。

1 A. 去看什么表演　　B. 表演什么节目　　C. 哪个节目最精彩

2 A. 他很了不起　　　B. 外语不简单　　　C. 学外语很难

3 A. 只讲了一个故事　　　　　B. 只参加了小品表演
C. 既参加了小品表演，又讲了一个故事

4 A. 骑车　　　　　　　B. 坐车　　　　　　　C. 开车

5 A. 以前抽，现在不抽了　　B. 从来不抽
C. 以前不抽，现在抽了

6 A. 从明天起别吃药了　　　B. 跑步以后再吃药
C. 跑步比吃药更有用

7 A. 到今年年底一定要建成
B. 今年年底前不可能建成
C. 不管怎么说，到时候是建不成的

8 A. 教大家做菜　　　B. 介绍一下手艺　　C. 做菜

9 A. 呆在家里，忙于家务　　B. 在单位工作太多
C. 来找他的人太多

10 A. 孩子应该多动脑筋　　　B. 孩子应该多参加运动
C. 孩子不必多动脑筋

这人哪，其实并不知道自己最需要的是什么。 我年轻的时候，觉得最少不了的，是钱。 没有钱，什么也办不成。 后来，结了婚，有了孩子，我又觉得，除了钱以外，时间也是最需要的东西。 我越来越觉得时间不够用。 现在呢，我退休了，时间是有了；干了几十年，钱也有了。 可是，打退休以来，我大病小病没断过，精神也远远不如从前了。 现在我才明白，其实，一个人最需要的，是一个健康的身体。

1 他年轻时觉得最需要什么？ 为什么？

____

2 他结婚以后觉得最需要什么？ 为什么？

____

3 他现在觉得最需要什么？ 为什么？

____

4 他怎么才明白健康的身体是最重要的？

____

▶▶▶ **빈칸에 알맞은 단어를 골라 넣으세요.**

需要　　　得　　　不得不　　　必须　　　必要　　　少不了

1. 你______什么尽管说，我们一定尽量满足你的要求。

2. 在家人的一再劝说下，他______把烟戒了。

3. 从图书馆借的书______按时归还，否则要罚款的。

4. 娱乐和运动，对老人来说，是十分______的。

▶▶▶ **괄호 안의 어휘를 이용해 문장을 완성하세요.**

5. ______________，能表演这样一个小品是相当不简单的。

   （对…来说, 学习, 半年）

6. 我本来是不想参加老年俱乐部的，可是他们__________，

   我就参加了。（非…不可）

7. 我说______________，别落在别的班后面。（精彩, 一点）

8. 喜宣______________，可以请她单独表演。

   （太极拳）

9. ______________，他别的都不喜欢。（除了…以外）

▶▶ **다음을 중국어로 써 보세요.**

1 이러한 활동을 할 때는 사람이 좀 많아야 좋다. (对…**来说**)

---

2 그 사람만 빼고 다른 친구들은 모두 갔다. (除了…**以外**)

---

3 나는 사고 싶지 않지만, 그는 내가 사지 않으면 안 된다고 한다.

(非…**不可**)

---

4 내가 그를 찾을 수 있도록 그가 어디에 있는지 알려줘. (**好**)

---

5 좀 재미있는 것이어야 해. (**精彩**)

---

6 듣기 실력이 그다지 좋지 않은 학생들에게는, 많이 듣는 것이 효과적인 방법이다. (对…**来说**)

---

7 네 소개를 들으니 나도 꼭 사야겠다. (非…**不可**)

老马识途_lǎo mǎ shí tú

늙은 말이 길을 안다는 뜻으로,
경험 많은 사람은 상황을 잘 알기 때문에
어떤 분야에서 이끌어 주는 역할을 할 수 있음을 비유하는 말이다.

기원전 683년, 산융(山戎)이 연(燕)나라를 침략하자 연나라는 제(齐)나라 환공(桓公)에게 지원을 요청했다. 이에 환공은 명재상 관중(管仲)과 함께 군대를 이끌고 연나라로 갔으나, 그들이 도착했을 때 산융은 이미 많은 재물을 노략질하여 연나라 동쪽에 있는 고죽국(孤竹国)으로 도망가 버린 뒤였다.

환공과 관중은 이 기회에 북쪽의 안전을 다지기 위해서 고죽국까지 원정을 나섰다. 산융과 고죽국의 왕은 제나라 대군이 왔다는 소식을 듣고 줄행랑을 쳤으며, 결국 제나라가 손쉽게 이길 수 있었다. 전쟁이 끝났을 때는 어느새 겨울이 다가와, 제나라 군대는 서둘러 귀국하기로 했다. 하지만 고죽국을 빠져나가는 길은 험한 산길이라서, 지리를 잘 모르는 제나라 군대는 산속에서 길을 잃고 말았다. 길을 찾지 못하면 수많은 병사들이 산속에서 얼어 죽을 수밖에 없는 위급한 상황이었다.

관중은 고민하다가, 문득 늙은 말은 어쩌면 길을 찾을 수도 있겠다는 생각이 떠올랐다. 그는 늙은 말 몇 마리의 고삐를 풀어서 놓아주고 그 뒤를 따라가 보았다. 신기하게도 늙은 말들은 약속이나 한 듯이 한 방향으로 걸어갔다. 제나라 군대가 늙은 말들의 뒤를 따라 굽이굽이 산길을 돌아가니, 정말로 어느새 산속을 벗어나 큰눈이 내리기 전에 제나라로 돌아갈 수 있었다.

예문

俗话说老马识途, 工人老师傅肯定有经验, 能帮助你。

속담에 늙은 말이 길을 안다잖니. 나이 많은 노동자는 틀림없이 경험이 많아서 널 도와줄 수 있을 거야.

중국의 결혼 풍속도

전통 결혼식

중국도 우리나라처럼 예전에는 부모가 결혼을 결정했으며, 당사자는 결혼 당일까지도 얼굴 한 번 보지 못하는 경우가 많았다. 가문의 지위나 재력 등이 가장 중요한 결혼 조건이었고, 꼭 지켜야 할 절차나 금기 사항이 많아서 복잡하기 이를 데 없었다.

하지만 이런 전통적인 결혼 풍속은 현대에 들어와서 많이 바뀌었다. 무엇보다도 지금은 대부분 연애나 소개에 의해 만나서 본인의 결정에 따라 결혼하는 것이 일반적이다. 법적인 혼인 연령은 남자 만 22세, 여자 만 20세인데, 평균적인 혼인 연령은 어느 정도 경제력을 갖춘 때인 남자 27세, 여자 24세 안팎이라고 하니 우리나라보다는 이른 편이다.

법적으로는 두 사람이 결혼 등기소에서 가서 등기를 하고 결혼 증명서[结婚证书]를 받으면 결혼이 성립한다. 결혼식을 예식장에서 치르는 경우는 드물고 대개는 큰 음식점을 빌려서 잔치를 하는 식인데, 주례는 따로 없고 사회자[司仪]가 간단한 혼례 의식을 진행한다. 신랑[新郎]과 신부[新娘]가 맞절하고 양가 부모와 하객들에게 인사한 후, 다 함께 축배를 들고 신랑 신부가 테이블마다 다니면서 인사한다. 하객들에게는 결혼 축하주[喜酒] 외에도 사탕[喜糖]과 담배[喜烟] 따위를 대접하기도 하며, 혼례는 활기차고 시끌벅적하게 진행된다. 최근에는 서구화의 영향으로 웨딩 촬영이나 신혼여행도 유행하고 있다.

요즘의 결혼식

혼수의 경우, 우리나라와는 달리 신랑 측에서 대부분 장만하고 신부 측에서 약간의 살림 자금을 보태는 식이다. 게다가 신랑이 신부 부모에게 결혼 예물로 상당한 액수의 돈을 보내는 풍습도 있어서, 가난한 농촌 총각들은 돈이 없어서 장가를 가지 못하는 경우도 많다. 반면 대도시의 부유층들은 여러 대의 외제차를 대여해서 결혼 행렬을 꾸미는 등 호화 결혼식도 유행한다고 한다.

1 我
同意。
赞成。
完全同意。
基本赞成。

2 我
不同意。
反对。
坚决反对。

3 我非常同意你的
看法。
想法。
观点。

PART 05

行，我同意。

좋아, 나는 동의해.

학습 목표

1. 어떤 의견에 대해 찬성과 반대를 나타내는 표현을 익혀 봅니다.
2. 결과가 예상과 어긋나는 것을 나타내는 '倒' 용법에 대해 알아봅니다.

4 这话

很有道理。
有一定道理。
没道理。

5 好吧，

不开就不开吧。
今天不去就不去吧。
十块就十块吧。
你一定要去，那就去吧。

에어컨을 끄고 싶은 美珍. 에어컨과 자연 바람을 놓고 한바탕 토론이 벌어지는데……

美珍: 我说，同学们，今天不怎么热，把空调关了，开窗户吧。

喜宣: 行，我同意。

小李: 我也赞成。 那台"老爷"空调"嗡嗡嗡"的，烦死人了。

杰伦: 我倒有点儿不同意。 把窗户打开，马路上的汽车声音不见得就不烦人。 我说还是开空调。

美珍: 关上窗户，声音也小不了多少，打开窗户，让空气流通一下，有利于健康。 这么多人，半天下来，那味儿别提有多难闻了。

小李: 对，自然风更舒服。 在空调房间里呆久了，很难受。

喜宣: 可不是，出去还容易得感冒。 我想，能不开就尽量不开。

杰伦: 那倒也是。 好吧，不开就不开吧。

단어　老爷 lǎoye 명 나리, 어르신네 ｜ 嗡 wēng 의 붕붕, 앵앵(곤충 따위가 나는 소리) ｜ 烦 fán 동 짜증 나게 하다 ｜ 流通 liútōng 동 유통하다 ｜ 难受 nánshòu 형 (육체적·정신적으로) 참을 수 없다

01 倒

1. 결과가 예상과 반대로 나타내는 경우로, '反倒'와 바꿔 쓸 수 있습니다.

(1) 他不但不感谢我，倒怪我不好。

(2) 你太客气了，大家倒有点不自然了。

(3) 走这条路，本来是想快一点，结果倒更慢了。

2. 예상과 어긋나는 정도가 약하며, '생각지 못했다'는 어조를 나타내는 경우입니다.

(1) A: 我提议，我们就来个小品吧。

　　 B: 这倒是个好主意。（原来没想到过这主意）

(2) 听你这么一说，我倒想起一件事来了。

　　（我本来没想到那件事，听你说了以后我才想起来）

02 不见得

동의하지 않음을 나타냅니다.

(1) 老人的话也不见得句句都是有道理的。

(2) A: 到那儿一个小时足够了。

　　 B: 不见得吧，我上次就花了 ·个半小时。

(3) A: 咱们队太弱了，肯定会败给他们。

　　 B: 那倒不见得。咱们队只要注意配合，到时候不见得会输。

03 …就…吧

'…就…吧'는 어떤 상황에 대해 그다지 만족하지는 않지만 개의치 않음을 나타냅니다.

(1) A: 今天的票卖完了，只有明天的，要吗？

　　 B: 好吧，明天就明天吧。

(2) A: 我查词典的速度很慢。

　　 B: 慢点就慢点吧，会查就不错了。

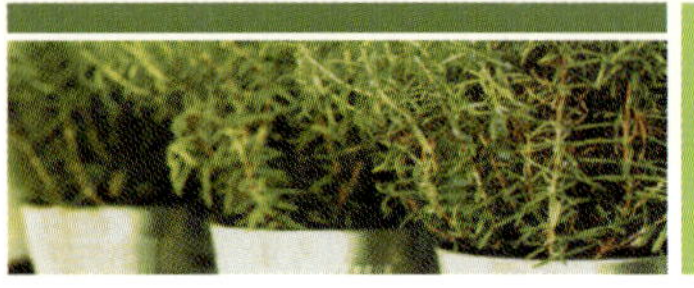

어제 축구 경기에서 진 小李네 팀. 진지하게 그 원인을 분석해 보는데……

小李: 昨天的比赛，我们队踢得太窝囊。

明明: 这说明，我们队太弱了。

杰伦: 这我不同意。 论技术，我们队有三个是校队的；论体能，我们
队个个人高马大。 我看问题出在互相配合上。

小李: 说得对，我非常同意你的看法。 有好几次到了对方门前，不注
意配合，本来可以进的球，也让对方给挡了出来。

明明: 破不了对方的门，自家大门却让人家一次次进球，这明摆着，是
我们不如人家。

杰伦: 输了球，就得认输，这我同意。 可到底输在哪里，这要好好总
结。 找对了原因，才能反败为胜。

小李: 这话有道理。 我还赞成教练的说
法，输了球就急躁，这是我们队输
球的一个重要原因。

明明: 对。 他们领先一个球以后，
我们犯规就多起来了。 他们进的
第二个球，就是罚的点球。

단어 窝囊 wōnang 〔형〕 무능하다, 칠칠치 못하다 | 论 lùn 〔동〕 …을 가지고 논하다[이야기하다] | 人高马大 rén gāo mǎ dà 기골이 장대하다 | 配合 pèihé 〔동〕 협동하다, 협력하다 | 挡 dǎng 〔동〕 막다, 차단하다 | 认输 rèn∥shū 〔동〕 패배를 시인하다 | 总结 zǒngjié 〔동〕 총괄하다, 총결산하다 | 反败为胜 fǎn bài wéi shèng 패배를 승리로 바꾸다 | 教练 jiàoliàn 〔명〕 코치 | 急躁 jízào 〔형〕 성미가 급하다, 조급하다 | 犯规 fàn∥guī 〔동〕 규칙을 위반하다, 파울을 범하다 | 点球 diǎnqiú 〔명〕 페널티 킥

01 论

어떤 방면에서 평가함을 나타냅니다.

(1) 论学习成绩，我不如他；论工作能力，他不如我。

(2) 论技术，他们是经过专门训练的；论体力，他们个个都身强力壮。

02 一次次

'一次次'는 '매우 여러 번' 이라는 뜻입니다.

(1) 他一次次来找我，我不得不告诉了他。

(2) 我那么相信你，你却一次次让我失望！

03 人家

'人家'는 불특정 '남' 을 가리킬 수도 있고, 특정한 누군가를 가리킬 수도 있습니다.
본문에서 '人家'는 특정한 사람을 가리키며,
'我们不如人家'는 '我们不如他们' 이라는 뜻을 나타냅니다.

(1) 我听人家说，你快要回国了。(불특정한 '남' 을 가리킴)

(2) 你看人家小王，多能干！(특정한 사람을 가리킴)

1
A. 他是苏州人
B. 他是上海人
C. 他是苏州人或者上海人

2
A. 表示同意　　　B. 表示不同意　　　C. 表示支持

3
A. 小不了多少　　　B. 在哪儿都一样　　　C. 那儿声音小一点

4
A. 这菜味道不错　　B. 这菜不好吃　　C. 这菜已经坏了

5
A. 不说也知道　　B. 别人告诉他的　　C. 那是秘密

6
A. 大桥快要造好了
B. 大桥很快就能造好, 但不知道什么时候造好
C. 大桥还需要很长时间才能造好

7
A. 可以不去　　　B. 最好别去　　　C. 不去就不去吧

8
A. 他要学的东西太多
B. 他对电脑没兴趣
C. 学完那两样以后, 就开始学电脑

9
A. 没有人反对　　B. 只有一个人反对　　C. 都反对

10
A. 他不觉得太远
B. 因为小李坚持要去那儿
C. 他不想就近买

围绕着怎么培养孩子的问题，小陈一家发生了争论。 小陈的妻子小黄认为，对孩子的培养十分重要，不能让孩子输在起跑线上。 要让孩子从小就学一点外语，学一点数学，学一点物理，要培养一个天才。 小陈表示，要培养一个天才，他是赞成的。 可是，培养一个什么样的天才，他有不同意见。 他主张，应该让孩子刚一出生就听音乐，从小学一点钢琴、小提琴什么的。 除了音乐以外，最好再学一点书法和绘画。 小陈的父母亲坚决反对，认为这会累坏孩子的。 他们觉得，首先应该培养一个健康、快乐的普普通通的人。 看来，这场争论在近期内不会有结果。 不过没关系，反正孩子还没出生。

1 说一说在培养孩子的问题上，小陈的爱人是什么观点？

____

2 小陈在哪一点上表示赞成，在哪一点上不赞成？

____

3 小陈主张什么？

____

4 小陈的父母亲同意他俩的想法吗？ 为什么？

____

▶▶▶ 빈칸의 뜻에 알맞은 문장을 보기에서 골라 넣으세요.

| 于 | 在 | 给 |

1 运动有益______健康。

2 这一次我们又输______他们了。

3 问题到底出______哪儿? 要好好找一找原因。

| 倒 | 就 | 才 |

4 谁强谁弱, 比一比______知道了。

5 只有找对了原因, ______能反败为胜。

6 在这个问题上, 我______有一点不同看法。

▶▶▶ 괄호 안의 어휘를 이용해 문장을 완성하세요.

7 A: 小王和小李谁的英语好?

B: ________________ ; ________________。

(论, 口语, 听力)

8 A: 看人家小兰, 多用功, 星期天也不休息。

B: 我倒觉得, ________________。 (不见得, 好处)

9 A: 你看, 这次名额已经满了, 你下一次再报名吧, 怎么样?

B: ________________吧, 我无所谓。 (就)

▶▶▶ **다음을 중국어로 써 보세요.**

1 그는 나에게 고마워하지 않았을 뿐만 아니라 오히려 내 잘못이라고 탓했다. (倒)

———————————————————————

2 노인의 말이 항상 일리가 있는 것은 아니다. (不见得)

———————————————————————

3 느려도 상관없어. 찾을 줄 알면 되는 거야. (…就…吧)

———————————————————————

4 학업 성적은 내가 그보다 못하지만, 업무 능력은 그가 나보다 못하다. (看上去)

———————————————————————

5 우리 팀 골문에는 오히려 계속 공이 들어간다. (一次次)

———————————————————————

6 맞아. 그들이 한 점을 먼저 내고 나서 우리 팀은 파울이 많아졌어. (领先)

———————————————————————

7 나는 조금 동의하지 않는다. (倒)

———————————————————————

名列前茅 _míng liè qián máo

석차 또는 서열이 앞에 있다는 뜻이다.

춘추(春秋) 시대, 정(郑)나라는 두 강대국인 초(楚)나라와 진(晋)나라 사이에 위치해 있었다. 이 때문에 초나라와 진나라는 서로 정나라를 점령하려고 자주 전쟁을 일으켰다.

한번은 초나라의 장왕(庄王)이 군대를 이끌고 정나라를 공격하였는데, 이 소식을 들은 진나라는 순림부(荀林父)를 총사령관으로 삼아서 정나라를 지원할 군대를 보냈다. 하지만 진나라 군대가 아직 정나라에 도착하기도 전에, 정나라가 이미 전쟁에 패하여 항복했으며 정나라 왕의 아들인 공자 거질(去疾)이 인질로 초나라에 잡혀 갔다는 소식이 들려왔다. 이에 순림부는 일단 군대를 철수하여 귀국하기로 했다.

수무자(随武子)라는 대신은 철수 주장에 찬성하면서, 초나라 군대를 이렇게 분석했다. "초나라의 손숙오(孙叔傲)는 옛 병법에 따라 군대를 정비했다고 합니다. 초나라 군대는 행군할 때, 대열의 오른쪽은 불시의 기습을 방비하고, 왼쪽은 야영을 관장합니다. 앞줄은 적을 정탐해서 띠풀[茅] 깃발로 신호를 보내고, 가운뎃줄은 경중을 가늠하고, 뒷줄은 뒤를 든든하게 지킵니다. 이렇듯 초나라 군이 일사불란하게 움직이니 섣불리 그들과 싸우는 것은 불리합니다."

이 이야기에서 대열의 앞줄이 들고 있는 띠풀 깃발을 '前茅' 라고 하는데, '名列前茅' 라는 말은 여기에서 유래되었다고 한다.

예문

他的成绩非常优秀, 考试总是名列前茅。

그는 성적이 매우 우수하여, 시험 때마다 항상 높은 석차를 차지한다.

중국인이 좋아하는 숫자

우리나라 사람들은 숫자 중에서 '3'이나 '7'을 가장 좋아하는 것 같다. 하지만 중국인이 가장 좋아하는 숫자는 '8'이다. 이것은 원래 광둥(广东) 지역에서 유래된 것으로, '八(bā)'를 그 지방 사투리로 발음하면 떼돈을 번다는 뜻인 '发财'의 '发(fā)'와 같기 때문이다. 그래서 '8'이 많이 들어 있는 전화번

올림픽도 8월 8일

호나 자동차 번호판에는 엄청난 프리미엄이 붙고, 상점에도 88위안이나 888위안처럼 '8'로 이어지는 가격표가 많다. 1988년 8월 8일에는 길일이라고 해서 결혼식이 줄을 잇기도 했다. 베이징 올림픽의 개막식도 2008년 8월 8일 오후 8시이니 '8'에 대한 중국인의 애착을 알 수 있다.

다음으로 좋아하는 숫자는 '9'인데, '九(jiǔ)'의 발음이 '오래다', '장수하다'라는 뜻의 '久(jiǔ)'와 발음이 비슷하기 때문이다. 또한 한자릿수 중에서 가장 크고 완전한 수라고 하여 예로부터 황제와 관련된 사물에 쓰였던 숫자이다.

자동차 번호판 경매

그 밖에 숫자 '2'와 '6'도 좋은 숫자이다. '6'은 '六(liù)'의 발음이 순조롭다는 뜻의 '流(liú)'와 비슷해서 좋은 숫자로 여겨지며, 일이 아주 순조롭다는 의미로 '六六大顺'라는 말도 있다. '2'는 중국인이 좋아하는 짝수를 대표한다. 하나는 불안하지만 둘은 짝을 이루니까 안정감이 있다고 여기기 때문에, 선물도 짝수로 한다.

반면 서양에서 좋아하는 럭키 세븐, '7'은 별로 좋은 의미가 아니다. 중국에서는 주로 장례 풍습과 연관된 숫자인데다가, 화낸다는 뜻의 '生气'의 '气(qì)'와도 발음이 비슷하기 때문이다. 또 '4'는 우리나라와 마찬가지로 죽는다는 의미의 '死(sǐ)'와 발음이 비슷해서 꺼린다.

숫자에 대한 중국인의 태도는 단순히 좋고 싫고 하는 것을 넘어서서 맹목적인 미신에 가까울 정도이다. 따라서 중국인을 대할 때 기왕이면 그들이 기피하는 숫자를 피하고 좋아하는 숫자를 사용하는 것이 도움이 될 것이다.

1 瞧　你这高兴劲儿!
你这兴高采烈的样子!
把你乐得!

2 听到这个消息, 他　简直乐坏了。
笑得合不拢嘴。
心里乐开了花。
简直高兴死了。

3 本来么,　年轻人性子急了。
他忙得天天熬夜来着。

瞧你这高兴劲儿!

좋아서 어쩔 줄 모르는구나!

학습 목표

1. 기분을 나타내는 다양한 표현을 익혀 봅니다.
2. 결과보어 '坏'의 용법에 대해 알아봅니다.

---

4 你怎么　脸拉得这么长,　碰上什么不高兴的事了?
　　　　　老阴着脸,
　　　　　一声不吭,

5 你消消气,　别跟他们一般见识。
　　　　　　别气坏了身体。
　　　　　　别发火。

상황회화 ①

복권에 당첨되어 자전거를 탄 小李. 美珍은 중국에도 복권이 있다는 것이 신기하기만 한데……

小李: 今天我运气好极了！花十元钱买了五张彩票，中了一辆自行车。

美珍: 瞧你这高兴劲儿！车在哪儿？让我看看。还挺漂亮的！这么说来，中国也有彩票？

小李: 有。但主要是福利彩票。

美珍: 我想起来了，昨天我经过一家大商场，看见门口儿场地围着很多人，兴高采烈地看着手中的一张张票子。那里还搭着一个台，台上摆着冰箱、彩电、音响什么的。场面很热闹。

小李: 没错儿，那准是一个彩票销售点。

美珍: 中奖的机会多不多？

小李: 应该说不算少，所以买彩票的人很多。

美珍: 最大的奖是什么？

小李: 轿车。上星期，我看见一个小伙子中了一辆轿车，他简直乐坏了。

美珍: 那当然。别说轿车，就是中一台音响，我也会高兴死的。

小李: 那你也去碰碰运气吧。

단어　彩票 cǎipiào 몡 복권 ｜ 中 zhòng 동 맞히다, 당첨되다, 합격하다 ｜ 劲儿 jìnr 몡 태도, 기색, 표정 ｜ 福利 fúlì 몡 복지, 후생 ｜ 围 wéi 동 둘러싸다 ｜ 兴高采烈 xìng gāo cǎi liè 아주 흥겹다, 신바람 나다 ｜ 销售 xiāoshòu 동 팔다, 판매하다 ｜ 轿车 jiàochē 몡 세단 승용차 ｜ 乐坏 lèhuài 동 아주 즐겁게 되다

01 就是…也…

양보를 나타내는 접속사 '就是…'는 '설사~이라도'의 뜻으로, 주로 뒤에 '也'와 호응을 합니다.
'即使…也…'로도 쓸 수 있습니다.

(1) A : 如果下雨的话，就不去了吧？

　　B : 不，就是下雨也得去。

(2) A : 如果东西便宜我就买一点，如果太贵，就不买。

　　B : 我跟你不一样，我喜欢的东西，就是再贵也非买不可。

(3) A : 他没请你吗？

　　B : 就是他请我，我也不会去的。

02 没错儿

'没错儿'는 '틀림이 없다', '맞다' 등의 뜻을 나타냅니다.

(1) 没错儿，他们俩的感情很好。

(2) 没错儿，这道题难得不得了。

(3) A : 听说他失败了，是真的吧？

　　B : 没错儿，他完全失败了。

무언가 기분이 나빠 보이는 小李. 궁금해하는 美珍에게 오늘 있었던 일을 얘기하는데……

美珍: 你怎么脸拉得这么长，碰到什么不高兴的事了？

小李: 别提了，今天一出门，就让一个骑车的小子给撞了一下。

美珍: 没撞伤吧？

小李: 还算运气，没撞伤。

美珍: 那就犯不着总是阴着脸。

小李: 本来么，年轻人性子急，不小心撞了人，打个招呼也就没事儿了。 可那小子头也不回，蹬着车就走了。 太不像话了。

美珍: 也许人家有什么急事儿。

小李: 去买点心吧，也让人生气。 这两毛、五毛的就不是钱？ 不收。还说了一通难听的话，简直把我气坏了。

美珍: 别气。 气坏了身体，还不是自己吃亏。 有些人，是太不讲理了。别跟他们一般见识。

小李: 对，不跟他们一般见识。经你这么一说，我的气也就消了一大半。

단어 拉长脸 lā//cháng liǎn (성이 나서) 얼굴이 붉으락푸르락하다 | 小子 xiǎozi 명 놈, 녀석 | 犯不着 fàn buzháo ~할 만한 가치가 없다 | 性子 xìngzi 명 성질 | 蹬 dēng 동 (자전거 페달을) 밟다 | 通 tòng 양 번, 바탕 | 吃亏 chī//kuī 동 손해를 보다 | 一般见识 yìbān jiànshi 같은 기분이 되다, 같은 (정도의) 생각을 하다 | 经 jīng 동 경과하다, 거치다 | 消 xiāo 동 사라지다, 없어지다

01 本来么

부사 '本来'에 어기조사 '么'가 붙은 형태로, 어떤 상황이 매우 당연하고 정상적임을 나타냅니다.

(1) 本来么，一个四岁孩子怎么懂得什么叫客气。

(2) 他病躺下了？本来么，他忙得天天熬夜来着。

(3) 他的汉语不太好，本来么，他才学了半年，哪能那么快就学好了呢。

02 坏

'坏'가 형용사 뒤에서 결과보어로 쓰일 때는 다음 두 가지 용법이 있습니다.

1. 결과가 나쁨을 나타내며, '~하여 망치다', '~하여 탈이 나다' 등으로 해석됩니다.

(1) 腿摔坏了。

(2) 这小孩儿给惯坏了。

2. 정도가 심함을 나타내며, '~하여 죽겠다', '몹시~하다' 로 해석됩니다.

(1) 真把我忙坏了。

(2) 这件事可把他乐坏了。

(3) 这一来，可把我急坏了。

1 A. 夫妻俩吵架是难免的　　B. 从不吵架的夫妻多着呢
C. 他们俩有时候要打架

2 A. 营业员说那些不是钱　　B. 营业员不愿意收零钱
C. 营业员还要他付钱

3 A. 准备接待客人　B. 打扫房间　　C. 布置新房

4 A. 他们家买了两台VCD　　B. 男的中了奖
C. 原来那台坏了

5 A. 那位母亲对孩子教育不够
B. 那孩子确实又聪明又懂事
C. 那位母亲对孩子要求严格

6 A. 男的水平比女的高　　B. 女的水平比男的高
C. 两个人的水平差不多

7 A. 他俩都是急性子　B. 这事越快越好　　C. 别着急

8 A. 不可能修好　　B. 不值得修　　C. 很容易修

9 A. 没有必要生气　　B. 说说生气的原因
C. 别气坏了身体

10 A. 男的中了一台电视机　　B. 男的中了一辆自行车
C. 男的现在还没有中奖

我是个乐天派，每天总是乐呵呵的。 我真的是什么烦恼也没有吗？ 不，我也有烦恼，也有生气的时候。 可是，生气有什么用呢？ 气坏了身子，还不是自个儿吃亏？ 这么一想，我就不生气了。只要你努力去发现快乐，那么，你就会感到，身边到处都有快乐。 俗话说，"笑一笑，十年少"，意思是说，笑一次可以年轻十岁。 确实，愉快的心情对人的健康是大有好处的。 你怕老吗？ 你想显得年轻一点吗？ 那就多笑笑，千万别生气!

▶▶▶ 단문을 읽고 문제에 알맞은 답을 쓰세요.

1 她为什么每天都是乐呵呵的？

____

2 她真的是什么烦恼也没有吗？

____

3 "笑一笑，十年少"是什么意思？

____

▶▶▶ 빈칸에 알맞은 단어를 골라 넣으세요.

| 能 | 会 | 要 | 就 |

1 今天我们______去买福利彩票，你去吗？

2 他撞了人，连招呼也不打，我______不生气吗？

3 今年夏天，如果你______来的话，我______非常高兴的。

4 打个招呼也______没事儿了。

▶▶▶ 괄호 안의 어휘를 이용해 문장을 완성하세요.

5 ________________，________________，我也会高兴坏的。

   （别说，就是）

6 别说轿车，________________，________________。

   （就是…也…）

7 你怎么脸拉得这么长，________________?3

   （碰到，不高兴）

8 我看见一个小伙子中了一辆轿车，

   他________________。（简直，坏）

▶▶▶ 다음을 중국어로 써 보세요.

1 틀림없어. 그들 두 사람의 감정은 매우 좋아. (没错)

____

2 이 일은 정말 그를 매우 즐겁게 했다. (坏)

____

3 비가 오더라도 가야 해. (就是…也…)

____

4 당연하지요. 네 살 먹은 아이가 사양이 뭔지 어떻게 알겠어요. (本来么)

____

5 좋아서 어쩔 줄 모르는구나! (瞧)

____

6 그럼 너도 운을 한번 시험해 봐. (碰碰)

____

7 그가 나를 초대하더라도 가지 않을 거야. (就是…也…)

____

小心翼翼_xiǎo xīn yì yì

공손하고 조심스럽다는 뜻으로,
행동이 매우 신중한 모양을 형용하는 말이다.

북송(北宋) 때, 가황중(贾黄中)이라는 유명한 관리가 있었다. 그는 15살에 과거에 합격하여 진사(进士)가 되었는데, 그렇게 어린 나이에 진사가 된 것은 사상 유례가 없는 일이었다. 가황중은 학식만 깊은 게 아니라 관리로서도 청렴하고 백성을 아꼈기 때문에 황제와 백성들의 신임을 받았다.

가황중이 의주(宜州)에서 벼슬을 할 때 큰 가뭄이 들었다. 가황중은 조정에 도움을 요청하는 한편, 자기 재산으로 식량을 사서 가난한 사람들에게 나누어 주어 많은 사람들의 목숨을 구했다. 또한 금릉(金陵)에서 벼슬을 할 때는, 관청의 창고를 조사하다가 많은 보물을 발견했는데 조금도 딴마음을 먹지 않고 보물을 전부 나라에 바치기도 했다.

황제는 이에 무척 기뻐하며 가황중을 조정으로 불러 높은 벼슬을 내렸고, 가황중의 어머니도 불러서 칭찬했다. "그대가 아들을 잘 교육하여 나라의 귀한 인재로 길렀구나. 그대는 맹자의 어머니와 함께 칭송받을 만하다."

하지만 가황중은 너무 신중한 나머지 가끔은 결단력이 부족했다. 황제는 이 점을 알고서 그에게 이렇게 훈계했다. "조심하는 것은 좋다. 벼슬아치라면 마땅히 그래야지. 하지만 지나치게 신중하여 벌벌 떤다면 많은 기회를 놓치게 될 것이다. 때로는 그로 인해 손실을 가져오고 나라에 해를 끼칠 수도 있으니 이 점을 명심하라."

예문

他干活很认真, 总是小心翼翼的, 生怕出什么差错。

그는 일을 할 때 무척 진지하고 늘 조심조심하며 뭔가 잘못되지나 않을까 걱정한다.

중국의 화폐 – 인민폐

중국의 화폐는 인민폐(人民币)라고 하고, 영문으로는 'RMB', 기호로는 '¥'로 표기한다. 화폐 단위는 위안(元), 자오(角), 펀(分)이 있는데, 1위안은 10자오, 1자오는 10펀이다. 실제 일상생활에서는 위안(元)을 콰이(块), 자오(角)를 마오(毛)로 많이 쓰며, 요즘은 물가가 높아져서 펀(分) 단위는 실생활에서 거의 쓰이지 않는다.

중국은 화폐의 종류가 너무 많아서 외국인은 곤란한 점이 많다. 상점에서 물건 값을 계산할 때 어느 것이 얼마짜리인지 재빨리 집어내지 못하고 쩔쩔매는 것이다. 중국의 지폐에는 100위안, 50위안, 20위안, 10위안, 5위안, 2위안, 1위안, 5자오, 2자오, 1자오 등이 있고, 동전은 1위안, 5자오, 2자오, 1자오 등이 있다. 작은 단위까지 지폐가 있고 도안도 서로 엇비슷한데다가, 예전에 발행된 지폐와 새로운 지폐가 함께 유통되기까지 하니 필요한 액수의 돈을 단번에 집어내는 것이 쉽지는 않다.

100위안 지폐

중국 사람들은 참 돈을 지저분하게 쓴다. 우리는 지폐를 깨끗하게 펴서 지갑에 보관하고 남에게 건네줄 때도 보기 좋게 차곡차곡 모아서 주지만, 중국 사람들은 구겨진 상태로 주머니에 쑤셔 넣었다가 한 장씩 집어던지기 때문에 기분이 상할 때가 많다. 물론 손님에 대한 예의가 부족한 탓도 있지만, 기본적으로 문화의 차이라고 이해하면 될 것이다. 그럴 땐 그냥 웃으면서 그 자리에서 한 장 한 장 펴서 액수를 확인하자. 더불어 50위안이나 100위안 같은 고액권은 햇빛에 비추어 보며 위조지폐가 아닌지도 꼭 확인하자.

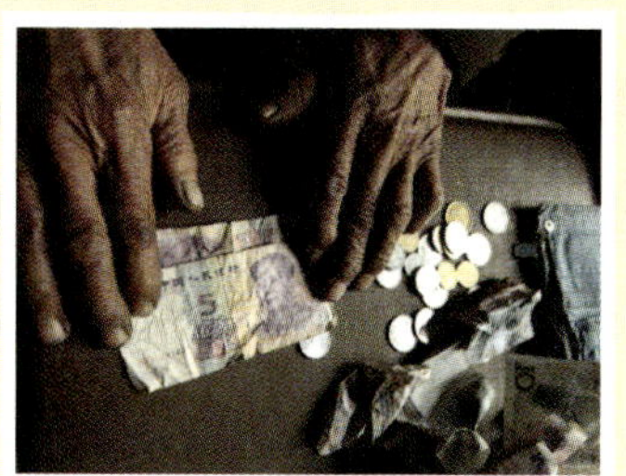

구겨진 돈 세기

마지막으로, 중국 화폐에는 액면가가 숫자와 함께 한자로 표기되어 있는데, 우리가 아는 쉬운 한자가 아니라 아래와 같이 획이 복잡한 갖은자이다. 은행 거래에서도 눈속임을 막기 위해 갖은자를 많이 쓰니까 따로 익혀 두는 것이 좋다.

◆ 一 ⇨ 壹　　◆ 二 ⇨ 贰　　◆ 三 ⇨ 参　　◆ 四 ⇨ 肆　　◆ 五 ⇨ 伍
◆ 六 ⇨ 陆　　◆ 七 ⇨ 柒　　◆ 八 ⇨ 捌　　◆ 九 ⇨ 玖　　◆ 十 ⇨ 拾
◆ 百 ⇨ 佰

1 看上去
看样子
看起来
不会下雨。

2 这时你
肯定
大概
或许
在做面膜，不能打扰你。

3 毫无疑问，
你正在用午餐。
这起事故是他造成的。
这种现象还会延续下去。

PART 07

看上去不会下雨。

보아하니 비가 오지 않을 것 같아.

학습 목표

1. 예상이나 짐작을 나타내는 표현을 익혀 봅니다.
2. '~든 ~든'의 뜻을 나타내는 '…也好, …也好' 용법에 대해 알아봅니다.

4	再	说 讲 喝	下去,	上课 他 他	要	迟到了。 不高兴了。 醉了。

5	铃声 他 工作	一	响, 开口, 不小心,	会	吵醒她。 让大家吓一大跳的。 造成重大损失。

米切尔이 수업을 들으러 기숙사를 나선다. 그때 美珍이 우산을 가져가라면서 붙잡는데……

美珍 ： 慢点儿走，我去把雨伞拿来给你带上。

米切尔： 太阳这么好，看上去不会下雨。

美珍 ： 难说，快入梅了，说下雨就下雨。

米切尔： 没想到，这么快就要入梅了。
我最讨厌黄梅天，不停地下雨，
又闷又热，东西净发霉。

美珍 ： 你喜欢也好，不喜欢也好，
每年都得过。

米切尔： 我说，两个月来，下了这么多雨，
黄梅天大概不会下那么多雨了吧？

美珍 ： 老天爷的事儿，谁也说不准。 报上说，受什么厄尔尼诺影响，
世界上许多地方的气候都反常。

米切尔： 对，那些气象专家预测，厄尔尼诺现象还要延续下去。

美珍 ： 别厄尔尼诺了。 再说下去，上课要迟到了。 对了，下课回来，
麻烦你顺便去书店看看，买一本第六期《时尚》。

米切尔： 好的。

단어 入梅 rùméi [동] 장마철이 되다 ｜ 黄梅天 huángméitiān [명] 장마철 ｜ 净 jìng [부] 오로지 ｜ 发霉 fā∥méi 곰팡이가 끼다, 발효하다 ｜ 老天爷 lǎotiānyé [명] 하느님 ｜ 厄尔尼诺 è'ěrnínuò [명] 엘니뇨(현상) ｜ 影响 yǐngxiǎng [명][동] 영향(을 주다) ｜ 反常 fǎncháng [형] 비정상적이다 ｜ 气象 qìxiàng [명] 기상 ｜ 预测 yùcè [동] 예측하다 ｜ 延续 yánxù [동] 계속하다, 연장하다

01 净

'净'은 '오로지', '~뿐', '그저', '단지' 등의 뜻으로, 이것 외에 다른 것은 없음을 나타냅니다. 구어체에서만 쓰이는 표현입니다.

(1) 他这个人呀，净开玩笑，没个正经的时候。

(2) 他交的净是些穷朋友。

(3) 东西大多搬走了，剩下的净是书。

02 …也好，…也好

'…也好，…也好'는 어떤 상황이라도 모두 결과가 마찬가지임을 나타내며, '~든~든', '~하더라도 ~하더라도'로 해석됩니다.
본래는 '不管…也好'로 쓰이나 '不管'을 생략해도 의미는 변함이 없습니다.

(1) 你愿意也好，不愿意也好，反正这事你必须做。

(2) 教授也好，讲师也好，都得上课。

(3) 表扬也好，批评也好，他都不在乎。

(4) 学习也好，劳动也好，他都很积极。

(5) 学术界也好，经济界也好，都还有教条主义。

전화하겠다고 해 놓고 하루 종일 감감무소식인 大卫. 기다리다 지친 米切尔은 결국 먼저 전화해서 투정을 부리는데……

大卫: 是你吗？ 我刚准备给你打电话。

米切尔: 别装假了。 整整一天, 我都在等你的电话。

大卫: 这可是千真万确的。 我一早醒来, 就准备给你打电话, 可一想, 今天是星期天, 你一定还没起床, 就没急着打。

米切尔: 就算是这样, 为什么后来不打？

大卫: 我好容易挨到十点钟, 刚拿起话筒, 但又想, 这时你肯定在做面膜, 不能打扰你。

米切尔: 所以又没打。

大卫: 对。 于是, 我就翻翻报纸, 后来一看表, 已经是中午了, 毫无疑问, 你正在用午餐。

米切尔: 可是, 吃过午饭, 也没见你打电话来！

大卫: 我想, 你或许会睡午觉, 即使你不睡, 你同屋肯定要睡的, 铃声一响, 会吵醒她。 这会儿, 我想该打了, 再不打, 你可要打过来了。 这不？

米切尔: 你可真能说。 你总是有理。 看来我俩早晚得吹。

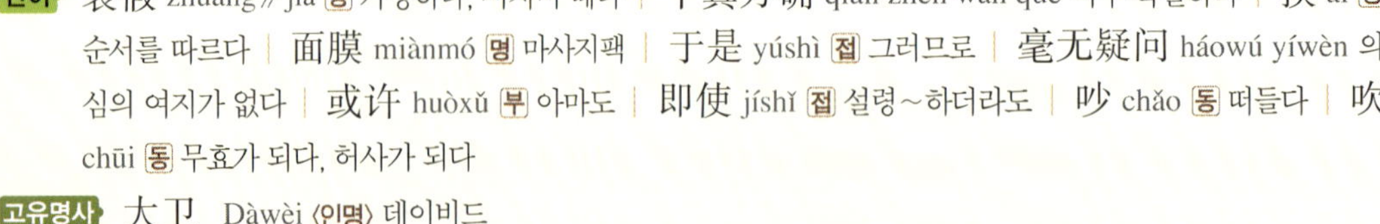

단어 装假 zhuāng∥jiǎ 동 가장하다, 시치미 떼다 ┃ 千真万确 qiān zhēn wàn què 아주 확실하다 ┃ 挨 ái 동 순서를 따르다 ┃ 面膜 miànmó 명 마사지팩 ┃ 于是 yúshì 접 그러므로 ┃ 毫无疑问 háowú yíwèn 의심의 여지가 없다 ┃ 或许 huòxǔ 부 아마도 ┃ 即使 jíshǐ 접 설령~하더라도 ┃ 吵 chǎo 동 떠들다 ┃ 吹 chūi 동 무효가 되다, 허사가 되다

고유명사 大卫 Dàwèi 〈인명〉 데이비드

01 就算

'就算'는 '설령~이라도'의 뜻으로, 우선은 인정한다는 의미를 나타냅니다.

(1) 就算有困难，也不会很大。

(2) 就算他们赢了，也不能说明他们就一定比我们强。

(3) 就算你忙得没时间来看我，打电话的时间总该有吧？

02 于是

'于是'는 '그래서', '이리하여', '그리하여' 등의 뜻으로, 뒤의 일이 앞의 일에 의한 자연스러운 결과임을 나타냅니다.

(1) 各有各的主意，互不相让，于是就争吵起来了。

(2) 他俩正闲着没事，老周来邀请他们去看电影，于是就一块儿出去了。

(3) 他想，早晚可以遇到一个熟人的，于是，就在路边耐心地等着。

(4) 条件已成熟，于是我们就行动起来了。

(5) 大伙儿都说这个电影好，于是我也买了一张票 。

(6) 几个问题都讨论完了，于是大家就回家了。

1　A. 这个市场全是卖水果的　　B. 这个市场卖水果的很多
　　C. 这个市场没有卖水果的

2　A. 男的不高兴了　B. 男的很高兴　C. 男的无所谓

3　A. 不会下雨　B. 可能会下雨　C. 会下雨

4　A. 小李没还他钱　　　　　B. 小李有钱了会还他钱
　　C. 小李还钱了

5　A. 吵架　B. 打架　C. 没发生任何事

6　A. 文章写的很好　B. 文章写的不好　C. 文章里错字太多

7　A. 把词典送给女的
　　B. 把词典卖给女的
　　C. 把词典还给女的

8　A. 没有组长也能做好　　B. 没有组长就做不好
　　C. 没有组长就不一定能做好

9　A. 一定要买　B. 不买　C. 不可以买

10　A. 男的一定去　B. 男的下雨就不去
　　C. 男的下雨就去

小李突然得了急病，病倒在床上。美珍来看他。 小李问美珍："你说人死后过得好不好?"

美珍想了一下，说："我看，死后很好。"

小李觉得有点儿奇怪，问美珍："你怎么知道?"

美珍一本正经地说："假如死后过得不好，死者都会逃回人间来的；但是，从古到今，死者都是一去不返，所以，我想，你死后一定也会很好的。"

▶▶ 단문을 읽고, 해당하는 문제가 맞는 문장이면 ○, 틀린 문장이면 ×를 하세요.

1 小李相信自己死后一定会很好。(　)

2 美珍认为所有的人死后都过得很好。(　)

▶▶ 단문을 보고 질문에 맞는 답을 쓰세요.

3 小李问美珍一个什么问题?

____

4 美珍是怎么回答的? 美珍的回答有什么根据?

____

▶▶▶ **빈칸에 알맞은 단어를 골라 넣으세요.**

打扰　　延续　　反常　　影响　　整整　　吵　　净　　一

1 近来他有点______, 笑声听不到了, 歌也不唱了, 话也少了。是不是跟女朋友吹了?

2 他父母亲都是篮球运动员, 受父母的______, 他从小就爱打篮球。

3 我刚睡着, 就被一阵电话铃声______醒了。

4 他的学习还要______一年左右。

5 我花了______三个小时才把文章翻译完。

6 ______你半天了, 真不好意思。

7 你怎么______说些灰心丧气的话?

8 他以为还早, ______看手表, 才知道已经十二点多了。

▶▶▶ **괄호 안의 어휘를 이용해 문장을 완성하세요.**

9 ________________, 我都不喜欢吃。(…也好, …也好)

10 ________________, 现在也不一定还记得。(就算)

11 他正闲着没事, 小钱来叫他去打球, ________________。(于是)

▶▶▶ **다음을 중국어로 써 보세요.**

1 공부든 노동이든, 그는 뭐든지 적극적이다. (…也好, …也好)

____

2 그는 말이야, 농담만 하지 진지할 때가 없어. (净)

____

3 그들이 이기기는 했지만 그들이 반드시 우리보다 강하다고는 할 수 없다. (就算)

____

4 모두 각자의 생각이 있고 양보하지 않기 때문에 말다툼이 시작되었다. (于是)

____

5 더 이야기하면 수업에 늦겠다. (再说下去)

____

6 네 룸메이트는 분명히 잘 텐데 전화벨 소리가 울리면 깰 것 아냐. (肯定)

____

7 몇 가지 문제에 대한 토론이 다 끝났기 때문에, 모두들 집으로 돌아갔다. (于是)

____

夜以継日 _yè yǐ jì rì

낮에 다 마치지 못한 일을 밤에 이어서 한다는 뜻으로,
부지런히 일하는 모습을 형용하는 말이다.

주공(周公) 단(旦)은 주나라 초기의 뛰어난 정치가였다. 그는 형인 무왕(武王)을 보좌하여 주나라를 세웠고, 형이 죽고 조카인 성왕(成王)이 13살의 어린 나이로 왕위에 오르자 조카를 대신하여 실질적으로 나라를 다스렸다. 이때 그가 왕위를 노린다는 헛소문을 퍼뜨리며 그를 헐뜯는 사람도 많았으나, 그는 시종일관 어린 왕에게 충성을 다하며 나랏일을 보살피는 데 전념했다.

주공은 항상 나라를 잘 다스릴 방도를 궁리하느라 여념이 없었다. 낮에 좋은 방도가 생각나지 않으면 밤에도 자지 않고 계속 연구하곤 했는데, 가끔은 연이어 며칠 밤을 새울 때도 있었다. 그러다가 좋은 방도가 떠오르면 자지 않고 기다렸다가 날이 새자마자 달려가 실천해 보곤 했다.

이처럼 주공은 나라를 위해서 고생을 마다하지 않았다. 그 때문인지 그는 많지 않은 나이에 그만 세상을 떠나고 말았다. 그렇지만 그는 죽기 직전까지도 대신들에게 나라를 잘 다스려 달라고 당부했다고 한다.

예문

虽然我们夜以継日地工作，但是仍不能在规定的期限内完成任务。

비록 우리는 밤낮없이 일하지만, 여전히 규정된 기한 안에 임무를 완수할 수가 없다.

외국어 같은 사투리

드라마의 자막

중국의 TV 방송을 보면 거의 언제나 화면 밑에 자막이 있는 것을 볼 수 있다. 외국 영화뿐만 아니라 중국어로 방송하는 드라마나 뉴스까지도 항상 자막을 보여 준다. 물론 듣기 실력이 약한 우리에게는 참 반가운 일이지만, 중국 사람이 중국어를 못 알아들을 리도 없는데 왜 자막을 꼭 넣는 것일까 하는 의문이 들기도 한다. 그것은 실제로는 우리의 생각과 달리 중국 사람도 중국어를 못 알아듣는 경우가 많기 때문이다.

여러 소수민족이 평소 각자의 고유 언어를 사용하는 것은 물론이고, 공용어라고 할 수 있는 한어(汉语)에도 지역마다 방언(方言), 즉 사투리가 있다. 한어의 사투리는 베이징을 중심으로 한 북방어(北方语), 상하이를 중심으로 한 절강어(浙江语), 서남부 일대의 강서어(江西语), 푸젠성을 중심으로 한 민남어(闽南语), 광둥성을 중심으로 한 광동어(广东语), 유일하게 지역이 아닌 민족으로 분류되는 객가어(客家语) 등으로 크게 나뉜다.

각각의 사투리끼리는 발음이나 어휘 등의 차이가 너무 커서 거의 외국어나 마찬가지다. 특히 홍콩의 경우는 광동어(广东语)를 사용할 뿐만 아니라, 중국 본토와 오랫동안 단절되어 어휘면에서도 차이가 크고, 한자도 간체자가 아닌 번체자를 사용하기 때문에 직접적인 소통이 거의 불가능하다. 이 때문에 중국에는 사투리를 외국어처럼 배우는 교재가 발간되기도 하고, 반대로 지방에서는 표준어인 보통화를 배우는 학원이 성업 중이다.

광동어 교재

중국 정부에서는 이런 언어 장벽을 없애기 위해서 표준어인 보통화(普通话)를 지정하여 보급하고 있고, TV 방송도 기본적으로 보통화로만 진행하게끔 되어 있다. 하지만 현실적으로는 아직도 보통화를 잘 알아듣지 못하는 사람이 많고, 방송 출연자 중에서도 보통화를 잘하지 못하는 사람들이 있기 때문에 자막이 없으면 알아듣기 힘든 상황이 연출되는 것이다.

1 我喜欢　　喝冰啤酒。
　　　　　　跟孩子在一起。
　　　　　　我现在的职业。

2 凡是　　小宠物，　　　　　　我都喜欢。
　　　　运动，
　　　　甜的，
　　　　带有悲伤情调的歌，

3 我对　　烈性酒　　不感兴趣。
　　　　这件事
　　　　这种话题

我也讨厌抽烟。

나도 담배 피우는 것 싫어해.

학습 목표

1. 기호나 취향에 관한 표현을 익혀 봅니다.
2. '越…越' 와 '越来越' 의 용법에 대해 알아봅니다.

---

4 我讨厌

抽烟。
大都市的喧闹。
这种不讲社会公德的行为。

5 那烟味儿，　　　　　　　　别提有多　难闻　了。
跟朋友一边喝酒一边聊天，　　　　　　　快活
那只猫每天陪我读书看报，　　　　　　　亲热

금연에 대해 이야기를 나누는 美珍과 杰伦. 杰伦은 담배는 싫어하지만 술은 좋아하는 편이라고 하는데……

杰伦: 现在烟草公司的日子很不好过。

美珍: 是啊，越来越多的人认识到吸烟有害健康，都主动抵制吸烟，或
开始戒烟。

杰伦: 不少国家还立法，禁止在公共场所吸烟。

美珍: 我很赞赏这样的法律。 它使不少人免受危害。

杰伦: 我也讨厌抽烟。 那股烟味儿别提有多难闻了。 我不抽烟，不过
喜欢喝点儿酒。

美珍: 你喜欢喝什么酒？

杰伦: 我喝一点儿黄酒。 我不喜欢白酒这样的烈性酒。

美珍: 我对烈性酒也不感兴趣。 夏天的时候，
我喜欢喝冰啤酒。 只有和朋友
在一起的时候，我才喝点儿
葡萄酒这样的果酒。

杰伦: 我也喜欢一边喝酒，
一边聊天儿。

단어 烟草 yāncǎo 명 담배 ｜ 有害 yǒuhài 형 유해하다 ｜ 主动 zhǔdòng 형 자발적이다 ｜ 抵制 dǐzhì 동 제
압하다, 배척하다 ｜ 立法 lì//fǎ 동 입법하다, 법률을 제정하다 ｜ 公共场所 gōnggòng chǎngsuǒ 명 공
공장소 ｜ 赞赏 zànshǎng 동 칭찬하다 ｜ 烈性 lièxìng 형 강렬하다, 세다 ｜ 葡萄酒 pútáojiǔ 명 포도
주 ｜ 果酒 guǒjiǔ 명 과일주

01 越…越… / 越来越

1. '越…越…'는 '~할수록 ~하다'의 뜻으로, 조건에 따라서 정도가 증가함을 나타냅니다.

(1) 汽车越开越快。

(2) 课文越学越难了。

(3) 你学得越多，就知道得越多。

(4) 你越着急，我就越写不快。

2. '越来越…'는 '점점 더 ~하다'의 뜻으로, 시간이 지남에 따라서 정도가 증가함을 나타냅니다.

(1) 天气越来越热了。

(2) 外面越来越暗，马路上人也越来越少了。

(3) 我越来越觉得时间不够用。

02 一边…一边…

'一边…一边…'는 '~하면서 ~하다'의 뜻으로 동시에 두 가지 동작을 하는 것을 나타냅니다.

(1) 我喜欢一边做作业，一边听音乐。

(2) 他一边想，一边说。

길에서 귀여운 강아지를 본 小李와 美珍. 좋아하는 애완동물에 대해 이야기를 나누는데……

美珍: 你看那只小狗！好可爱！

小李: 看来，你非常喜欢小狗。

美珍: 凡是小宠物，我都喜欢。 如果家里养只小猫、小狗什么的，倒是挺有意思的。

杰伦: 我家里养了一只花猫，很可爱。 每次我回到家，刚一坐下，它就跳到我腿上，陪我看书读报，别提有多亲热了。

美珍: 我们家里养了三只猫，一只白猫，一只黑猫，还有一只黄猫，长得跟小老虎差不多。 那只黄猫最喜欢我了，一看见我就"喵、喵"地叫个不停。

小李: 我们家以前也养过一只猫。 但它把我们最心爱的一盆花弄死了，我家就不养猫了。

美珍: 狗就不那么淘气了，我们家养了大黄狗，从来不弄坏东西，还帮我们看门儿呢。

杰伦: 我觉得北京的老大爷最有意思，手里提着个鸟笼，一边和熟人打招呼，一边遛鸟，别提有多悠闲了。

단어 宠物 chǒngwù 명 애완동물 ｜ 花猫 huāmāo 명 얼룩 고양이 ｜ 陪 péi 동 수행하다, 동반하다 ｜ 喵 miāo 의 야옹(고양이 울음소리) ｜ 心爱 xīn'ài 형 애지중지하다 ｜ 盆 pén 양 대야, 화분(대야에 든 물건이나 화분에 심어진 식물을 세는 단위) ｜ 淘气 táoqì 형 장난이 심하다 ｜ 看 kān 동 지키다, 파수하다 ｜ 老大爷 lǎodàye 명 할아버지(늙은 남자에 대한 존칭) ｜ 鸟笼 niǎolóng 명 새장 ｜ 遛 liù 동 산보하다 ｜ 悠闲 yōuxián 형 유유하다, 한가하다

01 凡是

'凡是' 는 '只要是'의 뜻으로, 거론된 범위 내에 예외가 없음을 나타냅니다.
뒤에 '都' 와 호응을 합니다.

(1) 凡是这个作家写的小说，我没有不看的。

(2) 凡是我学过的单词，我都记住了。

(3) 凡是一年级的新生都要住校。

(4) 凡是有生命的，都免不了死。

02 동사+ 个+不停 / 不住 / 没完

'동사+个+不停/不住/没完' 에서 '不停/不住/没完' 는 보어입니다. 그러나 앞에는 '个' 를 써야 하
며 '得' 는 쓸 수 없습니다.

(1) 妈妈见了女儿，高兴得笑个不住。

(2) 现在是梅雨季节，一天到晚雨下个不停。

(3) 女孩子们在一起，总是说个没完。

1 A. 别抽烟了　　　B. 少抽点儿　　　C. 抽好点儿的

2 A. 这孩子很聪明　　B. 这孩子不聪明　　C. 这孩子不淘气

3 A. 白酒　　　　B. 葡萄酒　　　　C. 啤酒

4 A. 养花一点儿也不累
B. 他常去公园看花
C. 他觉得累一点没关系

5 A. 他妹妹常来, 已经熟悉了
B. 他妹妹喜欢一个人游览
C. 他妹妹讨厌去热闹的地方

6 A. 没兴趣　　　B. 没时间　　　C. 没钱

7 A. 陈教授很年轻
B. 陈教授穿着相当随便
C. 陈教授现在替人看门

8 A. 羡慕　　　B. 满意　　　C. 惊讶

9 A. 海上　　　B. 海边城市　　　C. 哪儿都行

10 A. 都是在海边长大的
B. 都是在远离海边的地方长大的
C. 一个是在海边长大的, 一个是在远离海边的地方长大的

我家是一个小型动物园。 我弟弟喜欢养狗，那只小黑狗整天跟着他跑来跑去。 我妈爱养猫，白的、黄的、花的，一共养了三只猫。 一到晚上，它们就陪着我妈看书写文章。 我家里还有几只鸟，那是我爸养的。 每天一大早，我爸就提着鸟笼上公园去遛遛鸟。什么，你说猫会吃鸟儿？ 哪儿的话，我家的猫啊、狗啊、鸟啊，互相亲热着呢，它们常常在一起聊天儿，我也一定参加。你问我养了什么？ 我呀，什么也没养，我怕麻烦。

▶▶▶ 단문을 보고 질문에 맞는 답을 쓰세요.

1 为什么说我家是一个小型动物园？

____

2 我爸、我妈、我弟弟各养了什么动物？

____

3 我家的猫、狗和鸟互相关系怎么样，它们跟我关系怎么样？

____

4 我养了什么？

____

▶▶▶ 빈칸에 알맞은 단어를 골라 넣으세요.

> 了　　着　　过　　个　　得

1. 他们俩一见面就说______没完。

2. 狗的话就不会那么淘气______。

3. 他以前结______婚, 后来离婚______。

4. 他们手里提______一个包, 又说又笑地进来了。

5. 几年不见, 他长______又高又大了。

▶▶▶ 괄호 안의 어휘를 이용해 문장을 완성하세요.

6. 我喜欢热闹, 跟朋友在一起,
   喝喝酒, 聊聊天, ______________。 (别提有多…)

7. 我最喜欢______________, 对人非常忠诚。
   (…这样的动物)

8. 他学习______________, 成绩也______________。
   (越来越…)

9. 你______________, 兴趣就______________。
   (越…越…)

▶▶▶ 다음을 중국어로 써 보세요.

1 내가 배웠던 단어는 모두 기억한다. (凡是…都)

---

2 네가 많이 배울수록 많이 알게 된다. (越…越…)

---

3 밖이 점점 어두워지고, 길에 사람도 점점 줄어든다. (越来越)

---

4 나는 숙제를 하면서 음악 듣기를 좋아한다. (一边…一边)

---

5 여자 아이들은 함께 있으면 항상 끊임없이 이야기한다. (동사+个+没完)

---

6 네가 조급해할수록 나는 더 빨리 쓰지 못한다. (越…越…)

---

7 어머니는 딸을 보고 기뻐서 끊임없이 웃는다. (동사+个+不住)

自相矛盾 _zì xiāng máo dùn

자체의 모순에 빠진다는 뜻으로,
말이나 행동이 앞뒤가 서로 맞지 않음을 비유하는 말이다.
우리말의 '자가당착'과 쓰임이 비슷하다.

옛날 초(楚)나라에 한 장사치가 있었는데, 그는 시장에서 창[矛]과 방패[盾]를 팔았다. 그는 우선 사람들에게 창을 선전했다. "제 창은 세상에서 가장 날카로 워서, 아무리 단단한 물건도 뚫을 수 있답니다." 이어서 방패도 선전했다. "제 방패는 세상에서 가장 단단해서, 아무리 날카로운 무기로 찔러도 뚫리지 않아 요." 이렇게 한참 외치니 많은 사람들이 그의 창과 방패를 구경하러 몰려들었 다. 사람이 점점 많아지자 그는 신이 나서 창과 방패를 선전했다.

바로 그때, 구경꾼 중의 한 사람이 껄껄 웃기 시작했다. 장사치가 왜 웃느냐고 묻자 그는 이렇게 말했다. "자네는 자네의 창이 세상에서 가장 날카롭고 자네 의 방패도 세상에서 가장 단단하다고 했지? 창은 아무리 단단한 물건도 뚫을 수 있고, 방패는 아무리 날카로운 무기도 막을 수 있다고 했잖아. 그럼 자네 창 으로 자네 방패를 한번 찔러 보게."

그 장사치는 이 말을 듣고 말문이 막혀서 한참이나 멍하니 서 있었고, 구경하 던 사람들은 모두 폭소를 터뜨렸다. 장사치는 기가 죽어서 무기들을 주섬주섬 거두어 짊어지고 자리를 떴다.

예문

我们言行要一致, 不要自相矛盾。

우리는 말과 행동이 서로 모순되지 말고 일치해야 한다.

중국에서 인터넷하기

2008년 3월, 중국의 인터넷 인구가 2억 2천만 명으로 미국을 제치고 세계 1위로 부상했다. 지속적인 고도 성장과 인프라 확충에 힘입어 중국이 새로운 인터넷 강국으로 떠오른 것이다.

PC방

우리나라와 마찬가지로 인터넷의 주된 이용자는 대도시의 학생과 젊은 지식인층이다. '사회주의 시장 경제' 라는 구조 속에서 젊은 이들이 통제된 언론과 다르게 자유로이 정보를 접할 수 있는 인터넷에 빠져드는 것은 매우 당연한 일이다. 아직은 검색[搜索]이나 이메일[伊妹儿], 화상 채팅[视频聊天], 온라인 게임[网络游戏] 등을 주로 이용하고 있지만 인터넷 쇼핑[网上购物], 온라인 교육[网络教育] 등의 분야도 점차 성장하는 추세를 보이고 있다. 이러한 인터넷 발전에 따라 'BAIDU' 나 'SINA' 등 인터넷 관련 기업의 주가가 폭등하기도 했다.

그동안 중국의 인터넷 발전을 이끈 주역은 역시 PC방[网吧]이라고 할 수 있다. 저렴하고 편리한 PC방이 인기를 끌면서 전국적으로 20만 개가 넘는 PC방이 생겼다. 중국의 PC방은 우리나라보다 이용료가 훨씬 저렴하지만, 처음에 약간의 보증금을 내야 하고 신분증도 제시해야 하며 사성이 되면 문을 닫는다. 요즘은 PC방이 너무 많아졌고 각 가정마다 컴퓨터를 들여놓는 추세라서 예전만큼 장사가 잘 되지 않는다고 한다.

한편으로는, 채팅이나 댓글 등에 쓰이는 축약어나 은어가 유행하는 것도 인터넷의 발달에 따른 새로운 현상이다. 그 중에서 많은 단어들은 잠깐 유행하다가 사라지기도 했지만, '粉丝[fan]' 나 '恐龙[추녀]', 게임 용어에서 나온 'PK[player killed, 탈락]' 같은 단어는 이제 신문이나 방송에서도 쓰이는 신조어로 자리잡았다. 또한 『그놈은 멋있었다[那小子真帅]』 등의 한국 인터넷 소설이 선풍적인 인기를 끌면서 이모티콘의 사용이 급증하기도 했다.

화상 채팅

1 一共住了五天，　　对吗？
　　　　　　　　　　　没错吧？
　　　　　　　　　　　是不是？

2 这是账单，请　　　核对一下。
　　　　　　　　　　　过目。
　　　　　　　　　　　看一下。

3 我能用信用卡　　　付费吗？
　　　　　　　　　　　支付吗？
　　　　　　　　　　　算账吗？

谁也不能肯定。

아무도 확신할 수 없다.

학습 목표

1. 어떤 내용이 정확한지 확인할 때 쓰는 표현을 익혀 봅니다.
2. 주관적인 계산이나 평가를 나타내는 '不见得' 용법에 대해 알아봅니다.

---

4 女孩子　不见得／不一定／未必　都喜观语文。

5 在我看来，／我看，／我敢肯定，　这两个成语没多大区别。

여행을 마친 美珍이 프런트 데스크에서 체크아웃을 하는데……

美珍: 先生, 我住1808房间, 麻烦您结一下账。

服务员: 好的。现在是11点, 中午12点以前退房, 当天房费就可以不算。您是7号来的, 住了五天, 对吗?

美珍: 没错儿。一共多少钱?

服务员: 房费每天360元, 五天1800元。如果您有贵宾卡还可以享受八折优惠。

美珍: 我有贵宾卡。

服务员: 那么, 打八折是1440元, 加上长途电话费260元。一共1700元。这是账单, 请您核对一下。

美珍: 我能用信用卡付费吗?

服务员: 可以。请您在单子上签个名。好。谢谢! 另外, 还请您多提宝贵意见, 以便我们更好地为客人服务。

美珍: 我对你们饭店很满意, 我没有任何意见。

服务员: 谢谢! 欢迎您下次光临。再见!

단어 当天 dàngtiān 몡 당일, 같은 날 | 贵宾 guìbīn 몡 귀빈 | 卡 kǎ 몡 카드 | 打折 dǎ∥zhé 동 할인하다 | 账单 zhàngdān 몡 계산서 | 核对 héduì 동 대조 검토하다 | 信用卡 xìnyòngkǎ 몡 신용카드 | 宝贵 bǎoguì 혱 귀중하다 | 以便 yǐbiàn 젭 (~하기에 편리)하도록

01 享受

'享受' 는 '향수하다', '누리다', '즐기다' 등의 뜻을 나타냅니다.

(1) 在享受权利的同时, 我们应该承担一些义务。
(2) 他们尽情地享受着幸福快乐的生活。
(3) 球迷唯一想要的就是与他们球队一起享受胜利的欢乐。

02 以便

'以便' 는 복문의 뒷절 첫머리에 쓰여, 앞절의 목적이 뒷절에 있음을 나타냅니다.
'好(~할 수 있도록)' 와 비슷한 용법이지만, 서면어에서 더 많이 쓰입니다.

(1) 说到这里, 他特意提高了声音, 以便引起大家的注意。
(2) 还是事先给他打个电话吧, 以便让他有个准备。
(3) 请您留下宝贵意见, 以便我们改进工作, 提高服务质量。
(4) 我们要学会分析句子的结构关系, 以便在阅读时能准确地理解句子
所表达的意思。

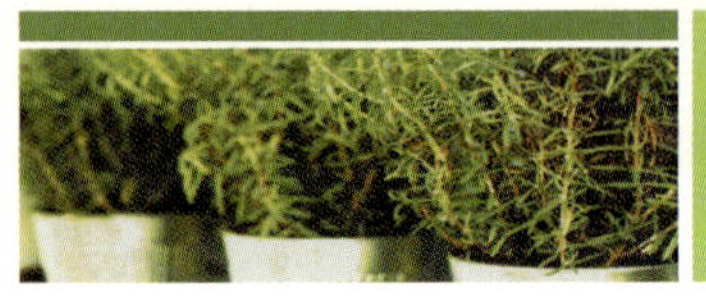

小李와 오랜만에 만난 美珍. 小李 여동생의 안부를 묻는데……

美珍:　你妹妹今年小学毕业了吧?

小李:　还没呢, 开学后上六年级。

美珍:　你妹妹学习成绩很好, 在班里是数一数二的, 将来一定很有出息。

小李:　哪儿的话, 将来的事儿谁也不能肯定。

美珍:　女孩子一般都比较喜欢语文吧?

小李:　也不见得。我妹妹就说, 最没意思的要数做语文习题了。

美珍:　这话怎么说?

小李:　我现在让你做一道他们的习题。 要求是根据词语的意思写出成语。"思想一致, 共同努力", 你会选择哪一个成语?

美珍:　我想是"齐心协力"。

小李:　标准答案是"同心协力"。

美珍:　在我看来, 这两个成语没多大区别。 这又不是数学, 哪能只有一个答案。

小李:　问题就出在这里。

美珍:　我明白了, 你妹妹之所以不喜欢语文, 是因为老师把语文当做数学来教了。

단어　出息 chūxi 명 발전성, 전도, 장래성 │ 齐心协力 qíxīn xiélì 한마음 한뜻으로 협력하다 │ 同心协力 tóngxīn xiélì 마음을 합쳐 협력하다 │ 区别 qūbié 명 구별, 식별 │ 数学 shùxué 명 수학 │ 当做 dàngzuò 동 ~로 여기다, ~로 삼다

01 不见得

'不见得'는 '不一定'과 같은 의미로, '반드시 ~라고는 할 수 없다', '~라고는 생각되지 않는다' 등으로 해석됩니다. 주관적인 계산이나 평가를 나타내며, 어기가 비교적 완곡할 때 쓰입니다. '我看', '看样子' 등의 삽입어와 함께 쓰일 때가 많습니다.

❖ '我去不去还不一定'처럼 사실이 아직 확정되지 않았음을 나타낼 때는 '不一定'을 써야 하며, '不见得'는 쓸 수 없습니다.

1. '不见得'가 동사나 형용사 앞에서 쓰이는 경우

(1) 药吃多了, 对病不见得好。

(2) 下这么大的雨, 我看他不见得来了。

2. '不见得'가 조동사 앞에서 쓰이는 경우
이 경우 조동사는 '会', '能', '肯' 등의 소수에 제한됩니다.

(1) 明天不见得能动身。

(2) 看样子, 他今天不见得会来。

3. '不见得'가 단독으로 쓰이는 경우

(1) 你说他想回来, 我看不见得。

02 又(不/没)

'又'는 부정문에 쓰여 어떠한 조건을 부정함으로써 뒤의 결론이 더욱 확실해짐을 나타냅니다. '又' 뒤에 '不'나 '没' 등이 옵니다.

(1) 他又没看过那个戏, 怎么知道好不好?

(2) 我又不是客人, 还用你整天陪着吗?

03 …之所以…, 是因为…

'因为…, 所以…'의 순서를 바꾼 것으로, 원인 설명에 더 중점을 둔 표현입니다.

(1) 孩子之所以不愿意上这门课, 是因为他觉得这门课没意思。

(2) 他之所以不来, 是因为你太忙了, 怕打扰你。

▶▶▶ 대화를 듣고 알맞은 답을 고르세요.

1　A. 信用卡　　　　B. 优惠卡　　　　C. 贵宾卡

2　A. 和妹妹多沟通，有利于了解她的学习情况
　　B. 和妹妹多沟通，不利于了解她的学习情况
　　C. 不和妹妹多沟通，也能了解她的学习情况

3　A. 多吃药，病就能好　　B. 少吃药，病就能好
　　C. 多吃药，病也不一定能好

4　A. 12点　　　　B. 12点以前　　　　C. 12点以后

5　A. 小李来了　　　　B. 小李家里有事没来
　　C. 小李工作太忙没来

6　A. 一起度过难关　　　　B. 各自度过难关
　　C. 一个人度过难关

7　A. 今天去，明天回来　　　B. 明天去，明天回来
　　C. 今天去，今天回来

8　A. 成功是容易的一件事　　B. 成功不需要奋斗的
　　C. 成功是需要奋斗的

9　A. 什么也不做　　　　B. 看看账单
　　C. 核查对照账单

10　A. 现在的年轻人能吃苦　　B. 现在的年轻人不能吃苦
　　C. 现在的年轻人有雷锋精神

一天，一位作家在河边钓鱼，走来一个陌生人。这个陌生人问作家："怎么，你在钓鱼？""是啊，钓了半天，没见到一条鱼。"作家漫不经心地回答，一动也不动。"你知道我是谁吗？我是这儿的管理员！这儿不准钓鱼！"陌生人嚷起来，并且要罚作家的款。作家不慌不忙地站起来说："先生，你不能罚我的款。我是作家，我要做的就是虚构故事。事实上，我并没有钓鱼。"

▶▶ 단문을 읽고 문장을 완성하세요.

1 作家在那儿钓了半天，没＿＿＿＿＿＿＿＿。

2 管理员说那儿＿＿＿＿＿＿＿＿钓鱼，他要＿＿＿＿＿＿＿＿作家的款。

3 作家回答说管理员不能罚他款，因为他在＿＿＿＿＿＿＿＿，他并没有＿＿＿＿＿＿＿＿。

▶▶ 단문을 읽고 문제에 알맞은 답을 쓰세요.

4 那个陌生人是干什么的？他对作家的态度怎么样？

＿＿＿＿＿＿＿＿＿＿＿＿＿＿＿＿＿＿＿＿＿＿＿＿＿＿＿＿＿＿＿＿

5 作家为什么不承认自己是在钓鱼？

＿＿＿＿＿＿＿＿＿＿＿＿＿＿＿＿＿＿＿＿＿＿＿＿＿＿＿＿＿＿＿＿

综合 Test

算　数　又　还　以便　以免　为了　为

1　我们特意＿＿＿＿每位客人准备了一张写有饭店地址的小卡片。

2　我们明天提前一个小时出发，＿＿＿＿迟到。

3　＿＿＿＿准时赶到那儿，他提前一个小时就出发了。

4　我建议我们明天提前一个小时出发，＿＿＿＿准时赶到那儿。

5　班里＿＿＿＿他女儿学习成绩最好。

6　＿＿＿＿上我自己，一共是十八个人。

7　我跟他＿＿＿＿不熟悉，怎么好意思请他帮忙？

8　你跟他是多年的老同学了，＿＿＿＿会不熟悉？

9　这下我明白了，他＿＿＿＿＿＿＿＿＿＿＿＿＿。

　　(之所以, 误会, 是因为, 没听懂)

10　请尽早通知我，＿＿＿＿＿＿＿＿＿＿＿＿。　(以便)

11　睡觉睡得时间长了，＿＿＿＿＿＿＿＿＿＿＿＿＿＿。

　　(不见得, 身体, 利)

▶▶▶ **다음을 중국어로 써 보세요.**

1 보아하니 그는 오늘 꼭 올 수 있는 것은 아니다. (不见得)

---

2 그가 준비를 할 수 있도록 사전에 전화를 해 줘라. (以便)

---

3 그가 그 연극을 보지도 않았는데 어떻게 좋은지 나쁜지 알겠어? (又)

---

4 그가 오지 않는 이유는 네가 너무 바빠서 너를 귀찮게 할까 봐서이다.
(…之所以…, 是因为…)

---

5 반에서 1,2등 한다며? 앞으로 아주 크게 될 거야. (数一数二)

---

6 약을 많이 먹는다고 병에 꼭 좋다고 할 수는 없다. (不见得)

---

7 권리를 누리는 동시에, 우리는 몇몇 의무를 져야 한다. (享受)

不寒而栗_bù hán ér lì

**춥지도 않은데 덜덜 떤다는 뜻으로,
몹시 두려워하는 모습을 나타낸다.**

한(汉)나라 무제(武帝) 때, 의종(义纵)이라는 사람이 있었다. 어려서부터 집이 몹시 가난하여 생계를 유지하기 힘들었기 때문에 한때는 산적 노릇을 하기도 했다. 그에게는 의술이 뛰어나기로 유명한 누나가 있었는데, 훗날 이 누나가 무제의 어머니가 앓고 있던 괴이한 질병을 치료하자 무제는 그 보답으로 의종에게 벼슬을 내렸다.

의종은 관리로서 뛰어난 면모를 보였다. 그가 다스린 고을은 몇 해 지나지 않아 전국에서도 모범적인 현(县)으로 꼽히게 되었고, 그는 유능함을 인정받아 수도인 장안(长安)의 현령으로 승진하였다. 그때 장안에는 2명의 무뢰배가 있었는데, 자기들이 황제의 친척임을 내세워 가는 곳마다 말썽을 부리고 부녀자를 욕보이기 일쑤였다. 의종의 전임자는 그들의 배경을 두려워하여 감히 처벌하지 못했는데, 의종은 부임하자마자 그들을 잡아다가 사형에 처했다.

무제는 의종의 배짱이 두둑하고 권세를 두려워하지 않으며 법을 집행함에 있어서 매우 엄정한 것을 보고, 그를 하내군(河内郡)의 도위(都尉)로 임명하였다. 하내군에는 양(穰)씨 성을 가진 부자가 횡포를 부리며 항상 백성들을 못살게 굴었는데, 의종은 이 사실을 알고 양씨 일가를 전부 처형해 버렸다. 의종은 또 남양(南阳) 태수를 지내기도 했는데, 그때 남양에서는 양군(襄郡)이라는 곳이 치안이 아주 나빴고 죄수가 탈옥하는 일이 자주 일어났다. 의종은 부임하자마자 탈옥한 죄수들을 잡아들여서 한꺼번에 200여 명을 처형했다.

이렇게 되니, 죄를 지은 사람은 의종의 이름만 들어도 춥지도 않은데 벌벌 떨게 되었다고 한다.

예문

公安局长非常严厉, 令犯罪分子不寒而栗。

경찰국장은 아주 엄해서, 범죄자들을 벌벌 떨게 만든다.

소림권 대 태극권

소림 무술

흔히 '쿵푸'라고 부르는 중국 무술은 단순한 체육 활동이 아니라, 중국의 대표적인 문화 유산이다. 중국 무술은 역사가 오래된 만큼 무수히 많은 유파가 있는데, 그 중에서 우리에게 가장 잘 알려진 이름은 아마 소림권(少林拳)과 태극권(太极拳)이 아닐까 싶다.

소림권은 기(气)와 힘을 길러 상대를 공격하는 전형적인 외가권(外家拳)이다. 전설에 따르면, 소림권은 약 1,500년 전 인도에서 건너와 소림사(小林寺)에서 중국 선종을 창시한 달마대사가 만들었다고 한다. 스님들의 건강과 정신 수양을 위해, 인도의 요가 등 여러 가지 무예와 짐승의 몸동작을 응용하여 개발했다는데, 정말인지는 의견이 분분하다. 소림권법은 긴 세월 동안 중국 무술 전반에 지대한 영향을 미쳤으며, 소림사는 전 세계의 무술인과 관광객들이 찾는 무술의 성지가 되었다. 지금도 소림사 주위의 무술학교에는 제2의 리롄제(李連杰)를 꿈꾸는 학생들이 몰리고 있다.

소림무술학교 학생들

이렇게 유명한 소림권보다 더 일반인의 생활 속으로 친숙하게 자리잡은 것이 바로 태극권이다. 태극권은 정(静)으로 동(动)을 제압하고, 부드러움으로 강함을 이기고, 상대방의 힘을 역이용하여 상대방을 치는 내가권(内家拳)에 속한다. 동작이 완만하고 건강 관리에 좋기 때문에 중국 정부에서는 태극권을 일종의 건강 체조처럼 쉽고 단순하게 변형시켜 보급하였다. 덕분에, 이른 아침에 공원에 가면 노인들이 모여 태극권을 수련하는 것을 쉽게 볼 수 있으며, 외국인들에게도 인기가 있다.

태극권을 익히는 시민들

이러한 중국 무술은 '우슈(武术)'라는 명칭으로, 1990년 아시안게임 정식 종목 채택에 이어 2008년 베이징 올림픽 시범 종목으로도 채택되었다. 이제 영화 속에서만 보던 소림권과 태극권을 올림픽 경기장에서 만날 수 있게 된 것이다.

1 他让我转达对你的　谢意。
歉意。
问候。

2 他　让　你　尽早给他回话。
叫　别走开。
请　晚上来一下。

3 喜宣来过了，她　约你去看电影。
表示非常感谢。
说明天有事不能来了。

PART 10

要转告吗?

말 전해 줄까요?

학습 목표

1. 남의 말을 전달할 때 사용하는 표현을 익혀 봅니다.
2. 조사 '…来着' 의 용법에 대해 알아봅니다.

4 他打电话来说，

比赛提前到下午三点。
啦啦队已经组织好了。
他的电话号码改了。

5 麻烦你

告诉他。
带个口信给他。
通知他一下。

美珍이 사는 기숙사에 놀러 온 喜宣. 美珍이 마트에 간 사이 전화를 대신 받는데……

喜宣: 美珍, 刚才有位姓张的人来电话找你。

美珍: 他说什么来着?

喜宣: 他说看到了你贴的失物招领启事, 手表是他的。 他让我转达对你的谢意。

美珍: 你有没有问他, 是什么牌子的, 在什么时间、什么地方丢的?

喜宣: 问了。 他说是北京牌儿的, 大概是上周五, 在操场上丢的。

美珍: 看来是他丢的。 他什么时候来拿?

喜宣: 他没说。 不过, 他留了电话号码。

美珍: 好吧, 我给他打电话。 (电话接通以后) 喂, 你好! 有位姓张的同学吗?

男人: 不巧, 他刚出去。 有什么事要转告吗?

美珍: 麻烦你告诉他, 请他今天晚上来我宿舍拿手表。

男人: 哦, 是你捡到了他的手表。
我一定告诉他, 叫他今天晚上
去你那儿拿。 我代他向你表示感谢。

단어 失物招领 shīwù zhāolǐng 분실물 공고 | 启事 qǐshì 명 광고, 공고 | 转达 zhuǎndá 동 전달하다, 전하다 | 不巧 bùqiǎo 형 형편이 좋지 않다 | 转告 zhuǎngào 동 전언하다, 전달하다 | 捡 jiǎn 동 줍다, 거두다, 치우다

01 ···来着

'···来着' 는 '~을 하고 있었다', '~이었다' 등의 뜻으로, 문장 끝에 쓰여 가까운 과거에 어떤 행동을 했거나 어떤 일이 있었다는 것을 나타내는 조사이며 구어에 많이 쓰입니다.

(1) 昨天我们刚学的那首歌, 叫什么来着?

(2) 对不起, 你姓什么来着? 我又忘了。

(3) 去年春节, 都谁上咱们家来着?

(4) 你昨天在家里做什么来着?

(5) 他刚才还在这儿来着。

◆ '···来着' 와 '过' 의 차이점

1. '···来着' 는 문장의 끝에 쓰여 전체의 어기를 나타내는 조사이지만, '过' 는 동사 뒤에 쓰이는 동태조사입니다. 그리고 '来着' 는 이미 발생한 동작에 쓰이므로 부정문이 없으나, '过' 는 아직 발생하지 않은 동작에도 쓸 수 있으므로 부정문이 있습니다.

(1) 我没去过上海。(○)

我没去来着上海。(x)

2. 문장에 시간을 나타내는 말이 따로 없는 경우, '···来着' 는 오래지 않은 과거에 발생한 것을 나타내고, '过' 는 비교적 오래전의 일을 나타냅니다.

(1) 我去天津来着。 (며칠 전에)

(2) 我去过天津。 (몇 년 전에, 오래전에)

02 不巧

'不巧'는 '계제가 나쁘다', '형편이 좋지 않다' 등의 뜻을 나타냅니다.

(1) 进城回来往这里过, 不巧赶上雨了。

(2) A: 美珍你看看, 外边天气怎么样?

B: 真不巧! 外边下雨呢, 我们不能去爬山了。

(3) 他星期天来我家, 可偏偏我有事出去了, 真是不巧啊。

상황회화 ②

小李가 집에 없는 사이 小李를 찾아 온 친구며, 찾는 전화에 대해 얘기해 주는 엄마.

小李:　妈，我回来了。

妈妈:　你不走不要紧，一走事情就多得不得了。

小李:　怎么了？

妈妈:　喜宣来过了，她约你一起去看电影。

小李:　什么电影？几点？在哪儿？

妈妈:　这些她都没跟我说。急什么！晚上六点前后她会打电话告诉你的。

小李:　我这就给她打电话。

妈妈:　还有，一个姓王的同学打电话来说，下星期一跟中文系的足球比赛提前到下午三点了。他让你别忘了告诉杰伦。

小李:　知道了。

妈妈:　哦，对了，他不知道你是不是找好了啦啦队员，急得要命，让你尽早给他回话。

小李:　糟糕，我还没和啦啦队长联系过呢。

妈妈:　你马上给他打电话吧。别着急。

단어　不要紧 bú yàojǐn 괜찮다 ｜ 提前 tíqián [동] (예정된 시간이나 기한을) 앞당기다 ｜ 啦啦队 lālāduì [명] 응원단 ｜ 回话 huí∥huà [동] (주로 인편을 통해) 대답하다 ｜ 要命 yàomìng [형] 심하다, 죽을 지경이다 ｜ 尽早 jǐnzǎo [부] 되도록 일찍

01 不得了

'不得了'는 보어로 쓰여 '매우 심하다' 라는 뜻을 나타냅니다. 주로 구어에 많이 쓰입니다.

(1) 他高兴得不得了。
(2) 他气得不得了。
(3) 这几天热得不得了。

02 前后

대략적인 시점을 나타내는 데 쓰이며, '左右' 와 의미가 비슷합니다. 그러나 '前后' 는 시점에만 쓰일 수 있으며, 시간에는 쓰일 수 없습니다. 반면, '左右' 는 시점과 시간에 모두 쓰일 수 있습니다. '前后' 앞에서 시점을 나타내는 단어는, 숫자뿐만 아니라 명사가 올 수도 있습니다.

三点钟左右	三点钟前后
三个小时左右	春节前后

03 …员

어떤 일에 종사하는 사람, 또는 단체의 구성원을 가리킵니다.

演员 / 推销员 / 管理员 / 队员 / 会员 / 党员 / 议员

04 …要命

'…要命' 는 정도 보어로 쓰여서 상황이나 상태가 극에 달한 것을 나타냅니다.

(1) 外面冷得要命。
(2) 这人笨得要命。

▶ 대화를 듣고 알맞은 답을 고르세요.

1. A. 问什么东西丢了　B. 问东西找回来了没有　C. 问东西丢了吗

2. A. 明天排练　　B. 今天排练　　C. 明天不排练

3. A. 李军在　　B. 李军不在　　C. 李军不一定在

4. A. 不高兴　　B. 不是很高兴　　C. 非常高兴

5. A. 很冷　　B. 不冷
C. 她没有出门，所以不知道

6. A. 七月五号　　B. 七月五号之前　　C. 七月五号之后

7. A. 售票员　　B. 啦啦队员　　C. 演员

8. A. 让男的转告经理　　B. 一会儿再打电话来
C. 自己过来找经理

9. A. 女的下个礼拜才回来　　B. 女的回来了，男的不高兴…
C. 女的已经回来了

10. A. 现在材料不够　　B. 有六个人参加会议
C. 有十二个人参加会议

有位作家年轻时在一家报社当记者。刚开始，编辑告诉他：千万别把没证实的事儿当做事实来报道。几天后，这位作家去采访一则新闻，回来写了一篇报道："有位自称是知名律师夫人的女士，据说是本市慈善界的领袖，举办了一个称作宴会的聚会。"后来，作家当了编辑，由于收入很低，常常无钱付账，但他毫不在乎。

有一天，秘书交给他一张账单。他瞧了一眼就准备扔掉。秘书提醒他："你看，账单背面写着：如果你再不付钱，就告你！"他笑着说："请你回他一封信，告诉他，本报不采用两面书写的稿件。"

▶▶ 단문을 읽고, 해당하는 문제가 맞는 문장이면 ○, 틀린 문장이면 ×를 하세요.

1 这位作家年轻时在一家杂志社当记者。（　　）

2 他当记者的时候，有一次去采访了两位律师 。（　　）

3 他当编辑的时候，收入很低。（　　）

4 有一天，秘书交给他一份两面书写的稿件。（　　）

▶▶ 단문을 보고 질문에 맞는 답을 쓰세요.

5 他当记者时，采访了一则什么新闻？

____

6 他当编辑时，收到了一张账单，账单背面写着什么？

____

▶▶▶ 빈칸에 알맞은 단어를 골라 넣으세요.

到	在	开

1. 足球比赛推迟______下星期二进行，请互相转告。

2. 请大家打______课本，翻______第二十四页。

3. 汽车开过来了，请大家让______。

4. 我把照相机忘______车上了。

前后	左右	上下

5. 他大概五十岁______。

6. 中秋节______，商店里到处都是月饼。

7. 他写这些汉字一共需要十五分钟______。

▶▶▶ 괄호 안의 어휘를 이용해 문장을 완성하세요.

8. A: 他刚才给你来过电话。

   B: 是吗？他______________？（来着）

9. A: 喂，小张吗？

   B: 他不在，你______________吗？（转告）

10. 听了大家的意见，他______________。（表示）

▶▶▶ **다음을 중국어로 써 보세요.**

1 시내로 갔다가 돌아오면서 이곳을 지날 때 운 나쁘게도 비를 만났다. (不巧)

____

2 작년 설에 누구누구가 우리 집에 왔었지? (…来着)

____

3 그는 매우 화가 났다. (不得了)

____

4 이 사람은 너무나 바보 같다. (…要命)

____

5 어제 우리가 막 배운 그 노래, 제목이 뭐였지? (…来着)

____

6 날씨가 매우 덥다. (不得了)

____

7 저녁 여섯 시 반쯤 그녀가 전화해서 알려 줄 거야. (前后)

____

东施效颦_dōng shī xiào pín

동시가 (서시를) 본떠서 찌푸린다는 뜻으로,
함부로 남을 모방하다가 더 나빠지는 것을 가리킨다.
지금은 주제도 모르고 흉내 내는 사람을 비웃는 말로 쓰인다.

서시(西施)는 중국의 4대 미녀 중 하나이다. 서시는 얼굴에 붉은 연지를 조금만 발라도 너무 붉어 보이고 흰 분을 조금만 발라도 너무 하얘 보여서, 화장을 할수록 아름다움이 반감되었다고 한다. 또한 조금만 키가 더 컸다면 너무 커서 보기 싫었을 것이고, 조금만 더 작았다면 너무 왜소해 보였을 것이라고 한다. 있는 그대로의 서시야말로 완벽한 아름다움 그 자체였던 것이다.

서시의 소문을 들은 월(越)나라 왕은 그녀를 궁중으로 불러들였다가 오(吳)나라 왕에게 선물로 보냈다. 오나라 왕 부차(夫差)는 서시의 아름다움에 반하여 나랏일은 뒷전으로 미룬 채 허구한 날 그녀와 음주가무를 즐겼다. 결국 오나라는 순식간에 쇠락하였고, 월나라에 의해 멸망하고 말았다.

전설에 따르면, 서시는 가슴병을 앓았다고 한다. 병이 도질 때마다 그녀는 손으로 가슴을 꼭 누르며 눈살을 찌푸리곤 했는데, 사람들 눈에는 그 모습조차도 몹시 가련하고 아름답게 비추어졌다.

서시의 이웃에 동시(東施)라는 못생긴 아가씨가 살았는데, 동시는 서시의 찌푸린 표정이 무척 예쁜 것을 보고 남몰래 그 표정을 연습했다. 하지만 동시는 원래도 못생긴 데다가 찡그리기까지 하니 더욱 꼴불견이 되고 말았다. 사람들은 그녀의 찡그린 얼굴을 보고 속이 울렁거렸고, 겁 많은 사람은 심지어 귀신이라도 본 것처럼 줄행랑을 치고 말았다고 한다.

예문
我们只能依据自己的情况办事, 千万不要东施效颦。
자신의 상황에 맞게 일을 해야지, 절대로 주제도 모르고 남을 흉내 내서는 안 된다.

到时我提醒你。

때가 되면 너에게 말해 줄게.

학습 목표
1. 상대방이 잊거나 실수하지 않도록 일깨워 줄 때 쓰는 표현을 익혀 봅니다.
2. '有'의 쓰임에 대해 공부합니다.

기본문형

1 到时我提醒你。你放心吧。 그때 제가 알려 드리죠. 걱정 마세요.

到时我告诉你。你放心吧。 그때 제가 알려 드리죠. 걱정 마세요.

到时我叫你。你放心吧。 그때 제가 불러 드리죠. 걱정 마세요.

2 你可别急着走。 서둘러 가지 마.

你可千万别忘。 절대로 잊어버리지 마.

你可一定要小心。 반드시 조심해야 해.

3 我有中文系的中国朋友给我辅导。 나는 중문과의 중국 친구에게 과외를 받고 있다.

湖面有两只船开过来。 호수에 배 두 척이 다가온다.

他有个叔叔在美国。 그는 미국에 숙부 한 분이 계신다.

4 我得走了，要不上课来不及了。 나는 가야겠다. 그렇지 않으면 수업에 늦겠어.

今天得把照片取回来。 오늘은 사진을 찾아와야 한다.

你得去图书馆还书。 너는 도서관에 가서 책을 반납해야 한다.

她得办签证。 그녀는 비자 수속을 해야 한다.

5 小心开门。 문이 열릴 때 조심해.

小心你的钱包。 지갑 조심해.

小心摔跤。 넘어지지 않게 조심해.

상황회화 1

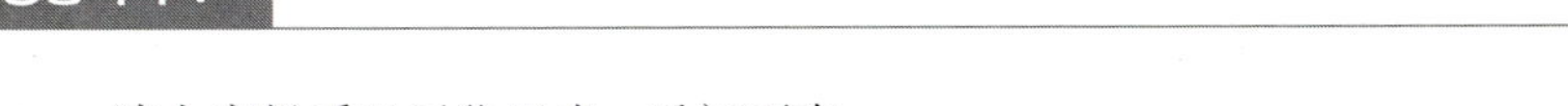

司机： 请大家投币以后往里走，后门下车。
여러분, 돈을 내고 안으로 들어가세요. 뒷문으로 내리시고요.

美珍： 这无人售票车怪挤的。 이 무인버스 평장히 붐비네.

司机: 请往里走。 안으로 들어가세요.

美珍: 我去东方新天地，哪站下？ 저는 동방신천지에 가는데, 어느 정류장에서 내려야 하나요?

司机: 在西单下，还得换37路。有好多站路呢。喇叭里会报站名的。
시단에서 내려 37번 버스로 갈아타세요. 많이 가야 합니다. 정류장 안내 방송이 나올 거예요.

美珍: 喇叭里的话我怕听不清楚，到站请您告诉我一下。
안내 방송을 잘 못 알아들을 것 같아서요. 정류장에 도착하면 제게 좀 알려 주세요.

乘客: 我也在西单下，到时我提醒你。你放心吧。
저도 시단에서 내리니. 그때 제가 알려 드리죠. 걱정 마세요.

美珍: 那多谢了！ 그럼 정말 고맙습니다.

乘客: 请跟我一起往里走一点儿。人多车挤，小心。
저와 안쪽으로 좀 들어가시죠. 사람이 많아 붐비니 조심하세요.

(广播声：上车请主动投币。 前门上车，后门下车。 车辆起步，请大家扶好站穩。 下一站，
人民大学。 请下车的乘客做好准备。 人民大学到了。 小心开门。 请后门下车。 谢谢!)
방송: 승차 시에 스스로 차비를 내 주시고, 앞문으로 승차하시고 뒷문으로 내리십시오. 차가 출발하니 손잡이를
잡아 주십시오. 다음 정류장은 인민대학입니다. 내리실 손님은 준비를 해 주십시오. 인민대학입니다. 문이 열릴 때
조심하시고, 뒷문으로 내려 주십시오. 감사합니다.

어법배우기

 01 怪…的

(1) 这故事怪有意思的。 이 이야기는 매우 재미있다.
(2) 今天怪闷热的。 오늘은 매우 후덥지근하다.
(3) 这个人怪可怜的。 이 사람은 매우 불쌍하다.
(4) 他的态度怪没有礼貌的。 그의 태도는 매우 예의가 없다.

 02 到时

(1) 到时按下电铃。 그때가 되면 벨을 누르세요.
(2) 到时请务必出席。 그때가 되면 부디 출석하여 주십시오.
(3) 到时大家都在车站前集合。 그때 모두 기차역 앞에서 모이자.
(4) 好，我到时准到。 좋아, 그때 꼭 갈게.
(5) 到时我告诉你。 그때가 되면 당신에게 알려 드리겠습니다.

상황회화 2

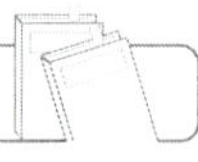

英俊: 这么早，你就去教室？ 이렇게 일찍 학교에 가니?

美珍: 不，我先去图书馆借书。有了借书证，还没好好利用过呢。
아니, 먼저 도서관에 가서 책을 빌리려고. 도서관 카드가 있는데 아직 제대로 이용을 못 했어.

英俊: 你提醒我了。我借的那套《水浒》再不还要过期了。你能帮我带去还掉吗？

네 덕에 생각났다. 내가 빌린 《수호지》를 반납하지 않으면 기한을 넘기게 돼. 내 대신 반납 좀 해 줄래?

▷ 《水浒》는 중국 명·청 시대의 유명한 백화 장편 소설 중 하나입니다. 이 외에도 《三国演义》, 《西游记》, 《红楼梦》 등이 유명합니다.

美珍: 好的，给我吧。中国古典小说读起来难不难？
그래, 나한테 줘. 중국 고전 소설은 읽기 어렵지 않니?

英俊: 不是很容易。我有中文系的中国朋友给我辅导。
쉽지는 않아. 나는 중문과의 중국 친구에게서 과외를 받고 있어.

▷ '辅导'는 '보습하다', '조언하여 지도하다' 등의 뜻을 나타냅니다.

美珍: 《水浒》的内容精彩吗？ 《수호지》 내용은 재미있니?

英俊: 那还用说，中国古代有名的小说嘛。讲的是一百零八位英雄好汉的故事。
당연하지. 중국 고대의 유명한 소설이잖아. 108명의 영웅호걸에 대한 이야기야.

美珍: 那就别还了，借给我看得了。 그럼 반납하지 말고 나에게 빌려 줘.

英俊: 这恐怕不行，过期要罚款的。这样吧，你一手帮我还了，一手再用你自己的借书证借一下。我得走了，要不上课来不及了。 안 될 것 같아. 기한을 넘기면 벌금을 내야 하거든. 이렇게 하자. 내 대신 반납을 하면서 네 도서관 카드로 빌려. 나는 가야겠다. 그렇지 않으면 수업에 늦겠어.

美珍: 你可别急着走，你的借书证还没给我呢！
서두르지 마. 아직 내게 네 도서관 카드 안 줬어.

 어법배우기

 01　有

■ (1)　我有个<u>弟弟</u>在北京工作。（我有个<u>弟弟</u>+<u>弟弟</u>在北京工作）
나는 베이징에서 일하고 있는 남동생이 있다. (나는 남동생이 있다+남동생은 베이징에서 일한다)

(2)　前面有辆<u>车</u>开过来了。（前面有辆<u>车</u>+<u>车</u>开过来了）
앞에서 차 한 대가 왔다. (앞에 차 한 대가 있다+차가 왔다)

■ (1)　我有<u>几个问题</u>想问你。（我有<u>几个问题</u>+想问你<u>几个问题</u>）
나는 네게 묻고 싶은 몇 가지 문제가 있다. (나는 몇 가지 문제가 있다+네게 몇 가지 문제를 묻고 싶다)

(2)　这儿有<u>上海地图</u>卖吗？（这儿有<u>上海地图</u>吗+卖<u>上海地图</u>吗）
여기에서 상하이 지도를 팝니까? (여기에 상하이 지도가 있습니까+상하이 지도를 팝니까)

02　…得了

(1)　送到店里去卖，路又远，价钱又低，我看，你现在就卖给我得了。
가게에다 팔려면 길도 멀고 가격도 싸잖아. 내 생각에 지금 그냥 나에게 팔면 될 것 같아.

(2)　你又担心这，又担心那，我看你干脆哪儿也别去，整天呆在家里得了。
너는 이것저것 걱정하는데, 내 생각에 너는 아예 아무 데도 가지 말고 하루 종일 집에 있으면 될 것 같아.

03　一手……一手……

(1)　一手交钱，一手交货。 돈을 주면서 물건을 건넨다.

04　可

(1)　孩子，你可得说真话啊。 얘야, 너는 반드시 사실을 말해야 한다.

(2)　到了那儿，可别忘了给我写信呀。 그곳에 가면 나에게 편지 쓰는 것 잊지 마.

❶ 女: 那个人怎么样？ 그 사람 어때?

男: 怎么说呢，怪有趣儿的。 뭐랄까, 아주 재미있어.

问: 那个人怎么样？ 그 사람은 어떻습니까?

정답 A

❷ 女: 你好像对古典的东西都很感兴趣？ 너는 고전에 아주 관심이 있는 것 같다?

男: 音乐，我爱听古典的；小说，我喜欢看现代的。
음악은 클래식을 좋아하지만, 소설은 현대물을 좋아해.

问: 男的爱听什么音乐？ 남자는 어떤 음악 듣는 것을 좋아합니까?

정답 C

❸ 女: 你也真是，搬了家也不跟我打个招呼。 너도 참, 이사를 했으면서 나한테 알려주지도 않는구나.

男: 我找过你好几次，你都不在。 널 여러 번 찾았는데, 그때마다 네가 없더라.

问: 女的为什么不高兴？ 여자는 왜 기분이 나쁩니까?

정답 C

❹ 女: 你要是觉得不满意，可以凭发票去退货。
너 만약에 마음에 들지 않으면 영수증 가져가서 환불 받을 수 있어.

男: 你怎么不早说，现在上哪儿去找发票？ 너 왜 진작 얘기하지 않았어? 지금 어디서 영수증을 찾아?

问: 从这段对话里，我们知道什么？ 이 대화에서 우리는 무엇을 알 수 있습니까?

정답 B

❺ 女: 五一节快到了，你们有什么打算？ 곧 노동절인데, 너희는 어떤 계획이 있니?

男: 到时候再说吧。 그때 가서 보자.

问: 现在是什么时候？ 지금은 언제입니까?

정답 A

❻ 女: 我要在西单下车，还有几站？ 저는 시단에서 내리는데요. 몇 정류장 남았나요?

男: 西单？ 早过了。 시단이요? 벌써 지났어요.

问: 从这段对话里，我们知道什么？ 이 대화에서 우리는 무엇을 알 수 있습니까?

정답 C

❼ 女: 这本书你看完了没有？ 看完了借给我看看。 너 이 책 다 봤니? 보고 나서 나 좀 빌려 줘.

男: 不行，我得马上还给老王，他催着要呢。 안 돼. 老王에게 바로 돌려줘야 해. 그가 재촉하고 있어.

问: 男的为什么不肯把书借给那个人？ 남자는 왜 책을 빌려 주려고 하지 않는가?

정답 C

❽ 女: 你们家现在才吃晚饭呀？ 너희 집은 이제야 저녁을 먹니?

男: 下班回来还得烧菜做饭，早得了吗？ 퇴근하고 나서 또 밥을 해야 하는데, 이를 수 있겠어?

问: 男的是什么意思？ 남자의 말은 무슨 뜻입니까?

정답 A

❾ 女: 这袋食品已经过期了。 이 봉지에 있는 음식은 이미 유통 기한이 지났어.

男: 可这是我昨天才买的呀！ 그렇지만 이거 어제 막 산 건데.

问: 从这段对话里，我们知道什么？ 이 대화에서 무엇을 알 수 있습니까?

정답 A

❿ 车辆起步，请扶好站稳。 上车请买票。 下一站；王府井。

차가 출발하니 손잡이를 잡아 주십시오. 승차 후에는 차표를 사 주십시오. 다음 정류장은 왕푸징입니다.

问: 这是在哪儿?　여기는 어디입니까?

정답 **B**

> **해석** 　내 룸메이트 米切尔은 기억력이 좋지 않다. 자주 문을 닫고 나서야 열쇠를 갖고 나오지 않은 것이 생각
> 나고, 가게에 가서야 지갑을 놓고 온 것이 생각나곤 한다. 한번은 어떤 사람이 그녀에게 사인을 부탁했지만, 그
> 녀는 자기 이름이 무엇인지 도무지 생각이 나지 않았다! 또 어제는 내 생일이었는데, 나에게 선물을 사 준다고
> 해 놓고 까맣게 잊어버리고 오늘 저녁에야 생각이 났다. 그녀는 도리어 내가 기억력이 안 좋아서 어제 그녀에게
> 알려 주는 것을 잊었다고 나를 나무랐다.

❶ 米切尔的记性不好。

❷ 米切尔常常是关上了门才想起来没带上钥匙。

❸ 别人请米切尔签名时, 她怎么也想不起来自己叫什么名字!

❹ 昨天米切尔忘了美珍的生日。　她说好了要送美珍一件礼物, 可是她忘得一干二净。

❶ A：你__要__有空的话, 能不能帮我翻译一下这张说明书?
　 B：术语太多了, 我__恐怕__翻不了。　__要不__我帮你问问别人?
　 A：别麻烦了, 既然你翻不了, __那就__算了。

❷ 喇叭里的话我怕听不清楚, 到站请你__告诉__一下。

❸ 中国古典小说__读起来__难不难?

❹ 这无人售票车__怪挤的__。

❺ 反正我把这事儿的后果都跟你说清楚了, 你一定要这么做, 到时__你可别怪我__。

❻ 那儿假货不少, 你在那儿买东西, __小心上当__。

❼ 你也真是的, 你不是__有个朋友在这方面很有研究__吗? 为什么不去问问他呢!

❶ 今天得把照片取回来。

❷ 今天怪闷热的。

❸ 我有几个问题想问你。

❹ 送到店里去卖, 路又远, 价钱又低, 我看, 你现在就卖给我得了。

❺ 到了那儿, 可别忘了给我写信呀。

❻ 我也在西单下, 到时我提醒你。

❼ 你一手帮我还了, 一手再用你自己的借书证借一下。

PART 02

她一定也着凉了。

그녀도 틀림없이 감기에 걸렸을 거야.

학습 목표

1. 추측을 나타내는 다양한 표현을 익혀봅니다.
2. 부사 '反正' 의 용법에 대해 알아봅니다.

기본문형

1. 要是烧得厉害, 也许要打针。　만약 열이 심하면, 아마 주사를 맞아야 할 거야.

   要是天气不好, 也许她不去。　만약 날씨가 좋지 않으면, 아마 그녀는 가지 않을 것이다.

   要是你不喜欢, 也许他可以换这件衣服。　만약 네가 좋아하지 않으면, 아마 그는 옷을 바꿀 것이다.

2. 也许会发现什么好东西。　어쩌면 좋은 물건을 발견할 지도 몰라.

   说不定会发现什么好东西。　아마도 좋은 물건을 발견할 지도 몰라.

   可能会发现什么好东西。　아마도 좋은 물건을 발견할 지도 몰라.

3. 她一定着凉了。　그녀는 분명 감기에 걸렸을 거야.

   她准着凉了。　그녀는 틀림없이 감기에 걸렸을 거야.

   她肯定着凉了。　그녀는 틀림없이 감기에 걸렸을 거야.

4. 我看, 少说也要千把块钱。　내 생각에 최소한 천 위안은 될 것 같다.

   我看, 起码也要千把块钱。　내 생각에 최저 천 위안은 될 것 같다.

   我看, 至少也要千把块钱。　내 생각에 적어도 천 위안은 될 것 같다.

5. 别是乾隆以前的吧?　혹시 건륭 이전의 것이 아니니?

   别是让人给撞了?　어쩌면 다른 사람이랑 부딪친 거 아냐?

   别是又弄错了吧?　혹시 또 잘못 안 건 아니겠지?

상황회화 1

杰伦: 我看你咳得比昨天还厉害。你现在感觉怎么样?
　　　너 어제보다 기침을 더 심하게 하는 거 같아. 지금 기분 어때?

美珍: 有点儿头疼, 还一阵阵发冷。　머리가 좀 아프고 오한도 좀 나.

杰伦: 你看上去脸色不太好。是不是发烧了? 你有没有量过体温?

너 안색이 별로 안 좋다. 열 나는 거 아냐? 체온은 재 봤어?

美珍: 没有。 아니.

杰伦: 还是上医院去看看吧。 我今天反正没事儿, 陪你去。
병원 가서 진찰받는 게 좋겠다. 내가 오늘 일이 없으니까 같이 가 줄게.

美珍: 那太谢谢你了。 我说不定得了肺炎。 그럼 정말 고맙지. 나 폐렴에 걸렸을지도 몰라.
▷ '说不定' 는 추측을 나타냅니다.

杰伦: 不会吧。 最近感冒的人比较多, 说不定你也感冒了。 这几天晚上比较热, 你
准是睡觉没盖好被子。
그럴 리가. 요즘 감기 걸린 사람이 좀 많던데 너도 감기일 거야. 요 며칠 저녁에 후덥지근해서 네가 잘 때 분명히
이불을 덮지 않았을 거야.

美珍: 我同屋晚上喜欢把空调开得很低。 今天她也咳嗽了。
내 룸메이트는 밤에 에어컨 온도를 너무 낮게 해 놔. 오늘 그녀도 기침을 하더라고.

杰伦: 她一定也着凉了。 그녀도 분명히 감기에 걸렸을 거야.
▷ '着凉' 는 동사로 '감기에 걸리다' 의 뜻입니다.

美珍: 多半是我把感冒传给她了。 아마도 내가 감기를 옮겼을 거야.

杰伦: 你还是赶紧去医院检查一下吧。 너 빨리 병원에 가서 진찰을 받는 게 좋겠다.
▷ '赶紧' 는 부사로 '서둘러', '급히', '재빨리' 등의 뜻입니다.

美珍: 医生会不会给我打针? 의사가 주사를 놓지는 않겠지?

杰伦: 要是烧得厉害, 也许要打针。 你总不会怕打针吧?
만약에 열이 심하면 주사를 맞아야지. 너 주사 맞는 거 무서워하는 건 아니지?
▷ '烧' 는 명사로는 '열', 동사로는 '열이 나다' 라는 뜻을 가집니다.

美珍: 是啊, 我就是怕打针。 맞아, 나 주사 맞는 거 무서워해.

 어법배우기

 反正

1 (1) 不管怎么说, 反正是件文物。 뭐라고 하든 간에 어쨌든 문화재다.
   (2) 谁先讲都行, 反正你们每个人都得讲一讲。 누가 먼저 말을 해도 좋다. 어쨌든 너희들 모두 말해야 한다.
2 (1) 反正今天我没事, 就陪你去吧。 어차피 오늘 나는 별일이 없으니 너와 함께 갈게.
   (2) 不去就不去吧, 反正这地方离我家不远, 将来总有机会去的。
가기 싫으면 그냥 말지 뭐. 어쨌든 여기는 우리 집에서 가까우니 나중에 갈 기회가 생길 거야.

02 总

(1) 不管今天去还是明天去, 你总得去一趟, 不去是不行的。
오늘 가든 내일 가든, 너는 결국 한 번은 가야 한다. 안 가면 안 된다.
(2) 虽然有些人觉得京剧节奏太慢, 内容太旧, 但京剧的艺术水平那么高, 总能吸引住一部
分观众的。 어떤 사람들은 경극이 리듬이 너무 느리고 내용이 고루하다고 하지만, 경극의 예술적인 수준은 매우 높아서
어쨌든 일부 관중을 끌어들인다.
(3) 你学了那么长时间的汉语, 总不会连这么简单的汉字也不认识吧?
너는 그렇게 오랫동안 중국어를 배웠으니, 이렇게 간단한 한자도 모르지는 않겠지?
(4) 孩子总是孩子, 不能对他们要求太高。 아이는 어쨌든 아이니까 그들에 대한 요구가 지나치게 높아서는 안된다.
(5) 努力下去, 总会获得成功的。 노력해 나가면 결국엔 성공할 것이다.

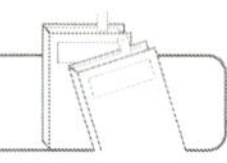

美珍: 听说你常去琉璃厂，对古董一定很有研究吧。
들자 하니 너 琉璃厂에 자주 간다며? 골동품에 대해서 분명히 잘 알겠구나.
▷ '琉璃厂'은 베이징의 골동품 거리를 일컫는다.

杰伦: 说不上有研究，比较喜欢就是了。　잘 안다고까지는 할 수 없고, 좀 좋아하는 것뿐이야.

美珍: 我也很喜欢古董。但不敢买。价高了吧，怕不值；价低了吧，心想八成是假货。
나도 골동품을 아주 좋아해. 그렇지만 감히 사지는 못 해. 값이 비싸면 그만큼 값어치가 없을까 걱정이 되고, 값이 싸면 십중팔구는 가짜인 것 같거든.

杰伦: 买古董，一靠运气，二靠眼力。只有多看多比较，才能分出真假来。你有兴趣，什么时候我们一起去看看。　골동품을 살 때에는 일단 운이 좋아야 하고, 그 다음은 안목이야.
많이 보고 많이 비교를 해 봐야 진짜인지 가짜인지 구분할 수 있거든. 흥미가 있으면 우리 언제 같이 보러 가자.

美珍: 和你一起去，也许会发现什么好东西。　너와 같이 가면 아마 좋은 물건을 발견할 수 있을 것 같아.

杰伦: 我给你看一件瓷器，是我上个月在琉璃厂买的。
내가 도자기를 한 점 보여 줄게. 내가 지난달에 琉璃厂에서 산 거야.

美珍: 白底儿青花，做工精致极了。看上去有些年份了，别是乾隆以前的吧？
흰 바탕에 파란 무늬구나. 기술이 정말 정교하다. 보아하니 오래된 것 같은데. 혹시 건륭 이전의 것이 아니니?
▷ '有些年份了'는 '오래되었다'라는 뜻을 나타냅니다.
▷ '乾隆'는 청나라 황제 '고종'의 연호이며, 1736년에서 1796년을 가리킨다.

杰伦: 那是国家保护文物，还能随便买卖？你看底部的印记，是宣统年间的。
그건 국보인데 어떻게 마음대로 사고 팔 수 있겠어? 바닥에 있는 도장을 봐. 선통 때 거야.
▷ '宣统'는 청나라의 마지막 황제 '푸의'의 연호이며, 1909년에서 1912년을 가리킨다.

珍: 不管怎么说，反正是件文物。我看，少说也要千把块。
어쨌든 간에, 문화재네! 최소한 천 위안은 될 것 같아.
▷ '不管怎么说'는 어떠한 상황에서리도 어떠한 사실이 존재하며, 그 결론은 반드시 옳은 것임을 나타냅니다.
▷ '少说也要千把块'는 '최소한 천 위안은 있어야 한다'의 의미를 나타냅니다.

杰伦: 可我是六百块买下的，便宜吧？　그렇지만 나는 600위안에 샀어. 싸지?

 어법배우기

 **01** 说不上

(1) 他们俩说不上是什么好朋友。　그 둘은 다정한 벗이라고 할 정도는 아니다.
(2) 我说不上会说汉语。　나는 중국어를 할 줄 안다고 말할 정도는 아니다.

02 …吧，…；…吧，…

(1) 坐火车吧，太慢了点儿；坐飞机吧，太贵了点儿。
기차를 타자니 너무 느리고. 비행기를 타자니 너무 비싸다.
(2) 告诉他吧，纪律不允许；不告诉他吧，又怕他生气。
그에게 말을 하자니 규율에 어긋나고, 말을 하지 않자니 그가 화를 낼까 무섭다.
(3) 走吧，不好；不走吧，也不好。　가려니 그렇고, 안 가려니 또 그렇다.

 **03** 不管怎么说

(1) 也许你不喜欢你母亲，甚至有点恨她，可是，不管怎么说，她是你的母亲呀，她现在有

困难，你怎么能不帮助她呢？

네가 네 어머니를 좋아하지 않을 수도, 심지어는 싫어할 수도 있다. 그렇지만 어쨌든지 네 어머니잖아. 지금 어려우신데 네가 어떻게 돕지 않을 수가 있니?

(2) 不管怎么说，打人总是不对的。　어쨌든지 사람을 때리는 것은 잘못된 것이다.

听力 Test

❶ 女: 我的照相机呢？谁拿了我的照相机？　내 카메라는? 누가 내 카메라 가져갔어?

男: 谁会拿你的照相机？我看你八成是忘在汽车上了。

누가 네 카메라를 가져가? 십중팔구 네가 차에 놓고 온 것 같은데.

问: 她的照相机很可能在哪儿？　여자의 카메라는 어디에 있을 가능성이 큽니까?

정답 C

❷ 女: 中午以前能赶到那儿吧？　정오 전에 거기에 도착할 수 있겠지?

男: 那可说不定。　그건 단언할 수 없어.

问: 男的是什么意思？　남자의 말은 무슨 뜻입니까?

정답 B

❸ 女: 这事儿得问小张，他准知道。　이 일은 小张에게 물어야 해. 그가 분명히 알 거야.

男: 我说呀，说不定他也不知道呢。　내 생각엔 아마 그도 모를 것 같은데.

问: 男的是什么意思？　남자의 말은 무슨 뜻입니까?

정답 C

❹ 女: 听说小丽有男朋友了，是吗？　小丽 남자 친구 생겼다며?

男: 咳，她嫌对方是个端盘子的，吹啦。　에이, 상대가 서빙한다고 싫어하던데. 헤어졌어.

问: 小丽以前的男朋友在哪儿工作？　小丽의 전 남자 친구는 어디에서 일을 했습니까?

정답 C

❺ 女: 你不是对古董挺有研究的吗？　너는 골동품에 대해서 아주 잘 알지 않아?

男: 你们都以为我爱玩儿古董，其实根本不是那么回事儿。

너희는 내가 골동품을 좋아하는 줄 알고 있지만, 사실은 절대 그렇지 않아.

问: 男的是什么意思？　남자의 말은 무슨 뜻입니까?

정답 A

❻ 女: 给你看看我刚买的瓷器，才花了六百块，便宜吧？

내가 얼마 전에 산 도자기 보여 줄게. 600위안밖에 안 썼어. 싸지?

男: 你呀，让人给骗了，自己还不知道。　너도 참. 사기당하고도 모르는구나.

问: 男的觉得这件瓷器值不值六百块？　남자는 이 도자기가 600위안의 가치가 있다고 생각하는가?

정답 B

❼ 女: 不是说好今天去看爷爷、奶奶的吗？　오늘 할아버지, 할머니를 뵈러 가기로 했잖아?

男: 改天再去吧，要是把感冒传给爷爷、奶奶可就麻烦了。

다음에 가자. 할아버지, 할머니께 감기 옮기면 큰일이잖아.

问: 从这段对话里，我们知道什么？　이 대화에서 무엇을 알 수 있습니까?

정답 A

❽ 女: 今天好点儿了吗？　오늘은 좀 나아졌어?

男: 疼得更厉害了。　훨씬 더 심하게 아파.

问: 男的今天身体怎么样？　남자는 오늘 몸이 어떠한가?

정답 C

❾ 女: 听说老王对艺术品很有研究？　老王이 예술품에 대해 아주 잘 안다며?

男: 可不，他只要看上一眼，就能知道是真是假。

그럼, 그는 한 번 보면 진짜인지 가짜인지 바로 안다니까.

问: 男的是什么意思? 남자의 말은 무슨 뜻입니까?

정답 C

⑩ 女: 这些建筑都有些年份了吧? 이 건축물들은 모두 오래된 것들이지?

男: 我看少说也有六七十年了。 내 생각엔 최소한 6,70년은 된 것 같아.

问: 男的是什么意思? 남자의 말은 무슨 뜻입니까?

정답 C

阅读 Test

해석 오늘 아침 수업이 막 시작하려고 하는데도 美珍은 오지 않았다. 어떤 친구는 그녀가 분명 늦잠을 잔 것이라고 했다. 그렇지만 그녀는 매일 아침 항상 여섯 시도 안 되어서 일어나는데, 오늘 어떻게 늦을 수 있겠는가? 어떤 친구는 길이 막혀서 늦는 것이라고 추측을 했다. 그렇지만 아니다. 그녀는 항상 차를 타지 않고 자전거를 타고 온다. 어떤 친구는 그녀가 자전거를 몰다가 사람을 치었을 것이라고 걱정을 했다. 그렇지만 그녀는 항상 매우 조심해서 자전거를 몰고, 빨리 몰지도 않기 때문에 사고가 났을 리는 없다. 또 다른 친구는 그녀가 최근 남자 친구를 사귀어서 함께 여행을 간 것이라고 추측했다. 어쨌든, 모두들 美珍은 오늘 지각하는 것이 아니고 오지 아예 않을 것이라고 생각을 했다. 바로 이때, 수업 시작 종이 울리고, 美珍가 교실에 들어왔다.

❶ 美珍今天来上课了。

❷ 上课的铃声响了, 美珍走进了教室。 所以美珍没有迟到。

❸ 有的同学猜测她一定是起床晚了。 有的同学猜测路上堵车, 她来不及赶到。有的同学猜测她骑车跟人撞了。 还有的同猜测, 她最近交了个男朋友, 也许跟朋友一起旅行去了。 可这些猜测没有根据。

❹ 上课的铃声响了, 美珍走进了教室。

综合 Test

❶ B　　　❷ C　　　❸ C　　　❹ C

❺ 买古董, 一靠运气, 二靠眼力。

❻ A: 听说他要提前回国, 你知道吗?

B: 不可能吧。我跟他是多年的老朋友了, 他要是想提前回国, 总会告诉我的 。

❼ A: 你看他多大年纪?

B: 他的头发全白了, 我看 少说也有六十几岁了 。

❽ A: 你说这个青瓷花瓶是件文物, 那么, 它是什么时候的文物呢?

B: 具体年代我说不准, 反正有些年份了 。

作文 Test

❶ 他们俩说不上是什么好朋友。

❷ 不管今天去还是明天去, 你总得去一趟, 不去是不行的。

❸ 谁先讲都行, 反正你们每个人都得讲一讲。

❹ 走吧, 不好, 不走吧, 也不好。　　　❺ 她一定也着凉了。

❻ 要是烧得厉害, 也许要打针。　　　❼ 不管怎么说, 反正是件文物。

PART 03

我才不相信呢。

나는 믿을 수 없어.

학습 목표

1. 어떤 일에 대해 확신(또는 의심)을 나타내는 표현을 익혀 봅니다.
2. '才…呢' 용법에 대해 알아봅니다.

기본문형

1 相信自己能做成。　스스로 할 수 있다고 믿어라.

相信我不会骗你。　내가 너를 속일 리 없다는 걸 믿어라.

相信孩子能学好。　아이가 공부를 잘할 수 있다는 걸 믿어라.

2 我才不相信呢。　나는 믿을 수가 없어.

我才不怕你呢。　나는 너를 두려워하지 않아.

我才不稀罕那点小钱呢。　나는 그깟 몇 푼 안 되는 돈에는 관심 없어.

3 我也想学，就是担心学不好。　나도 배우고 싶은데 잘하지 못할까 걱정이야.

我也想吃，就是担心胖。　나도 먹고 싶은데 살찔까 걱정이야.

我也想喝酒，就是担心醉。　나도 술을 마시고 싶은데 취할까봐 걱정이야.

4 没问题，这事包在我身上。　문제없어. 이 일은 내게 맡겨.

你放心吧，这事包在我身上。　걱정 마. 이 일은 내게 맡겨.

5 你怎么就怀疑自己学不好呢？　넌 왜 스스로 잘 배우지 못할 거라고 의심하니?

我怀疑他在骗我。　나는 그가 나를 속이고 있다는 의심이 간다.

杰伦怀疑自己学不好书法。　杰伦은 스스로 서예를 잘하지 못할 거라 의심한다.

我怀疑她到底会不会打篮球。　나는 그녀가 도대체 농구를 할 수 있을지 의심이 간다.

상황회화 1

美珍:　你们都在学书法，我也想学，就是担心学不好。
너희 모두 서예를 배우고 있지. 나도 배우고 싶은데, 잘하지 못할까 걱정이야.

小李:　还没学，怎么就怀疑自己学不好呢？我想，不论做什么事，首先要有信心，相信自己能做成。中国有一句老话："天下无难事，只怕有心人。"
배우지도 않고서 스스로 못할까 의심을 해? 무슨 일을 하든 먼저 자신감을 갖고, 자기가 할 수 있다고 믿어야 한다고 생각해. 중국에는 '뜻 있는 사람은 세상에 어려울 것이 없다.'라는 말이 있어.

美珍: 书法是一门艺术。没有天分恐怕是学不好的。
서예는 일종의 예술이야. 타고난 재능이 없으면 잘하지 못할 거야.

小李: 但我相信，天才来自三分天分加七分勤奋。你知道中国古代书法家王羲之吗？
그렇지만 나는 천재는 30%의 재능과 70%의 노력으로 이루어진다고 믿어. 너 중국 고대의 서예가 王羲之를 아니?
▷ '勤奋'는 형용사로 '근면하다', '꾸준하다', '열심이다' 등의 뜻을 나타냅니다.

美珍: 去绍兴的时候，我去过他练字的地方。据说王羲之非常用功，日夜苦练。
绍兴에 갔을 때 그가 서예 연습을 하던 곳에 가 봤어. 王羲之가 밤낮없이 열심히 노력했다고 하더라.
▷ '王羲之'는 중국 고대의 유명한 서예가로, 동진 시대(317년~420년)에 살았다.

小李: 大书法家的成功就是靠勤学苦练换来的。只要坚持不懈，水滴也能石穿。当
然，我们学书法，并不都是为了成为书法家，大多只是为了把字写得端正些、
漂亮些。 훌륭한 서예가의 성공은 열심히 공부하고 연습해서 얻어진 거야. 끊임없이 노력하면 낙숫물도 댓돌
을 뚫을 수 있어. 물론 우리가 모두 서예가가 되기 위해서 서예를 배우는 것은 아니야. 대부분 그저 글씨를 단정하
고 아름답게 쓰고 싶어서 배우지.

美珍: 你说得有道理。那么，你能给我讲讲怎么学书法吗？
네 말에 일리가 있어. 그럼 서예를 어떻게 배워야 하는지 알려 줄 수 있니?

小李: 我可说不好，还是请我的老师给你讲吧。 나는 못 하고, 선생님께 여쭤 보는 게 좋겠어.

 **어법배우기**

01 不论

(1) 不论有什么困难，我们都一定要完成任务。 어떠한 어려움이 있더라도 우리는 반드시 임무를 완수할 것이다.
(2) 不论困难有多大，我们也一定要完成任务。 어려움이 아무리 크더라도 우리는 반드시 임무를 완수할 것이다.
(3) 不论有没有困难，我们总要完成任务。 어려움이 있든 없든 우리는 임무를 완수할 것이다.
(4) 不论买了票的还是没有买票的，个个都想进去看看。
표를 산 사람이든 사지 않은 사람이든 모두 들어가서 보고 싶어한다.

02 来自

1 (1) 我来自泰国。 나는 태국에서 왔다.
　 (2) 我们来自世界各地。 우리는 세계 각지에서 왔다.
2 (1) 这篇课文选自一部长篇小说。 이 본문은 한 장편 소설에서 발췌한 것이다.
　 (2) 这是发自内心的笑。 이는 마음으로부터 우러나오는 웃음이다.

03 并

(1) 我跟他虽然是同屋，可是我对他并不了解。 나는 그와 룸메이트이기는 하지만, 나는 그에 대해서 모른다.
(2) 学习努力的人成绩并不一定好。 열심히 공부하는 사람이 성적이 반드시 좋지는 않다.
(3) 大家都以为他知道那件事，其实他并不知道。
사람들은 그가 그 일을 알고 있다고 생각하지만, 사실 그 역시도 모른다.

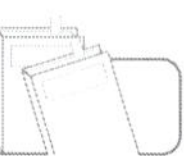

美珍: 明天篮球比赛，队里还少一个人。 내일 농구 경기가 있는데, 팀에 한 명이 모자라.

小李: 我来凑个数吧。 내가 수를 채울게.
▷ '凑'는 동사로 '(흩어진 것을 한 곳에) 모으다, 모이다' 등의 뜻을 나타냅니다.

美珍: 去，去，女同学比赛，你来凑什么热闹。 됐어. 여학생 경기인데 네가 까어서 어쩌려고.

小李: 和你开个玩笑。我说，小丽不错，她会打球，而且打得很好。
농담한 거야. 내 생각에, 小丽가 농구할 줄 알아. 그것도 아주 잘해.

美珍: 别瞎扯了。戴着副眼镜，斯斯文文的样子，我才不相信呢。
허튼소리 하지 마. 안경 끼고 아주 얌전해 보이던데. 나는 믿을 수 없어.
▷ '斯文'는 형용사로 '우아하다', '고상하다' 등의 뜻을 나타냅니다.

小李: 你这是以貌取人。中学时，我和她是同学，我是校男队的，她是校女队的。 进了大学，学习一紧张，她就不打球了。
외모만 보고 사람을 판단하는구나. 중고등학교 때 나는 그녀와 같은 반이었어. 나는 학교의 남자 팀 선수였고, 그녀는 여자 팀 선수였지. 대학에 들어온 이후에 공부하느라 바빠서 농구를 안 하는 거야.
▷ '以貌取人'는 성어로 '용모로 사람을 평가하다', '용모로 사람을 고르다' 등의 의미를 나타냅니다.

美珍: 可她这么长时间不训练了，还行吗? 그렇지만 그렇게 오랫동안 훈련을 안 했는데, 괜찮겠어?

小李: 这你放心，经过专门训练的人，一拿到球，感觉就来了。 再说，不管怎么样，她打起球来反正不会比你差。
그건 걱정 마. 전문적인 훈련을 받았던 사람은 일단 공을 잡으면 감이 온다고. 게다가, 어찌 됐든, 그녀가 공을 잡으면 너보다 못할 리가 없어.

美珍: 好吧。今天下午训练，能通知到她吗? 좋아. 오늘 오후에 훈련인데, 그녀에게 알려 줄 수 있어?

小李: 没问题，这事儿包在我身上。 문제없어. 이 일은 내게 맡겨.

美珍: 谢谢你了，帮我解决了一个大难题。 고마워. 나 대신 큰 문제를 해결해 줬어.

어법배우기

01 才…呢

1 (1) 我才不去那种鬼地方呢! 나는 그런 괴상한 곳에는 절대 안 가!

(2) 他才不会那么傻呢! 그는 절대 그렇게 어리석지 않을 거야!

2 (1) 你别看这本词典小，它才有用呢! 너 이 사전 작다고 우습게 보지 마. 아주 유용하다고!

(2) 昨天晚上那场排球赛才叫精彩呢! 어제 저녁의 배구 경기는 정말 재미있었어!

02 不管怎么样

(1) 不管怎么样，他们还是按时完成了。 어찌 됐든, 그들은 그래도 시간에 맞춰 완성했다.
(2) 不管怎么样，我也要参加这次冬季游泳比赛。 어찌 됐든, 나는 이번 동계 수영 대회에 참가하겠다.
(3) 不管怎么样，希望能有个好的结局。 어찌 됐든, 좋은 결과가 있기를 바란다.
(4) 不管怎么样，他都不会放弃我。 어찌 됐든, 그는 나를 버릴 수 없다.

听力 Test

❶ 女: 从这儿过去大概只要二十来分钟。 여기를 지나는 데 20분 정도면 된다.

男: 那么一点儿路，还要二十来分钟。 이렇게 얼마 안 되는 길이 20분이나 걸려?
问: 男的是什么意思？ 남자의 말은 무슨 뜻입니까?
정답 A

❷ 女: 看来，你是想当书法家呀？ 보아하니, 너는 서예가가 되고 싶구나?
男: 别开玩笑，我只是想把字写得端正些、漂亮些。
농담 마. 나는 그저 글씨를 좀 단정하고 아름답게 쓰고 싶을 뿐이다.
问: 从这段对话里我们知道什么？ 이 대화에서 우리는 무엇을 알 수 있습니까?
정답 C

❸ 女: 我哪儿能跟他比，人家是天才。 나를 어떻게 그와 비교할 수 있겠어. 그는 천재인데.
男: 天才来自勤奋，每个人都可以成为天才。 천재는 근면에서 나오는 거야. 모든 사람은 천재가 될 수 있어.
问: 男的是什么意思？ 남자의 말은 무슨 뜻입니까?
정답 B

❹ 女: 我看，赢这场比赛是十拿九稳的事儿。 내 생각에, 이 경기는 십중팔구 이기겠다.
男: 我看也就三四成把握。 나는 겨우 3,40% 정도 확실한 것 같아.
问: 从这段对话里，我们知道什么？ 이 대화에서 무엇을 알 수 있습니까?
정답 A

❺ 女: 今天这场比赛，就看你的了。 오늘 이 경기는 너에게 달렸어.
男: 什么呀，我不过是凑数的。 무슨 소리. 나는 그저 수만 채울 뿐인데.
问: 男的是什么意思？ 남자의 말은 무슨 뜻입니까?
정답 C

❻ 女: 去去去，大人说话，小孩子凑什么热闹。 됐다. 어른이 말씀하시는데 애들이 끼어들기는.
男: 怎么啦，你以为我们小孩子就什么也不懂吗？ 뭐라고요? 아이라고 아무것도 모르는 줄 아세요?
问: 女的是什么意思？ 여자의 말은 무슨 뜻입니까?
정답 A

❼ 女: 我们这儿真的要造地铁了？ 우리 동네에 정말로 지하철 생겨?
男: 报上说的，还能有假？ 신문에 난 건데, 거짓말일 리 있겠어?
问: 男的是什么意思？ 남자의 말은 무슨 뜻입니까?
정답 B

❽ 女: 我也觉得不太可能，可他们都这么说。 나도 별로 가능성은 없어 보이는데, 그들이 그렇게 말했어.
男: 你对别人的话那么相信，怎么就不相信自己呢？
너는 남의 말은 그렇게 잘 믿으면서, 왜 자기 자신은 믿지 않지?
问: 男的是什么意思？ 남자의 말은 무슨 뜻입니까?
정답 A

❾ 女: 小丽那点水平，能参加篮球比赛吗？ 小丽의 실력으로 농구 경기에 나갈 수 있어?
男: 不管怎么样，反正不会比你差。 어찌 됐든, 너보다 못하지는 않을 거야.
问: 从这段对话里，我们知道什么？ 이 대화에서 무엇을 알 수 있습니까?
정답 B

❿ 女: 他不是在国家队呆过吗？ 그는 국가 대표팀에 있지 않았어?
男: 他到底在国家队呆过没有，我真有点怀疑。
그가 도대체 국가 대표였는지 아닌지 나는 정말 좀 의심이 가.
问: 男的是什么意思？ 남자의 말은 무슨 뜻입니까?
정답 B

해석_ 3일 전 나는 기차역 근처에서 한 낯선 사람을 만났다. 그는 그의 지갑을 도둑맞아서 집에 돌아가지 못한다며 내게 돈을 좀 빌려 달라고 했다. 나는 그가 안경을 끼고, 고상해 보여서 그를 믿고 돈을 빌려 줬다. 돌아와서 친구들에게 이야기를 하자, 모두들 겉모습만 보고 사람을 판단해서는 안 된다고 했다. 그들은 그 사람이 사기꾼이고, 나를 속이고 돈을 빼앗은 것이라고 의심했다. 그 말대로라면, 그가 내게 돈을 돌려주지 않을 것이라는 말이다. 그렇지만 나는 정말 친구들의 말을 믿고 싶지 않았다. 나는 내가 잘못한 것이 아니라고 굳게 믿었다. 다음에 또 이런 일이 생기더라도 나는 똑같이 할 것이라 생각한다.

❶ 他说他的钱包被人偷走了，回不了家，希望我借一点钱给他。

❷ 我看他戴着副眼镜，斯斯文文的样子，就相信了他。

❸ 他们都说我不该以貌取人。他们怀疑那个人是个骗子，骗了我的钱。

❹ 我并没做错。我相信，下次再遇上这样的事，我还是会这样做的。

❶ 他是＿从＿法国来的。

❷ 他来＿自＿法国。

❸ 他＿才＿不会去参加比赛呢!

❹ 其实，他＿并＿不会去参加比赛。

❺ ＿尽管＿困难很大，但我们一定要完成任务。

❻ ＿不论＿有多大的困难，我们也一定要完成任务。

❼ 这么难的文章，我＿怀疑他看不懂＿。

❽ 我不知道，未来会是什么样子，＿反正不会比现在更糟＿。

❾ ＿不论问他什么问题＿，他都能回答出来。

❶ 不管怎么样，他们还是按时完成了。

❷ 他才不会那么傻呢!

❸ 我相信，天才来自三分天分加七分勤奋。

❹ 不论有没有困难，我们总要完成任务。

❺ 学习努力的人成绩并不一定好。

❻ 昨天晚上那场排球赛才叫精彩呢!

❼ 这篇课文选自一部长篇小说。

PART 04

我也非买一本不可。

나도 꼭 한 권 사야겠다.

학습 목표

1. 반드시 해야 한다는 필요나 당위의 표현을 익혀 봅니다.
2. '除了…以外' 용법에 대해 알아봅니다.

기본문형

1. 我需要了解大家的感受。　나는 모두의 생각을 알아야 해.

   一共需要几个人表演?　모두 몇 명이 연기해야 해?

   我们需要一段时间准备一下。　우리는 준비할 시간이 필요하다.

   我们需要一个房间放东西。　우리는 물건을 놓을 방이 필요하다.

2. 对, 这是少不了的。　맞아, 이건 빼놓을 수 없어.

   对, 这是必须要有的。　맞아, 이것은 반드시 있어야 해.

   对, 这是十分必要的。　맞아, 이것은 매우 필요해.

3. 除了自己修改以外, 还得听听老师的意见。
   스스로 고치는 것 외에도, 선생님의 의견을 들어 봐야 한다.

   除了他以外, 还有三人。　그를 제외하고도 세 명이 있다.

   除了药物以外, 还可用什么方法?　약 말고 또 무슨 방법을 쓰나요?

4. 我也非买一本不可。　나는 꼭 한 권 사야 한다.

   我也必须买一本。　나도 반드시 한 권을 사야 한다.

   我也不能不买一本。　나도 한 권 사지 않으면 안된다.

5. 对我来说, 生词还不少呢。　내게는 모르는 단어가 많네.

   对我们外国学生来说, 用起来方便吗?　우리 외국 학생들에게 있어, 쓰기 편하니?

   对年轻人来说, 目前最重要的是要学好文化知识。
   젊은 사람들에게 있어, 현재 가장 중요한 것은 문화 지식을 잘 배우는 것이다.

상황회화 1

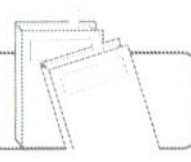

米切尔: 同学们, 下星期四, 我们有一个汉语晚会, 每个班出一个节目。我们讨论一下, 看表演什么好?

애들아, 다음 주 목요일에 중국어 파티가 있는데, 반마다 공연을 하나씩 해야 해. 어떤 공연이 좋을지 이야기해 보자.

▷ '看表演什么好'는 '(너희는) 무슨 공연을 했으면 좋겠어?'라는 의미를 나타냅니다.

英俊:　我说一定要精彩一点的，别落在别的班后面。
좀 재미있는 것이어야 해. 다른 반보다 못해서는 안 돼.

美珍:　我提议，我们来个小品，把留学生活表现出来。
우리 소품을 가지고 유학 생활을 표현하면 어때?

米切尔：这是个好主意，一定很生动，也很有趣。　但得有人写个稿子。　你来写怎么样？　그거 좋은 아이디어네. 분명히 생동감 있고, 재미있을 거야. 그렇지만 누군가 원고를 써야 하는데, 네가 쓰면 어때?

美珍:　行，我来试试看。不过，我需要了解大家的感受，有空儿请跟我聊聊。写完以后还请大家提意见修改。 그래, 내가 해 볼게. 그런데 모두들 어떤 생각을 하는지 알아야 해. 시간 있을 때 나와 이야기 좀 하자. 다 쓰고 나서 수정할 때도 의견을 내 주고.

英俊:　我们除了自己修改以外，还得听听老师的意见。
우리끼리 수정도 하고, 선생님 의견도 들어 보자.

米切尔：对，这是少不了的。 맞아. 꼭 그래야지.

喜宣:　一共需要几个人表演？ 공연에 모두 몇 명이 필요하지?

米切尔：我想人人都扮演一个角色。另外，还可以单独表演节目。
모두 한 가지씩 역할을 맡았으면 좋겠어. 또 단독 공연을 해도 되고.

英俊:　喜宣打太极拳打得很好，可以请她单独表演。
喜宣은 태극권을 아주 잘하니까 그녀에게 단독 공연을 부탁하자.

喜宣:　别拿我开心，我才学了一个月。 나 갖고 놀리지 마. 겨우 한 달 배웠는데.
▷ '拿我开心'는 '나를 놀리다'의 뜻을 나타냅니다.

英俊:　但你打得非常棒。你还是表演一下吧，好为我们班增光。
그렇지만 아주 잘하잖아. 역시 공연하는 게 좋겠어. 우리 반 명예를 높일 수 있도록.

喜宣:　那好吧。我就献丑了。 그럼 좋아. 별것 아니지만 해 볼게.
▷ '献丑'는 동사로 '부끄러운 솜씨를 보여드리겠습니다', '하찮은 재주를 보여드리겠습니다' 등의 뜻으로 남에게 자신의 연기나 문장 따위를 보여 줄 때 겸손하게 하는 말입니다.

 어법배우기

 **01** 除了…(以外)

1　(1)　除了他，其他同学全去了。 (只有他没去) 그 외에 다른 친구들은 모두 갔다. (그만 안 갔다)
　　(2)　除了他，别的同学都没骑车。 (只有他骑车)
　　　　그 외에 다른 친구들은 모두 자전거를 타지 않았다. (그만 자전거를 탔다)
　　(3)　除了音乐，他别的都不喜欢。 (他只喜欢音乐)
　　　　음악 외에 그는 다른 것은 다 좋아하지 않는다. (그는 음악만 좋아한다)
2　(1)　除了音乐以外，他还喜欢书法。 (他喜欢音乐和书法)
　　　　음악 외에 그는 서예도 좋아한다. (그는 음악과 서예를 좋아한다)
　　(2)　除了他，别的同学也去了。 (大家都去了) 그 외에 다른 친구들도 갔다. (모두 다 갔다)
　　(3)　除了足球，他还喜欢篮球。 (他喜欢足球和篮球)
　　　　축구 외에 그는 농구도 좋아한다. (그는 축구와 농구를 좋아한다)

02 好

　　(1)　告诉我他在哪儿，我好找他去。 내가 그를 찾기 쉽게 그가 어디 있는지 나에게 알려 줘.
　　(2)　把铅笔削削，上课好用。 수업에 쓸 수 있도록 연필을 깎아라.

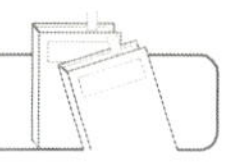

美珍: 真不简单，你都能看中文杂志了！　정말 대단하다. 너 중국어 잡지도 보는구나!
▷ '真不简单' 는 경험이나 능력 등이 '범상치 않다' 며 칭찬하는 말입니다.

米切尔: 你看错了，这不是什么杂志，是儿童读物。　아니야. 잡지가 아니라 아동 도서야.

美珍: 让我看看。画得很有趣，可是对我来说，生词还不少呢。
보여 줘. 그림이 정말 재미있다. 그렇지만 내게는 모르는 단어가 많네.

米切尔: 我也一样，少不了要查查词典。我有好几本词典，其中一本叫《现代汉语词典》。
나도 마찬가지야. 사전을 찾지 않으면 안 되지. 나는 사전이 아주 많은데, 그 중 하나는 〈현대한어사전〉이야.

美珍: 我早就听说《现代汉语词典》很不错，非常实用。对我们外国学生来说，用起来
方便吗？
전부터 〈현대한어사전〉이 아주 실용적이고 좋다고 들었어. 우리 같은 외국 학생들이 쓰기에 편리하니?

米切尔: 我觉得不太难。你可以用音序查字法，就跟我们用英文词典差不多。
내 생각엔 별로 어렵지 않은 것 같아. 알파벳 순서로 찾을 수 있어서, 영어 사전 쓰는 법과 비슷해.

美珍: 可是，好多字不知道读音。　그렇지만 독음을 모르는 글자가 많은걸.

米切尔: 那就用部首查字法。　그러면 부수로 찾으면 되지.

美珍: 部首查字法对我们韩国学生来说，不太难。
부수색인법은 우리 한국 학생들에게는 별로 안 어려워.

米切尔: 这本词典比较简明，容易看懂。还有，词汇量比较大，有六万多个。读书看
报，非常管用。
이 사전은 비교적 간단 명료하고 이해하기 쉬워. 또 어휘량도 많아서 6만여 어휘가 담겨 있지. 책이나 신문을 볼
때 아주 유용해.

美珍: 你这么一介绍，我也非买一本不可了。　네 소개를 들으니, 나도 꼭 사야겠다.

 **对…来说**

(1) 对外国人来说，这些句子太难了。　외국인에게 이 문장은 너무 어렵다.
(2) 这种运动对老年人来说是不合适的。　이 운동은 노인에게는 적당하지 않다.
(3) 对听力不太好的同学来说，多听是一个很有效的方法。
듣기 실력이 그다지 좋지 않은 학생들에게 있어서, 많이 듣는 것은 효과적인 방법이다.
(4) 对搞这样的活动来说，总是多一点人好。　이러한 활동을 하려면, 사람이 좀 많이 있어야 좋다.
(5) 对我们的工作来说，成绩总是主要的。　우리 일에는 항상 성적이 중요하다.

 **非…不可**

(1) 要办好这件事，非他不可。　이 일을 처리하려면 그가 아니면 안 된다.
(2) 我不想买，可他非要我买不可。　나는 사고 싶지 않지만, 그는 내가 사지 않으면 안 된다고 한다.
(3) 穿这么点衣服跑出去，非得感冒！　이렇게 얇게 입고 나가면 분명히 감기 걸린다.
(4) 你非去不可。　네가 가지 않으면 안 된다.

❶ 女：来，我们一起讨论一下，看看表演什么好？ 자, 우리 이야기해 보자. 무슨 공연을 하면 좋을까?

男：我看表演什么都行，咱们班有的是人才。 뭘 해도 좋을 것 같아. 우리는 인재가 넘쳐 나니까.

问：他们在讨论什么？ 그들은 무엇에 대해 토론하고 있습니까?

정답 B

❷ 女：听说他能讲五种外语。 그는 5개 외국어를 할 줄 안대.

男：真不简单！ 정말 대단한데!

问：男的是什么意思？ 남자의 말은 무슨 뜻입니까?

정답 A

❸ 女：昨天晚上，你们都表演了些什么节目？ 어제 저녁에 너희는 모두 무슨 공연을 했니?

男：我们表演了一个小品。 小林除了参加小品表演以外，还讲了一个故事。

우리는 소품 공연에 참가했어. 小林은 소품 외에도 이야기도 하나 했고.

问：昨晚小林表演了什么？ 어제 小林은 어떤 공연을 했습니까?

정답 C

❹ 女：你们是骑车去的还是坐车去的？ 너희는 자전거로 갔니, 자동차로 갔니?

男：除了王群，我们都没骑车。 王群만 빼고 우리는 모두 자전거를 안 탔어.

问：王群是怎么去的？ 王群은 어떻게 갔습니까?

정답 A

❺ 女：你不抽烟吗？ 너 담배 안 피우니?

男：我戒了。 나는 끊었어.

问：男的抽烟吗？ 남자는 담배를 피웁니까?

정답 A

❻ 女：我呀，这半年来大病小病没断过，不知道吃了多少药了。

나는 말야, 이 반년 동안 병치레가 끊이지를 않아서 약을 얼마나 많이 먹었는지 몰라.

男：打明儿起跟我一起跑步吧，保证比吃药管用。

내일부터 나와 조깅하자. 분명히 약보다 더 쓸모가 있을 거야.

问：男的是什么意思？ 남자의 말은 무슨 뜻입니까?

정답 C

❼ 女：看来，要在今年年底前建成大桥还有不少困难。

보아하니, 올 연말 전에 다리를 놓는 데 어려움이 많을 것 같아.

男：不管怎么说，到时非建成不可。 어쨌든, 그때까지는 놓지 않으면 안 돼.

问：男的是什么意思？ 남자의 말은 무슨 뜻입니까?

정답 A

❽ 女：谁会做菜？ 누가 요리할 줄 알아?

男：小赵的手艺不错，我们请他来露一手怎么样？

小赵가 솜씨가 좋아. 우리 그에게 솜씨를 좀 보여 달라고 하면 어떨까?

问：男的请小赵干什么？ 남자는 小赵에게 무엇을 부탁할 것입니까?

정답 C

❾ 女：你需要多休息。 너는 좀 더 쉬어야 해.

男：我没法儿休息呀，说是退休了呆在家里，可从早到晚，来找我的人没断过。

나는 쉴 수가 없어. 퇴직하고 집에 있는다고는 하지만 아침부터 저녁까지 나를 찾는 사람이 끊이지를 않아.

问：男的是什么意思？ 남자의 말은 무슨 뜻입니까?

정답 C

⑩ 女: 这孩子就喜欢想问题。想那么多问题干什么！可别把脑子想坏了。
이 아이는 문제를 생각하는 것을 좋아해. 그렇게 많은 문제를 생각해서 뭐 해? 괜히 골치 썩이지 마. .

男: 你这话就说错了。人的脑子就像一架机器，不动会锈的。
네 말은 틀렸어. 사람의 머리는 기계와 같아서 쓰지 않으면 녹이 슬어.

问: 男的是什么意思？ 남자의 말은 무슨 뜻입니까?

정답 A

阅读 Test

> **해석** 사람은 사실 자기가 무엇을 가장 필요로 하는지 모른다. 나는 젊었을 때 가장 없어서는 안 되는 것이 돈이라고 생각했다. 돈이 없으면 어떤 것도 할 수 없다고 생각했다. 나중에 결혼을 하고 아이가 생기고 나서는 돈 외에 시간 역시 가장 필요한 것이라고 생각했다. 나는 점점 시간이 부족하다고 생각했다. 지금 나는 퇴직을 해서 시간이 있다. 몇십 년 동안 일을 했으니 돈도 있다. 그렇지만 퇴직한 후로 나는 병치레가 끊이질 않는다. 활력도 예전같지 않다. 지금에서야 나는 사람이 가장 필요로 하는 것은 건강한 몸이라는 것을 깨닫게 되었다.

① 他年轻的时候，觉得最少不了的，是钱。没有钱，什么也办不成。

② 他结了婚以后觉得时间也是最需要的东西。因为他越来 越觉得时间不够用。

③ 现在他才明白，一个人最需要的是一个健康的身体。

④ 打退休以来，他大病小病没断过，精神也远远不如从前了。

综合 Test

① 你 <u>需要</u> 什么尽管说，我们一定尽量满足你的要求。

② 在家人的一再劝说下，他 <u>不得不</u> 把烟戒了。

③ 从图书馆借的书 <u>必须 / 得</u> 按时归还，否则要罚款的。

④ 娱乐和运动，对老人来说，是十分 <u>必要</u> 的。

⑤ <u>对他来说，才学习了半年汉语</u>，能表演这样一个小品是相当不简单的。

⑥ 我本来是不想参加老年俱乐部的，可是他们 <u>非要我参加不可</u>，我就参加了。

⑦ 我说 <u>一定要精彩一点的</u>，别落在别的班后面。

⑧ 喜善 <u>打太极打得很好</u>，可以请她单独表演。

⑨ <u>除了音乐</u>，他别的都不喜欢。

作文 Test

① 对搞这样的活动来说，总是多一点人好。

② 除了他，其他同学全去了。

③ 我不想买，可他非要我买不可。

④ 告诉我他在哪儿，我好找他去。

⑤ 我说一定要精彩一点的。

⑥ 对听力不太好的同学来说，多听是一个很有效的方法。

⑦ 你这么一介绍，我也非买一本不可了。

行，我同意。

좋아, 나는 동의해.

학습 목표

1. 어떤 의견에 대해 찬성과 반대를 나타내는 표현을 익혀 봅니다.
2. 결과가 예상과 어긋나는 것을 나타내는 '倒' 용법에 대해 알아봅니다.

기본문형

1. 我同意。 나는 동의한다.
   我赞成。 나는 찬성한다.
   我完全同意。 나는 완전히 동의한다.
   我基本赞成。 나는 기본적으로 찬성한다.

2. 我不同意。 나는 동의하지 않는다.
   我反对。 나는 반대한다.
   我坚决反对。 나는 단호히 반대한다.

3. 我非常同意你的看法。 나는 너의 견해에 동의한다.
   我非常同意你的想法。 나는 너의 생각에 동의한다.
   我非常同意你的观点。 나는 너의 관점에 동의한다.

4. 这话很有道理。 이 말은 매우 일리가 있다.
   这话有一定道理。 이 말은 어느 정도 일리가 있다.
   这话没道理。 이 말은 일리가 없다.

5. 好吧，不开就不开吧。 그래. 켜지 않으려면 켜지 마.
   好吧，今天不去就不去吧。 그래. 오늘 가지 않으려면 가지 마.
   好吧，十块就十块吧。 그래. 십 원이라면 십 원 인거지.
   好吧，你一定要去，那就去吧。 그래. 네가 반드시 가야 한다면 가라.

상황회화 1

美珍: 我说，同学们，今天不怎么热，把空调关了，开窗户吧。
애들아, 오늘 별로 더운 것 같지 않은데, 에어컨을 끄고 창문 열자.

喜宣: 行，我同意。 좋아, 나는 동의해.

小李: 我也赞成。那台"老爷"空调"嗡嗡嗡"的，烦死人了。
나도 찬성이야. 저 고물 에어컨이 웅웅거려서 짜증 나 죽겠어.
▷ '老爷空调' 는 오래되어서 제대로 작동하지 않은 에어컨을 나타냅니다.

杰伦: 我倒有点儿不同意。把窗户打开，马路上的汽车声音不见得就不烦人。我说还是开空调。 나는 약간 동의하지 않는데. 창을 열면 길의 자동차 소리가 성가시지 않으란 법 없잖아. 나는 그래도 에어컨을 켜는 것이 나을 것 같아.

美珍: 关上窗户，声音也小不了多少，打开窗户，让空气流通一下，有利于健康。这么多人，半天下来，那味儿别提有多难闻了。
창을 닫는다고 소리가 별로 작아지지 않잖아. 창을 열고 환기를 좀 시키는 것이 건강에 좋아. 이렇게 사람이 많은데 반나절이 지났으니 냄새가 아주 안 좋잖아.
▷ '味儿' 은 어떤 나쁜 냄새를 나타냅니다.

小李: 对，自然风更舒服。在空调房间里呆久了，很难受了。
맞아. 자연풍이 훨씬 편안해. 에어컨 튼 방 안에 오래 있으면 견디기 힘들어.

喜宣: 可不是，出去还容易得感冒。我想，能不开就尽量不开。
정말 그래. 나가면 감기 걸리기도 쉬워. 안 틀 수 있으면 최대한 안 트는 것이 좋은 것 같아.

杰伦: 那倒也是。好吧，不开就不开吧。
그건 그렇네. 그래, 그냥 켜지 말자.

 倒

1 (1) 他不但不感谢我，倒怪我不好。 그는 나에게 고마워하지 않았을 뿐만 아니라 오히려 내 잘못이라고 탓했다.
(2) 你太客气了，大家倒有点不自然了。 네가 너무 예의를 차려서, 모두들 약간 불편해한다.
(3) 走这条路，本来是想快一点，结果倒更慢了。 이 길로 가면 원래 좀 빠를 줄 알았는데, 결과는 오히려 더 느렸다.

2 (1) A: 我提议，我们就来个小品吧。 우리 소품을 갖고 하는거 어때?
B: 这倒是个好主意。（原来没想到过这主意。） 그거 참 좋은 생각이네. (원래 이 생각을 하지 못했다)
(2) 听你这么一说，我倒想起一件事来了。
(我本来没想到那件事，听你说了以后我才想起来)
네 말을 들으니 나는 한 가지 일이 생각났다. (나는 원래 그 일이 생각나지 않았었는데, 네 말을 듣고서 생각이 났다)

 不见得

(1) 老人的话也不见得句句都是有道理的。 노인의 말이 항상 일리가 있는 것은 아니다.
(2) A: 到那儿一个小时足够了。 거기 가는 데 한 시간이면 충분해.
B: 不见得吧，我上次就花了一个半小时。 꼭 그렇지도 않아. 지난번에 거기 갈 때 한 시간 반 걸렸어.
(3) A: 咱们队太弱了，肯定会败给他们。 우리 팀은 너무 약해. 분명 그들에게 질 거야.
B: 那倒不见得。 咱们队只要注意配合，到时候不见得会输。
꼭 그렇지도 않아. 우리 팀이 팀워크에만 주의하면 그때 꼭 질 것 같진 않아.

03 …就…吧

(1) A: 今天的票卖完了，只有明天的，要吗? 오늘 표는 다 팔리고 내일 것밖에 없는데, 드릴까요?
B: 好吧，明天就明天吧。 좋아요. 그냥 내일로 하죠.
(2) A: 我查词典的速度很慢。 나는 사전 찾는 속도가 느려.
B: 慢点就慢点吧，会查就不错了。 늦어도 되지 뭐. 찾을 줄 알면 되는 거야.

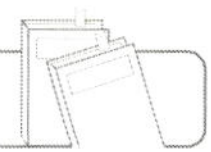

小李: 昨天的比赛，我们队踢得太窝囊。　어제 경기에서 우리 팀 너무 형편없었어.

明明: 这说明，我们队太弱了。　우리 팀이 너무 약하다는 걸 보여 줬지.

杰伦: 这我不同意。论技术，我们队有三个是校队的；论体能，我们队个个人高马大。我看问题出在互相配合上。
나는 동의하지 않아. 기술로 보자면, 우리 팀은 학교 팀 선수가 세 명이나 있었고, 체력 면에서도 모두들 체격이 좋잖아. 내 생각에, 문제는 팀워크에 있는 것 같아.

小李: 说得对，我非常同意你的看法。有好几次到了对方门前，不注意配合，本来可以进的球，也让对方给挡了出来。
맞아. 나는 네 의견에 동의해. 몇 번이나 상대 팀 골문까지 갔는데 팀워크가 맞지 않아서, 들어가야 할 공도 상대팀에게 잡히고 말았잖아.

明明: 破不了对方的门，自家大门却让人家一次次进球，这明摆着，是我们不如人家。
상대방 골문은 뚫지 못하고, 우리 팀 골문에는 계속 공이 들어가니, 우리가 상대방보다 못하다는 것을 보여주는 거야.
▷ '一次次' 는 '매우 여러 번' 의 뜻을 나타냅니다.

杰伦: 输了球，就得认输，这我同意。可到底输在哪里，这要好好总结。找对了原因，才能反败为胜。
졌으면 패배를 인정해야지. 나도 거기에 동의해. 그렇지만 도대체 진 원인이 무엇인지는 짚고 넘어가야 해. 원인을 잘 찾아야 패배를 승리로 돌릴 수 있잖아
▷ '输在哪里' 는 '진 원인이 무엇일까?' 라는 의미를 나타냅니다.

小李: 这话有道理。我还赞成教练的说法，输了球就急躁，这是我们队输球的一个重要原因。　그 말 일리 있다. 나는 코치의 말에도 찬성해. 지고 나서 초조해하는 게 우리가 진 중요한 원인이야.

美珍: 对。他们领先一个球以后，我们犯规就多起来了。他们进的第二个球，就是罚的点球。　맞아. 그들이 한 점을 먼저 내고 나서 우리 팀은 파울이 많아졌어. 그들이 집어넣은 두 번째 공이 바로 패널티 킥이었어.

01 论

(1) 论学习成绩，我不如他；论工作能力，他不如我。
학업 성적은 내가 그보더 못허자면, 업무 능력은 그가 나보다 못하다.

(2) 论技术，他们是经过专门训练的；论体力，他们个个都身强力壮。
기술을 보자면, 그들은 전문적인 훈련을 받았다. 체력을 보자면, 그들은 모두 체격도 좋고 건강하다.

02 一次次

(1) 他一次次来找我，我不得不告诉了他。
그는 여러 번 나를 찾아왔기 때문에 그에게 말하지 않을 수 없었다.

(2) 我那么相信你，你却一次次让我失望!
나는 그렇게 너를 믿었는데, 너는 오히려 여러 번 나를 실망시키는구나!

03 人家

(1) 我听人家说，你快要回国了。　사람들 말을 들으니, 너 곧 귀국한다더라.

(2) 你看人家小王，多能干!　小王이 얼마나 능력 있는지 봐!

1 女: 他是什么地方人？ 그는 어느 지방 사람이야?
　　男: 他不是苏州人，就是上海人。 그는 쑤저우 사람 아니면 상하이 사람이야.
　　问: 男的认为他是什么地方人？ 남자는 그가 어느 지방 사람이라고 생각합니까?
　　　　정답 C

2 女: 整天呆在空调房间里，容易得病。 하루 종일 에어컨 튼 방에 있으면 병에 걸리기 쉬워.
　　男: 那倒不见得。 꼭 그렇지만도 않아.
　　问: 男的是什么意思？ 남자의 말은 무슨 뜻입니까?
　　　　정답 B

3 女: 关上窗户，声音该小一点儿吧。 창을 닫아. 소리가 좀 작아질 거야.
　　男: 也小不到哪儿去。 별로 작아지지도 않는데.
　　问: 男的是什么意思？ 남자의 말은 무슨 뜻입니까?
　　　　정답 A

4 女: 这菜已经有味儿了，你还吃呀？ 이 음식은 이미 냄새가 나는데. 너는 그래도 먹니?
　　男: 有味儿了？我怎么吃不出来？ 냄새가 난다고? 나는 왜 먹고도 몰랐지?
　　问: 女的是什么意思？ 여자의 말은 무슨 뜻입니까?
　　　　정답 C

5 女: 是谁告诉你的？ 누가 말해 준 거야?
　　男: 这还用告诉？这不是明摆着的吗？ 말해 줄 필요 있어? 뻔하잖아?
　　问: 男的是什么意思？ 남자의 말은 무슨 뜻입니까?
　　　　정답 A

6 女: 什么时候大桥造好了就方便了。 언젠가 다리가 완성되면 편리해지겠다.
　　男: 等大桥造好，不知道还要等多长时间呢。 다 완성되려면. 얼마나 더 기다려야 할지 몰라.
　　问: 男的是什么意思？ 남자의 말은 무슨 뜻입니까?
　　　　정답 C

7 女: 你看我应该不应该去呢？ 네 생각에 내가 꼭 가야 할 것 같니?
　　男: 我看，你能不去就不去。 내 생각에는. 가지 않아도 된다면 가지 마!
　　问: 男的是什么意思？ 남자의 말은 무슨 뜻입니까?
　　　　정답 B

8 女: 你最好再学一点儿电脑操作。 너는 컴퓨터를 좀 더 배우는 것이 좋겠다.
　　男: 又要学这个，又要学那个，哪里学得过来啊。 이것도 배워라. 저것도 배워라 하니. 어떻게 다 배워!
　　问: 男的是什么意思？ 남자의 말은 무슨 뜻입니까?
　　　　정답 A

9 女: 有几个人反对这个计划？ 이 계획에 반대하는 사람이 몇 명이야?
　　男: 一致同意。 모두 동의해.
　　问: 有几个人反对？ 몇 명이 반대합니까?
　　　　정답 A

10 女: 你们干吗去那么远的地方？太远了！ 너희는 뭐 하러 그렇게 먼 곳에 가니? 너무 멀어!
　　男: 我本来也想就近买一点算了，是小李要去那儿。
　　　　나도 원래 가까운 곳에서 사면 된다고 생각했는데. 小李가 거기에 가려고 해.

问：男的是什么意思？ 남자의 말은 무슨 뜻입니까?
　　정답 B

阅读 Test

해석_ 어떻게 아이를 키울 것인가 하는 문제를 놓고 小陈 일가는 논쟁을 벌였다. 小陈의 부인 小黄은 아이들 교육은 매우 중요하며, 출발선에서 뒤처지게 만들 수는 없다고 생각한다. 그래서 아이에게 어려서부터 외국어, 수학, 물리를 가르쳐 천재로 키우려고 한다. 小陈은 천재를 키우는 것은 찬성한다고 말한다. 그렇지만 어떤 천재를 만들 것인가에 대해 그는 다른 의견을 갖고 있다. 그는 아이가 태어나자마자 음악을 들려 주고, 피아노, 바이올린 등을 가르쳐야 한다고 주장한다. 음악 외에도 서예와 그림도 가르치고 싶어한다. 小陈의 부모는 단호히 반대하며 이는 아이를 지쳐 쓰러지게 만드는 것이라고 말했다. 그들은 먼저 건강하고 쾌활한 평범한 사람으로 키워야 한다고 생각했다. 보아하니 이 논쟁은 금방 끝날 것 같지 않다. 그러나 괜찮다. 어쨌든 아이는 아직 태어나지도 않았으니까.

❶ 让孩子从小就学一点外语，学一点数学，学一点物理，要培养一个天才。

❷ 要培养一个天才，他是赞成的。可是，培养一个什么样的天才，他有不同意见。

❸ 让孩子刚一出生就听音乐，从小学一点钢琴、小提琴什么的，除了音乐以外，最好再学一点书法和绘画。

❹ 小陈的父母亲坚决反对小陈夫妻俩的想法，因为他们认为这会累坏孩子的。

综合 Test

❶ 运动有益　于　健康。

❷ 这一次我们又输　给　他们了。

❸ 问题到底出　在　哪儿？要好好找一找原因。

❹ 谁强谁弱，比一比　就　知道了。

❺ 只有找对了原因，　才　能反败为胜。

❻ 在这个问题上，我　倒　有一点不同看法。

❼ A：小王和小李谁的英语好？
　　B：　论口语，小王比小李好　；论听力，小李比小王好　。

❽ A：看人家小兰，多用功，星期天也不休息。
　　B：我倒觉得，　这样对学习不见得有好处　。

❾ A：你看，这次名额已经满了，你下一次再报名吧，怎么样？
　　B：　下次就下次　吧，我无所谓。

作文 Test

❶ 他不但不感谢我，倒怪我不好。　　❷ 老人的话也不见得句句都是有道理的。

❸ 慢点就慢点吧，会查就不错了。　　❹ 论学习成绩，我不如他；论工作能力，他不如我。

❺ 自家大门却让人家一次次进球。　　❻ 对。他们领先一个球以后，我们犯规就多起来了。

❼ 我倒有点儿不同意。

PART 06

瞧你这高兴劲儿!
좋아서 어쩔 줄 모르는구나!

학습 목표
1. 기분을 나타내는 다양한 표현을 익혀 봅니다.
2. 결과보어 '坏'의 용법에 대해 알아봅니다.

기본문형

1. 瞧你这高兴劲儿! 좋아서 어쩔 줄 모르는구나!
   瞧你这兴高采烈的样子! 너 아주 신이 났구나!
   瞧把你乐得! 너 정말 기뻐하는구나!

2. 听到这个消息, 他简直乐坏了。 이 소식을 듣고 그는 너무 기뻤다.
   听到这个消息, 他笑得合不拢嘴。 이 소식을 듣고 그는 웃음이 나서 입이 다물어지지 않았다.
   听到这个消息, 他心里乐开了花。 이 소식을 듣고 그는 마음에 꽃이 핀 것처럼 기뻤다.
   听到这个消息, 他简直高兴死了。 이 소식을 듣고 그는 매우 기뻤다.

3. 本来么, 年轻人性子急了。 당연하지요. 젊은 사람들은 성격이 급하거든요.
   本来么, 他忙得天天熬夜来着。 당연하지요. 그는 일이 바빠서 매일 밤을 새워 왔거든요.

4. 你怎么脸拉得这么长, 碰上什么不高兴的事了?
   너 왜 이렇게 화가 나 있어? 무슨 안 좋은 일 있었어?
   你怎么老阴着脸, 碰上什么不高兴的事了?
   너 왜 이렇게 얼굴이 어둡니? 무슨 안 좋은 일 있었어?
   你怎么一声不吭, 碰上什么不高兴的事了?
   너 왜 이렇게 아무 말도 안 하니? 무슨 안 좋은 일 있었어?

5. 你消消气, 别跟他们一般见识。 화 풀어. 그들과 똑같이 굴지 말고.
   你消消气, 别气坏了身体。 화 풀어. 건강에 해롭게 화내지 말고.
   你消消气, 别发火。 화 풀어. 발끈 화내지 말고..

상황회화 1

小李:　今天我运气好极了! 花十元钱买了五张彩票, 中了一辆自行车。
　　　오늘 나 운이 정말 좋아! 10위안 주고 복권을 다섯 장 샀는데 자전거가 걸렸어.

美珍:　瞧你这高兴劲儿！车在哪儿？让我看看。还挺漂亮的！这么说来，中国也有彩票？
좋아서 어쩔 줄 모르는구나! 자전거 어디 있어? 나 좀 보여 줘. 정말 예쁘다! 그럼 중국에도 복권이 있다는 거지?
▷ '瞧' 는 동사로 '보다', '구경하다' 등의 뜻을 나타냅니다.

小李:　有。但主要是福利彩票。　있어. 그렇지만 주로 복지 복권이야.

美珍:　我想起来了，昨天我经过一家大商场，看见门口儿场地围着很多人，兴高采烈
　　　地看着手中的一张张票子。那里还搭着一个台，台上摆着冰箱、彩电、音响
　　　什么的。场面很热闹。
생각났다. 어제 내가 큰 쇼핑몰을 지나가는데 입구에 많은 사람이 모여서 신이 나서 손에 든 표를 보고 있더라. 거기
에는 무대도 하나 있었는데, 그 위에는 냉장고, 텔레비전, 오디오 등이 놓여 있었어. 아주 떠들썩했지.

小李:　没错儿，那准是一个彩票销售点。　맞아, 거기가 분명히 복권 판매소야.

美珍:　中奖的机会多不多？　당첨 확률이 크니?
▷ '中' 은 4성으로 '맞히다', '명중하다', '들어맞다', '당첨되다' 등의 뜻을 나타냅니다.

小李:　应该说不算少，所以买彩票的人很多。　작다고는 할 수 없지. 그래서 복권을 사는 사람이 많아.

美珍:　最大的奖是什么？　일등은 뭔데?

李:　轿车。上星期，我看见一个小伙子中了一辆轿车，他简直乐坏了。
승용차야. 지난 주에 나는 한 젊은 놈이 승용차에 당첨이 된 걸 봤는데, 정말 좋아서 죽더라고.

美珍:　那当然。别说轿车，就是中一台音响，我也会高兴死的。
그거야 당연하지. 자동차는 말할 것도 없고, 오디오라도 하나 당첨되면 나는 좋아서 죽을 거야.

小李:　那你也去碰碰运气吧。　그럼 너도 운을 한번 시험해 봐.

 **就是…也**

(1) A: 如果下雨的话，就不去了吧？　만약 비가 내리면 가지 않을 거지?
　　 B: 不，就是下雨也得去。　아니. 비가 오더라도 가야 해.
(2) A: 如果东西便宜我就买一点，如果太贵，就不买。
　　　만약 물건이 싸면 좀 살 거고, 너무 비싸면 사지 않을 거야.
　　 B: 我跟你不一样，我喜欢的东西，就是再贵也非买不可。
　　　나는 달라. 내 마음에 드는 것은 아무리 비싸도 사지 않으면 안 돼.
(3) A: 他没请你吗？　그가 너를 초대하지 않았어?
　　 B: 就是他请我，我也不会去的。　초대했더라도 가지 않았을 거야.

没错儿

(1) 没错儿，他们俩的感情很好。　틀림없다. 그들 두 사람의 감정은 매우 좋다.
(2) 没错儿，这道题难得不得了。　틀림없다. 이 문제는 굉장히 어렵다.
(3) A: 听说他失败了，是真的吧？　듣자 하니 그가 실패했다며? 정말이야?
　　 B: 没错儿，他完全失败了。　맞아. 그는 완전히 실패했어.

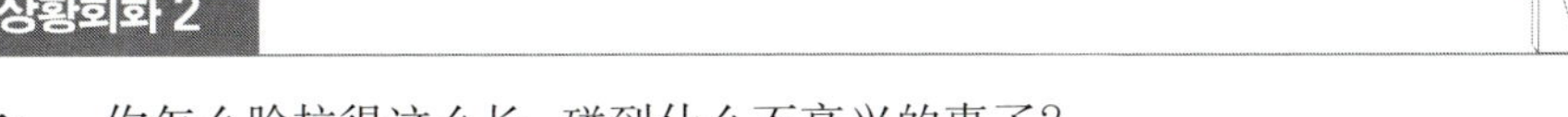

美珍:　你怎么脸拉得这么长，碰到什么不高兴的事了？
너 왜 화가 나 있어? 무슨 안 좋은 일 있었어?

小李: 别提了，今天一出门，就让一个骑车的小子给撞了一下。
말도 마. 오늘 집을 나서자마자 어떤 젊은 놈이 모는 자전거에 치였어.

美珍: 没撞伤吧？ 안 다쳤어?

小李: 还算运气，没撞伤。 운이 좋아서 다치지는 않았어.

美珍: 那就犯不着总是阴着脸。 그럼 그렇게 기분 나쁜 얼굴 할 거 없네.

小李: 本来么，年轻人性子急，不小心撞了人，打个招呼也就没事儿了。 可那小子头也不回，蹬着车就走了。 太不像话了。
원래 말야, 젊은 사람들은 성격이 급하잖아. 부주의하게 사람을 치었더라도 사과 한 마디 하면 괜찮은 건데, 그놈은 돌아보지도 않고 페달을 밟더니 그냥 가 버렸어. 정말 말도 안 돼.

美珍: 也许人家有什么急事儿。 무슨 급한 일이 있었나 보다.

小李: 去买点心吧，也让人生气。 这两毛、五毛的就不是钱？ 不收。 还说了一通难听的话，简直把我气坏了。
간식을 사러 갔는데 또 성질나게 하더군. 2전, 5전은 돈 아냐? 그런데 받지를 않더군. 또 듣기 싫은 말도 하고. 정말 화가 머리끝까지 났어.

美珍: 别气。 气坏了身体，还不是自己吃亏。 有些人，是太不讲理了。 别跟他们一般见识。
화내지 마. 화내서 몸 상하면 자기만 손해잖아. 어떤 사람들은 말이 안 통해. 그 사람들과 똑같이 굴자 마.

小李: 对，不跟他们一般见识。 经你这么一说，我的气也就消了一大半。
맞아, 똑같이 굴지 말아야지. 네가 그 말을 하니 내 화가 좀 수그러든다.

어법배우기

01 本来么

(1) 本来么，一个四岁孩子怎么懂得什么叫客气。 당연하지요. 네 살 먹은 아이가 사양이 뭔지 어떻게 알겠어요.

(2) 他病躺下了？ 本来么，他忙得天天熬夜来着。
그가 쓰러졌다고요? 당연하지요. 그는 일이 바빠 매일 밤을 새워 왔거든요.

(3) 他的汉语不太好，本来么，他才学了半年，哪能那么快就学好了呢。
그는 중국어를 그다지 잘하지 못한다. 당연한 거다. 그가 중국어를 배운 지 반년밖에 안 되었는데 어떻게 이렇게 빨리 마스터할 수 있겠는가.

02 坏

1 (1) 腿累坏了。 넘어져서 다리를 다쳤다.
(2) 这小孩儿给惯坏了。 이 애는 응석을 받아 줘서 버릇이 나빠졌다.

2 (1) 真把我忙坏了。 정말 나는 몹시 바쁘다.
(2) 这件事可把他乐坏了。 이 일은 정말 그를 매우 즐겁게 했다.
(3) 这一来，可把我急坏了。 이렇게 되고 보니 나는 아주 초조해 죽겠다.

① 女： 他们俩结婚几十年了，从没红过脸。
그들은 결혼한 지 몇십 년이나 되었는데 얼굴 붉히는 일이 한 번도 없어.

男： 真不容易。牙齿和舌头也有打架的时候呢。 정말 쉽지 않아. 이와 혀도 싸울 때가 있잖아.

问： 男的是什么意思？ 남자의 말은 무슨 뜻입니까?

정답 **A**

② 女： 零钱不收。 잔돈은 안 받습니다.

男： 为什么？这两分、五分的就不是钱？ 왜요? 2전, 5전은 돈이 아닌가요?

问： 男的为什么生气？ 남자는 왜 화가 났습니까?

정답 **B**

③ 女： 房间布置好了吗？ 집 인테리어 다 했어?

男： 差不多了，一会儿再把"囍"字往门上一贴，就更喜气洋洋了。
거의 다. 좀 있다가 '囍' 자를 문 위에 붙이면 더 경사스러워 보일 거야.

问： 他们在干什么？ 그들은 무엇을 하고 있습니까?

정답 **C**

④ 女： 家里不是已经有一台VCD了吗，怎么又买了一台？ 집에 VCD플레이어 한 대 있잖아. 왜 또 샀어?

男： 这是摸奖中的。 이건 경품으로 받은 거야.

问： 从这段对话里，我们知道什么？ 이 대화에서 무엇을 알 수 있습니까?

정답 **B**

⑤ 女： 这孩子真不像话，他妈也不管管他。 이 아이는 정말 말도 안 돼. 애 엄마도 아이를 잘 단속하지 않고.

男： 管他？他妈逢人就夸他家的孩子怎么聪明，又怎么懂事。
단속? 그 애 엄마는 만나는 사람마다 붙잡고 애가 얼마나 똑똑하고 철들었는지 자랑을 하는걸.

问： 从这段对话里，我们知道什么？ 이 대화에서 무엇을 알 수 있습니까?

정답 **A**

⑥ 女： 这部小说太难了，你看懂了没有？ 이 소설 너무 어려워. 너 이해했니?

男： 你都没看懂，何况我呢！ 너도 모르는데 내가 어떻게 알겠어!

问： 从这段对话里，我们知道这两个人的汉语水平怎么样？
이 대화에서 두 사람의 중국어 실력이 어떻다는 것을 알 수 있습니까?

정답 **B**

⑦ 女： 说干就干，今天就可以开始。 한다면 하는 거야. 오늘 바로 시작할 수 있어.

男： 你真是个急性子，还没最后定下来呢。 너 정말 성격 급하구나. 아직 최종 결정도 안 났는데.

问： 男的是什么意思？ 남자의 말은 무슨 뜻입니까?

정답 **C**

⑧ 女： 我那台音响又坏了，你能帮我修一修吗？ 내 오디오 또 고장 났어. 고치는 것 좀 도와줄래?

男： 你那台"老爷"音响，就是修好了也没意思，马上又得坏，不如买台新的得了。
네 '고물' 오디오는 고쳐도 소용없어. 금세 또 고장 날 텐데. 차라리 새걸 사지그래.

问： 男的是什么意思？ 이 대화에서 우리는 무엇을 알 수 있습니까?

정답 **B**

⑨ 女： 太不讲理了，真把我气坏了。 너무 억지야. 정말 화나 죽겠네.

男： 为这点事儿生那么大的气，犯得着吗！ 이만한 일로 그렇게 화를 낼 필요 있겠어?

问： 男的是什么意思？ 남자의 말은 무슨 뜻입니까?

🔟 女: 我要是也能中一台电视机就好了。　텔레비전이 걸리면 좋겠다.

男: 别说是电视机，就是一辆自行车，我也会笑得合不拢嘴的。
텔레비전은 말할 것도 없고 자전거만 걸려도 좋아서 입을 못 다물 거야.

问: 从这段对话里，我们知道什么？　이 대화에서 무엇을 알 수 있습니까?

정답 **C**

阅读 Test

해석　나는 낙천주의자여서 매일 항상 기분이 좋다. 내가 정말 걱정이 없는 것일까? 아니다. 나도 걱정이 있고 화낼 때가 있다. 그렇지만 화를 내서 무엇 하는가? 화를 내다 몸이 상하면 내 손해 아닌가? 이렇게 생각을 하면 화가 나지 않는다. 즐거움을 찾으려 노력을 한다면 주위에 기쁜 일이 많다는 것을 알게 될 것이다. '笑一笑, 十年少'라는 말이 있는데, '한 번 웃으면 열 살이 젊어진다'라는 뜻이다. 확실히 기분이 좋으면 건강에도 매우 좋다. 늙는 것이 걱정인가? 젊어 보이고 싶은가? 그러면 많이 웃어라. 절대 화를 내지 마라!

❶ 她是个乐天派。所以每天乐呵呵的。

❷ 不，她也有烦恼，也有生气的时候。

❸ "笑一笑，十年少"，意思是说，笑一次可以年轻十岁。

综合 Test

❶ 今天我们　要　去买福利彩票，你去吗？

❷ 他撞了人，连招呼也不打，我　能　不生气吗？

❸ 今年夏天，如果你　能　来的话，我　会　非常高兴的。

❹ 打个招呼也　就　没事儿了。

❺ 别说中一等奖，就是中个三等奖，我也会高兴坏的。

❻ 别说轿车，就是中一台音响，我也会高兴死的。

❼ 你怎么脸拉得这么长，碰到什么不高兴的事了？

❽ 我看见一个小伙子中了一辆轿车，他简直乐坏了。

作文 Test

❶ 没错儿，他们俩的感情很好。

❷ 这件事可把他乐坏了。

❸ 就是下雨也得去。

❹ 本来么，一个四岁孩子怎么憧得什么叫客气。

❺ 瞧你这高兴劲儿！

❻ 那你也去碰碰运气吧。

❼ 就是他请我，我也不会去的。

PART 07

看上去不会下雨。

보아하니 비가 오지 않을 것 같다.

학습 목표

1. 예상이나 짐작을 나타내는 표현을 익혀 봅니다.
2. '~든 ~든'의 뜻을 나타내는 '…也好, …也好' 용법에 대해 알아봅니다.

기본문형

1 看上去不会下雨。 보아하니 비가 오지 않을 것 같다.

看样子不会下雨。 보아하니 비가 오지 않을 것 같다.

看起来不会下雨。 보아하니 비가 오지 않을 것 같다.

2 这时你肯定在做面膜, 不能打扰你。 이 시간에 네가 틀림없이 팩을 할 것 같아서 방해할 수 없었어.

这时你大概在做面膜, 不能打扰你。 이 시간에 네가 아마 팩을 하고 있을 것 같아서 방해할 수 없었어.

这时你或许在做面膜, 不能打扰你。 이 시간에 네가 어쩌면 팩을 할지 몰라 방해할 수 없었어.

3 毫无疑问, 你正在用午餐。 의심의 여지 없이, 너는 점심을 먹고 있을 거야.

毫无疑问, 这起事故是他造成的。 의심의 여지 없이, 이 사고는 그가 낸 것이다.

毫无疑问, 这种现象还会延续下去。 의심의 여지 없이, 이 현상은 계속될 것이다.

4 再说下去, 上课要迟到了。 더 이야기하면 수업에 늦겠다.

再讲下去, 他要不高兴了。 더 이야기하면 그가 싫어하겠다.

再喝下去, 他要醉了。 더 마시면 그는 취하겠다.

5 铃声一响, 会吵醒她。 벨이 울리면 그녀가 시끄러워 잠에서 깰 거야.

他一开口, 会让大家吓一大跳的。 그가 입을 열기만 하면 모두들 깜짝 놀랄 것이다.

工作一不小心, 会造成重大损失。 일에 주의를 안 하면 큰 손실이 생길 것이다.

상황회화 1

美珍:　慢点儿走, 我去把雨伞拿来给你带上。 좀 천천히 가. 내가 가서 우산 가져올게.

米切尔:　太阳这么好, 看上去不会下雨。 햇볕이 이렇게 나는데, 보아하니 비가 오지 않을 것 같아.

美珍:　难说, 快入梅了, 说下雨就下雨。 그렇다고는 말할 수 없어. 곧 장마라서 비가 오려면 갑자기 오니까.

米切尔:　没想到, 这么快就要入梅了。 我最讨厌黄梅天, 不停地下雨, 又闷又热, 东西

净发霉。　이렇게 빨리 장마철이 될지 몰랐어. 나는 장마철이 제일 싫어. 비가 계속 내리고, 후덥지근하고, 물건에 곰팡이가 피기만 한단 말야.

▷ '黄梅天'은 명사로 '장마철'의 뜻을 나타냅니다.

美珍:　你喜欢也好，不喜欢也好，每年都得过。　네가 좋든 싫든 매년 오는 것이잖아.

米切尔:　我说，两个月来，下了这么多雨，黄梅天大概不会下那么多雨了吧？
두 달 동안 그렇게 비가 많이 내렸는데, 장마철에는 그렇게 비가 많이 오지 않을 것 같은데?

美珍:　老天爷的事儿，谁也说不准。报上说，受什么厄尔尼诺影响，世界上许多地方的气候都反常。
하느님 일을 누가 알겠어? 신문에서는 무슨 엘니뇨인가의 영향을 받아서 세계 많은 지역에서 기후 이변이 일어난대.

▷ '受什么厄尔尼诺影响'에서 '什么'는 불확실한 어기를 나타내고 있습니다. 미진이 '엘니뇨'라는 것을 들어보기는 했지만 그 뜻은 정확히 모른다는 뜻을 나타냅니다.

米切尔:　对，那些气象专家预测，厄尔尼诺现象还要延续下去。
맞아. 기상 전문가들은 엘니뇨 현상이 계속될 것이라고 예측하고 있어.

美珍:　别厄尔尼诺了。再说下去，上课要迟到了。对了，下课回来，麻烦你顺便去书店看看，买一本第六期《时尚》。
엘니뇨 이야기 그만 하자. 더 이야기하면 수업 늦겠다. 맞아, 수업 끝나고 오는 길에 번거롭겠지만 서점에 들러서 〈트렌드〉 6호를 좀 사다 줘.

▷ '别厄尔尼诺了'는 '엘니뇨에 대해 더 이상 말하지 마'라는 의미를 나타냅니다.

米切尔:　好的。　알았어.

01  净

(1) 他这个人呀，净开玩笑，没个正经的时候。　그는 말이야. 농담만 하지 진지할 때가 없다.
(2) 他交的净是些穷朋友。　그는 가난한 친구만 사귄다.
(3) 东西大多搬走了，剩下的净是书。　물건이 대부분 옮겨 가서 남은 것은 책밖에 없다.

02  …也好，…也好

(1) 你愿意也好，不愿意也好，反正这事你必须做。　네가 원하든 원하지 않든, 어쨌든 너는 이 일을 반드시 해야 해.
(2) 教授也好，讲师也好，都得上课。　교수든 강사든 모두 수업을 해야 한다.
(3) 表扬也好，批评也好，他都不在乎。　칭찬이든 비판이든 그는 모두 신경 쓰지 않는다.
(4) 学习也好，劳动也好，他都很积极。　공부든 노동이든 그는 뭐든지 적극적이다.
(5) 学术界也好，经济界也好，都还有教条主义。　학계이든 경제계이든 어디에나 아직 교조주의가 있다.

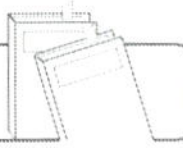

大卫:　是你吗？我刚准备给你打电话。　너야? 나 방금 너에게 전화하려고 했는데.

米切尔:　别装假了。整整一天，我都在等你的电话。　시치미 떼지 마. 하루 종일 네 전화 기다렸어.

大卫:　这可是千真万确的。我一早醒来，就准备给你打电话，可一想，今天是星期天，你一定还没起床，就没急着打。
정말이야. 나는 아침 일찍 일어나서 너에게 전화를 하려고 했지. 그렇지만 생각을 해 보니 오늘은 일요일이라 네가 아직 일어나지 않았을 것 같지 뭐야. 그래서 급하게 전화하지 않았어.

米切尔:　就算是这样，为什么后来不打？

그렇다 치고, 그럼 왜 나중에는 안 걸었어?

大卫: 我好容易挨到十点钟，刚拿起话筒，但又想，这时你肯定在做面膜，不能打扰你。

겨우 10시가 되어서 막 수화기를 들었지만, 또 생각을 해 보니 이 시간에 네가 팩을 할 것 같아서 방해할 수 없었어.

▷ 부사어일 때 '好容易' 와 '好不容易' 의 뜻은 같으며, 모두 '겨우', '가까스로' 등의 뜻을 나타냅니다.

米切尔: 所以又没打。　그래서 또 안 걸었군.

大卫: 对。于是，我就翻翻报纸，后来一看表，已经是中午了，毫无疑问，你正在用午餐。　맞아. 그래서 나는 신문을 좀 보다가 나중에 시계를 보니 이미 정오인 거야. 분명히 너는 점심을 먹고 있을 것이라고 생각했어.

▷ '翻翻报纸' 는 '마음대로 신문을 좀 보다' 라는 의미를 나타냅니다.

米切尔: 可是，吃过午饭，也没见你打电话来！　그렇지만 점심 먹고도 전화 안 했잖아.

大卫: 我想，你或许会睡午觉，即使你不睡，你同屋肯定要睡的，铃声一响，会吵醒她。这会儿，我想该打了，再不打，你可要打过来了。这不？

내 생각에 네가 낮잠을 잘 것 같았어. 네가 안 자더라도 네 룸메이트는 분명히 잘 텐데 전화벨 소리가 울리면 깰 것 아냐? 이제는 전화를 해야겠다고 생각하던 참이야. 하지 않으면 네가 전화를 할 거라고 생각했어. 그렇지?

▷ '这不?' 는 반어문 어기에서 사용하여 어떤 사실을 지적하거나 긍정하며, 듣는 사람의 주의를 이끌어냅니다.

米切尔: 你可真能说。你总是有理。看来我俩早晚得吹。

너 정말 말 잘한다. 넌 언제나 일리가 있지. 보아하니 우리 둘 조만간 끝내야겠다.

▷ '早晚' 는 '조만간' 의 뜻을 나타냅니다.

 **어법배우기**

01　就算

(1) 就算有困难，也不会很大。　어려움이 있더라도 별로 크지는 않을 것이다.

(2) 就算他们赢了，也不能说明他们就一定比我们强。
그들이 이기기는 했지만 그들이 반드시 우리보다 강하다고는 할 수 없다.

(3) 就算你忙得没时间来看我，打电话的时间总该有吧？
네가 나를 보러 올 시간도 없이 바쁘기는 하지만 아무튼 전화 할 시간은 있지 않니?

02　于是

(1) 各有各的主意，互不相让，于是就争吵起来了。
모두 각자의 생각이 있고 양보하지 않기 때문에 말다툼이 시작되었다.

(2) 他俩正闲着没事，老周来邀请他们去看电影，于是就一块儿出去了。
그들은 지금 별일 없이 한가하고 老周가 그들에게 영화를 보러 가자고 했기 때문에 함께 나갔다.

(3) 他想，早晚可以遇到一个熟人的，于是，就在路边耐心地等着。
그는 조만간 아는 사람을 만날 것이라고 생각했기 때문에 길가에서 끈기 있게 기다리고 있다.

(4) 条件已成熟，于是我们就行动起来了。　조건은 이미 성숙되었기 때문에 우리는 행동을 시작했다.

(5) 大伙儿都说这个电影好，于是我也买了一张票。　다들 이 영화가 좋다고 하기에, 나도 표를 샀다.

(6) 几个问题都讨论完了，于是大家就回家了。
몇 가지 문제에 대한 토론이 모두 끝났기 때문에 모두들 집으로 돌아갔다.

听力 Test

❶ 女: 这个市场真大啊。　이 시장 정말 크다.

男: 不过净是卖水果的。　그래도 과일만 팔아.

问: 男的是什么意思？ 남자의 말은 무슨 뜻입니까?
　　정답 A

❷ 女: 对不起，我有事去不了了。 미안합니다. 일이 있어서 갈 수가 없어요.
　男: 去也好，不去也好，为什么不提前告诉我啊？
　　　와도 괜찮고, 안 와도 괜찮은데, 왜 미리 말하지 않았나요?
　问: 从这段对话里，我们知道什么？ 위의 대화에서 우리는 무엇을 알 수 있습니까?
　　정답 A

❸ 女: 天气这么好，不用带伞吧。 날씨가 이렇게 좋으니, 우산을 가지고 갈 필요가 없어요.
　男: 难说，快入梅了，说下雨就下雨。
　　　그렇다고는 말할 수 없어요. 곧 장마라서 비가 오려면 갑자기 오니까요.
　问: 男的觉得会下雨吗？ 남자는 비가 올 거라고 생각합니까?
　　정답 B

❹ 女: 小李还你钱了？ 小李가 너에게 돈을 돌려줬니?
　男: 他呀，就算有钱也不会还？ 그 사람, 아마 돈이 있어도 돌려주지 않을걸?
　问: 男的是什么意思？ 남자의 말은 무슨 뜻입니까?
　　정답 A

❺ 女: 你和你朋友那天怎么回事啊？ 너 네 친구와 그날 무슨 일이야?
　男: 嗨，各有各的主意，互不相让，于是就争吵起来了。
　　　어휴. 각자의 주장을 서로 양보하지 않아 결국에는 말다툼을 했어.
　问: 男的和朋友发生了什么事？ 남자는 친구와 어떤 일이 있었습니까?
　　정답 A

❻ 女: 我写的文章你看了吗？ 내가 쓴 문장 너 봤어?
　男: 看了，还可以，不过净是错别字啊。 봤어. 괜찮더라. 근데 틀린 글자뿐이던걸.
　问: 男的是什么意思？ 남자의 말의 무슨 뜻입니까?
　　정답 C

❼ 女: 你把不用的词典给我一个得了。 너 안 쓰는 사전 나에게 주면 좋겠다.
　男: 没问题啊，不过要"一手交钱，一手交货"。
　　　좋아. 근데 "한쪽이 돈을 주면, 한쪽에서는 물건을 주는 것"이어야 해.
　问: 男的打算怎么做？ 남자는 무엇을 하려는 것입니까?
　　정답 B

❽ 男: 今天组长病了，说晚点来，怎么办啊？ 오늘 팀장이 아파서 조금 늦게 온다더라. 어떡하지?
　女: 没关系，就算他不来我们也能干好。 상관없어. 그가 안 온다고 해도 우리는 잘 할 수 있어.
　问: 女的是什么意思？ 여자의 말은 무슨 뜻입니까?
　　정답 A

❾ 女: 这双球鞋太贵了，还是别买了。 이 축구화 너무 비싸서 안 사는 게 낫겠다.
　男: 就是再贵也非买不可。 아무리 비싸도 꼭 사야 해.
　问: 男的是什么意思？ 남자의 말은 무슨 뜻입니까?
　　정답 A

❿ 男: 就算这两天下雨，我也会去找你的。 요 며칠 비가 온다 해도 난 널 찾아갈 거야.
　女: 那好吧。 좋아!
　问: 男的是什么意思？ 남자의 말은 무슨 뜻입니까?
　　정답 A

해석 小李가 돌연 병을 얻어 병석에 눕게 되었다. 美珍이 그를 만나러 왔다. 小李는 美珍에게 "네 생각엔 사후 세계는 좋을 것 같아? 안 좋을 것 같아?" 美珍은 조금 생각을 해 보고 "내가 보기에는 사후에 아주 좋을 것 같아."라고 말했다. 小李는 약간 이상해하며 "네가 어떻게 알아?" 하고 물었다. 美珍은 아주 진지하게 말했다. "만약 사후에 잘 지내지 못하면 죽은 사람이 모두 인간 세상으로 도망쳐 왔을 거 아냐. 그렇지만 옛날부터 지금까지 죽은 사람은 한번 가면 돌아오지 않잖아. 그래서, 나는 사후도 아주 좋을 것 같아."

❶ （ × ）

❷ （ ○ ）

❸ 小李问美珍，人死后过得好不好。

❹ 美珍相信死后很好。假如死后过得不好，死者都会逃回人间来的；但是，从古到今，死者都是一去不返。

❶ 近来他有点 反常 ，笑声听不到了，歌也不唱了，话也少了。 是不是跟女朋友吹了？

❷ 他父母亲都是篮球运动员，受父母的 影响 ，他从小就爱打篮球。

❸ 我刚睡着，就被一阵电话铃声 吵 醒了。

❹ 他的学习还要 延续 一年左右。

❺ 我花了 整整 三个小时才把文章翻译完。

❻ 打扰 你半天了，真不好意思。

❼ 你怎么 净 说些灰心丧气的话？

❽ 他以为还早， 一 看手表，才知道已经十二点多了。

❾ 牛肉也好，羊肉也好 ，我都不喜欢吃。

❿ 就算他以前见过我 ，现在也不一定还记得。

⓫ 他正闲着没事，小钱来叫他去打球， 于是就去了 。

❶ 学习也好，劳动也好，他都很积极。

❷ 他这个人呀，净开玩笑，没个正经的时候。

❸ 就算他们赢了，也不能说明他们就一定比我们强。

❹ 各有各的主意，互不相让，于是就争吵起来了。

❺ 再说下去，上班要迟到了。

❻ 你同屋肯定要睡的，铃声一响，会吵醒她。

❼ 几个问题都讨论完了，于是大家就回家了。

我也讨厌抽烟

나도 담배 피우는 것 싫어해.

학습 목표
1. 기호나 취향에 관한 표현을 익혀 봅니다.
2. '越…越'와 '越来越'의 용법에 대해 알아봅니다.

기본문형

1. 我喜欢喝冰啤酒。　나는 차가운 맥주 마시는 것을 좋아한다.

   我喜欢跟孩子在一起。　나는 아이와 함께 있는 것을 좋아한다.

   我喜欢我现在的职业。　나는 현재 나의 직업을 좋아한다.

2. 凡是小宠物，我都喜欢。　나는 작은 애완동물은 모두 좋아한다.

   凡是运动，我都喜欢。　나는 운동이라면 모두 좋아한다.

   凡是甜的，我都喜欢。　나는 단것은 모두 좋아한다.

   凡是带有悲伤情调的歌，我都喜欢。　나는 발라드 음악은 모두 좋아한다.

3. 我对烈性酒不感兴趣。　나는 독한 술에는 흥미가 없다.

   我对这件事不感兴趣。　나는 이 일에 흥미가 없다.

   对这种话题不感兴趣。　나는 이런 화제에 흥미가 없다.

4. 我讨厌抽烟。　나는 담배 피우는 것을 싫어한다.

   我讨厌大都市的喧闹。　나는 대도시의 시끄러움을 싫어한다.

   我讨厌这种不讲社会公德的行为。　나는 사회의 공중 도덕에 어긋나는 이런 행위를 싫어한다.

5. 那烟味儿别提有多难闻了。　저 담배 냄새는 고약하기가 말할 것도 없다.

   跟朋友一边喝酒一边聊天，别提有多快活了。
   친구와 술을 마시면서 얘기를 하는 것은 유쾌하기가 말할 것도 없다.

   那只猫每天陪我读书看报，别提有多亲热了。
   저 고양이는 매일 나와 함께 책을 읽고 신문을 보는데, 친근하기가 말할 것도 없다.

상황회화 1

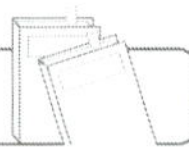

杰伦:　现在烟草公司的日子很不好过。　요즈음 담배 회사가 아주 어려워.

美珍:　是啊，越来越多的人认识到吸烟有害健康，都主动抵制吸烟，或开始戒烟。

맞아. 점점 더 많은 사람들이 흡연이 건강에 해롭다는 것을 알게 되고, 모두 자발적으로 흡연을 억제하거나 담배를 끊기 시작했어.

杰伦: **不少国家还立法，禁止在公共场所吸烟。**
많은 나라에서는 공공장소에서의 흡연을 금지하는 법까지 만들었지.

美珍: **我很赞赏这样的法律。它使不少人免受危害。**
나는 이러한 법률에 아주 동감해. 이 법률은 많은 사람이 피해를 받지 않도록 하잖아.

杰伦: **我也讨厌抽烟。那股烟味儿别提有多难闻了。我不抽烟，不过喜欢喝点儿酒。**
나도 담배 피우는 것 싫어해. 담배 냄새가 어찌나 고약한지 말도 마. 나는 담배는 피우지 않지만 술을 조금 마시는 것은 좋아해.
▷ '别提有多'는 정도가 매우 높음을 나타냅니다.

美珍: **你喜欢喝什么酒？** 너는 어떤 술을 좋아해?

杰伦: **我喝一点儿黄酒。我不喜欢白酒这样的烈性酒。**
나는 황주를 좀 마셔. 나는 백주 같은 독한 술은 좋아하지 않아.
▷ '白酒这样的烈性酒'에서 '白酒'를 '烈性酒(독한 술)'의 한 예로 들었습니다.

美珍: **我对烈性酒也不感兴趣。夏天的时候，我喜欢喝冰啤酒。只有和朋友在一起的时候，我才喝点儿葡萄酒这样的果酒。**
나도 독한 술에는 관심 없어. 여름에 나는 찬 맥주를 마시는 것을 좋아해. 친구들과 같이 있을 때에만 포도주 같은 과일주를 조금 마셔.

杰伦: **我也喜欢一边喝酒，一边聊天儿。** 나도 술 마시면서 이야기하는 것을 좋아해.

 **越…越… / 越来越**

1 (1) **汽车越开越快。** 자동차가 갈수록 더 빨라진다.
　　(2) **课文越学越难了。** 본문이 배울수록 어려워진다.
　　(3) **你学得越多，就知道得越多。** 너는 많이 배울수록 많이 알게 된다.
　　(4) **你越着急，我就越写不快。** 네가 조급해할수록 나는 더 빨리 쓰지 못한다.
2 (1) **天气越来越热了。** 날씨가 점점 더워진다.
　　(2) **外面越来越暗，马路上人也越来越少了。** 밖이 점점 어두워지고, 길에 사람도 점점 줄어든다.
　　(3) **我越来越觉得时间不够用。** 나는 점점 쓸 시간이 부족하다고 느낀다.

 **一边…一边…**

　　(1) **我喜欢一边做作业，一边听音乐。** 나는 숙제를 하면서, 음악 듣는 것을 좋아한다.
　　(2) **他一边想，一边说。** 그는 생각하면서 말한다.

 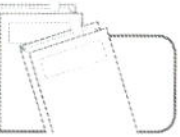

美珍: **你看那只小狗！好可爱！** 저 강아지 봐! 너무 귀엽다!

小李: **看来，你非常喜欢小狗。** 보아하니, 너 강아지 좋아하는구나.

美珍: **凡是小宠物，我都喜欢。如果家里养只小猫、小狗什么的，倒是挺有意思的。**

나는 작은 애완동물은 모두 좋아해. 집에서 고양이나 강아지를 기르는 것은 매우 재미있어.

杰伦: 我家里养了一只花猫，很可爱。每次我回到家，刚一坐下，它就跳到我腿上，陪我看书读报，别提有多亲热了。
우리 집은 얼룩 고양이를 한 마리 키우는데, 아주 귀여워. 내가 집에 가서 앉자마자 그 고양이가 내 다리 위에 뛰어올라 나와 함께 책을 읽고 신문을 보는데, 얼마나 친근한지 몰라.

美珍: 我们家里养了三只猫，一只白猫，一只黑猫，还有一只黄猫，长得跟小老虎差不多。那只黄猫最喜欢我了，一看见我就"喵、喵"地叫个不停。
우리 집은 고양이를 세 마리 길러. 흰 고양이 하나, 검은 고양이 하나, 그리고 누런 고양이 하나. 작은 호랑이처럼 생겼어. 그 누런 고양이가 나를 가장 좋아해서 날 보면 계속 '야옹, 야옹' 하고 운다니까.

小李: 我们家以前也养过一只猫。但它把我们最心爱的一盆花弄死了，我家就不养猫了。
우리 집도 예전에 고양이를 한 마리 키웠어. 그렇지만 그 고양이가 우리가 가장 아끼는 화분을 죽인 뒤로 우리는 고양이를 안 키우게 됐어.

美珍: 狗就不那么淘气了，我们家养了大黄狗，从来不弄坏东西，还帮我们看门儿呢。
개는 그렇게 장난이 심하지 않아. 우리 집은 큰 누렁이를 한 마리 키우는데, 한 번도 물건을 망가뜨린 적이 없고, 우리 대신 집도 지켜.
▷ '狗就不那么淘气了'는 '(고양이는 확실히 장난이 심하지만) 만약 개라면, 그다지 장난이 심하지 않다'라는 의미를 나타냅니다.

杰伦: 我觉得北京的老大爷最有意思，手里提着个鸟笼，一边和熟人打招呼，一边遛鸟，别提有多悠闲了。
베이징의 할아버지들이 제일 재미있는 것 같아. 손에 새장을 들고, 아는 사람과 인사를 하면서 새와 산책을 하는 게 얼마나 여유 있는지 몰라.
▷일부 중국인, 특히 노인들은 새를 키우는 것을 좋아합니다. 보통 아침에 그들은 새장을 들고서 공원 또는 숲으로 산책을 나오는데, 이를 '遛鸟'이라고 합니다. 새소리를 들으며 친구와 이야기를 나누거나 운동을 합니다. 베이징에서 이러한 광경은 쉽게 볼 수 있습니다.

어법배우기

01 凡是

(1) 凡是这个作家写的小说，我没有不看的。　나는 이 작가가 쓴 소설이라면 안 본 것이 없다.
(2) 凡是我学过的单词，我都记住了。　나는 배웠던 단어는 모두 기억한다.
(3) 凡是一年级的新生都要住校。　1학년 신입생들은 기숙사에 머문다.
(4) 凡是有生命的，都免不了死。　무릇 생명이 있는 것은 모두 죽음을 피할 수 없다.

02 동사＋个＋不停 / 不住 / 没完

(1) 妈妈见了女儿，高兴得笑个不住。　어머니는 딸을 보고 기뻐서 끊임없이 웃는다.
(2) 现在是梅雨季节，一天到晚雨下个不停。　지금은 장마철이어서 하루 종일 비가 끊임없이 내린다.
(3) 女孩子们在一起，总是说个没完。　여자 아이들은 함께 있으면 항상 끊임없이 이야기한다.

听力 Test

❶ **女:** 吸烟有害健康，你还是戒了吧。　흡연은 건강에 해로우니 차라리 끊어라!
男: 我也想戒，可就是习惯了，不抽不行啊。　나도 끊고 싶지만 습관이 되어서 안 피우면 안 돼.
问: 女的是什么意思？　여자의 말은 무슨 뜻입니까?
정답 A

❷ 女: 这孩子，太淘气了。 이 아이는 장난이 너무 심해.
　　男: 孩子嘛，越聪明越淘气。 아이들은 똑똑할수록 더 개구쟁이지.
　　问: 男的是什么意思？ 남자의 말은 무슨 뜻입니까?
　　　　정답 A

❸ 女: 你喝什么？白酒，葡萄酒，还是啤酒？ 너 뭐 마실래? 백주, 포도주, 아니면 맥주?
　　男: 我不喝烈性酒，别的都随便。 나는 독한 술은 못 마셔. 다른 것은 다 좋아.
　　问: 男的不喝什么？ 남자는 무엇을 못 마십니까?
　　　　정답 A

❹ 女: 养花挺累的吧？ 꽃 기르기 힘들지?
　　男: 累是累点儿，可是看着那一盆盆五颜六色的鲜花，心里别提有多快活了。
　　　　조금 피곤하긴 하지만 가지각색의 꽃 화분들을 보고 있으면 마음이 얼마나 즐거운지 몰라.
　　问: 男的是什么意思？ 남자의 말은 무슨 뜻입니까?
　　　　정답 C

❺ 女: 你妹妹难得来一趟，你明天就别去上课了，陪你妹妹去市中心看看吧。
　　　　네 여동생이 어렵게 오는데, 너 내일은 수업 듣지 말고 여동생이랑 시내에 가서 구경해.
　　男: 没关系，她不喜欢让人陪着。 괜찮아. 여동생은 다른 사람이 데리고 다니는 것 싫어해.
　　问: 男的为什么不打算陪他妹妹上街？ 남자는 왜 그의 여동생을 데리고 외출하려고 하지 않습니까?
　　　　정답 B

❻ 女: 你不喜欢宠物吗？ 너 애완동물 싫어하니?
　　男: 谁说不喜欢？我一直在想，等我退休了，就养一条小狗。
　　　　누가 싫어한대? 나는 퇴직하면 강아지를 한 마리 키우겠다고 줄곧 생각하고 있는데.
　　问: 男的现在为什么不养宠物？ 남자는 현재 왜 애완동물을 기르지 않습니까?
　　　　정답 B

❼ 女: 刚才那位就是陈教授。 방금 그분이 바로 陈 교수님이셔.
　　男: 是吗？我还以为他是个看门儿的老大爷呢。 그래? 나는 그분이 수위 할아버지인 줄 알았어.
　　问: 从这段对话我们知道什么？ 이 대화에서 우리는 무엇을 알 수 있습니까?
　　　　정답 B

❽ 女: 你们学校的绿化搞得真好，我简直不想离开了。
　　　　너희 학교의 녹화가 정말 잘 되었어. 나는 정말 떠나기 싫어.
　　男: 那就常来玩儿吧。 그럼 자주 놀러 와.
　　问: 女的对他们学校感到怎么样？ 여자는 그들의 학교에 대해 어떻게 생각합니까?
　　　　정답 A

❾ 女: 快毕业了，你打算去哪儿工作？ 이제 곧 졸업이다. 너는 어디에서 일할 계획이니?
　　男: 哪儿能看见大海就去哪儿。 어디든 큰 바다가 보이는 곳으로 갈 거야.
　　问: 男的想要去哪儿工作？ 남자는 어디에서 일하고 싶어합니까?
　　　　정답 B

❿ 女: 小时候，我常常躺在海滩上，听海浪的声音。
　　　　어렸을 때 나는 자주 모래사장에 누워 파도 소리를 듣곤 했어.
　　男: 我长这么大，还没见过大海呢。 나는 이렇게 자라도록 바다를 본 적이 없어.
　　问: 他们俩是在哪儿长大的？ 그들은 어디에서 자랐습니까?
　　　　정답 C

> **해석** 우리 집은 작은 동물원이다. 내 남동생은 개를 기르는 것을 좋아한다. 그 검은 강아지는 하루 종일 남동생을 따라 이리저리 뛰어다닌다. 우리 어머니는 고양이 기르기를 좋아하신다. 흰 것, 노란 것, 얼룩이, 모두 세 마리를 키우신다. 저녁이 되면 고양이들은 어머니와 함께 책을 읽고 글을 쓴다. 우리 집에는 새도 몇 마리 있는데, 그건 우리 아버지께서 기르신다. 매일 아침 일찍 아버지는 새장을 들고 공원에 나가 새와 산책을 하신다. 뭐, 고양이가 새를 먹지 않느냐고? 무슨 소리. 우리 집의 고양이, 개, 새들은 서로 사이가 아주 좋다. 그들은 자주 함께 이야기를 하고, 나도 꼭 거기에 참여한다. 나는 뭘 기르냐고? 나는 아무것도 안 기른다. 나는 성가신 것을 싫어한다.

❶ 因为我弟弟养狗，我妈妈养猫，爸爸养鸟，所以我家是一个小型动物园。

❷ 我弟弟养小黑狗。我妈妈养猫，白的、黄的、花的，一共养了三只猫。爸爸养几只鸟。

❸ 我家的猫啊、狗啊、鸟啊，互相亲热着呢。它们常常在一起聊天儿，我也一定参加。

❹ 我什么也没养，我怕麻烦。

❶ 他们俩一见面就说__个__没完。

❷ 狗的话就不会那么淘气__了__。

❸ 他以前结__过__婚，后来离婚__了__。

❹ 他们手里提__着__一个包，又说又笑地进来了。

❺ 几年不见，他长__得__又高又大了。

❻ 我喜欢热闹，跟朋友在一起，喝喝酒，聊聊天，__别提有多快活了__。

❼ 我最喜欢__狗这样的动物__，对人非常忠诚。

❽ 他学习__越来越努力__，成绩也__越来越好__。

❾ 你__越学__，兴趣就__越浓__。

❶ 凡是我学过的单词，我都记住了。

❷ 你学得越多，就知道得越多。

❸ 外面越来越暗，马路上人也越来越少了。

❹ 我喜欢一边做作业，一边听音乐。

❺ 女孩子们在一起，总是说个没完。

❻ 你越着急，我就越写不快。

❼ 妈妈见了女儿，高兴得笑个不住。

PART 09

谁也不能肯定。

아무도 확신할 수 없다.

학습 목표
1. 어떤 내용이 정확한지 확인할 때 쓰는 표현을 익혀 봅니다.
2. 주관적인 계산이나 평가를 나타내는 '不见得' 용법에 대해 공부합니다.

기본문형

1 一共住了五天，对吗？　5일 묵으셨는데, 맞습니까?

一共住了五天，没错吧？　5일 묵으셨는데, 맞지요?

一共住了五天，是不是？　5일 묵으셨는데, 그렇습니까?

2 这是账单，请核对一下。　여기 명세서가 있으니 확인해 주세요.

这是账单，请过目。　여기 명세서가 있으니 훑어보세요.

这是账单，请看一下。　여기 명세서가 있으니 한번 보십시오.

3 我能用信用卡付费吗？　신용카드로 내도 됩니까?

我能用信用卡支付吗？　신용카드로 지불해도 됩니까?

我能用信用卡算账吗？　신용카드로 계산해도 됩니까?

4 女孩子不见得都喜欢语文。　여자 아이라고 해서 국어를 모두 좋아한다고는 할 수 없다.

女孩子不一定都喜欢语文。　여자 아이라고 반드시 국어를 좋아하는 것은 아니다.

女孩子未必都喜欢语文。　여자 아이라고 모두 국어를 좋아하는 것은 아니다.

5 在我看来，这两个成语没多大区别。　내 생각에 이 두 성어는 그다지 많은 차이가 있는 것 같지는 않다.

我看，这两个成语没多大区别。　내가 볼 때, 이 두 성어는 그다지 많은 차이가 있는 것 같지는 않다.

我敢肯定，这两个成语没多大区别。
내가 감히 확신하건대, 이 두 성어는 그다지 많은 차이가 있는 것 같지는 않다.

상황회화 1

美珍:　先生，我住1808房间，麻烦您结一下账。　저기요, 저는 1808호 묵는데요, 계산 좀 해 주세요.

服务员:　好的。现在是11点，中午12点以前退房，当天房费就可以不算。您是7号来的，住了五天，对吗？　네. 지금은 11시인데, 12시 전에 체크아웃하시면 그날 숙박료는 계산하지 않습니다. 손님께서는 7일에 오셔서 5일 묵으셨는데 맞습니까?

| 美珍: | 没错儿。一共多少钱？ | 맞습니다. 모두 얼마죠? |

服务员: 房费每天360元，五天1800元。如果您有贵宾卡还可以享受八折优惠。
숙박료는 하루에 360위안인데, 5일 묵으셨으니 1800위안입니다. 회원카드가 있으시면 20% 할인받으실 수 있습니다.

美珍: 我有贵宾卡。 저 회원카드 있어요.

服务员: 那么，打八折是1440元，加上长途电话费260元。一共1700元。这是账单，请您核对一下。 그러면 20% 할인해서 1440위안이고, 장거리 전화비 260위안을 포함해서 모두 1700위안입니다. 여기 명세서가 있으니 확인을 해 주십시오.

▷ '账单' 은 명사로 '계산서', '명세서' 등의 뜻을 나타냅니다.

美珍: 我能用信用卡付费吗？ 신용카드로 계산 됩니까?

服务员: 可以。请您在单子上签个名。好。谢谢! 另外，还请您多提宝贵意见，以便我们更好地为客人服务。 됩니다. 계산서에 사인해 주세요. 네, 고맙습니다. 또, 저희가 더 나은 고객 서비스를 제공할 수 있도록 귀중한 의견을 내 주십시오.

▷ '宝贵' 는 위 문장에서 상대의 '意见' 을 높여 주는 역할을 합니다.

美珍: 我对你们饭店很满意，我没有任何意见。 저는 이 호텔에 만족합니다. 저는 어떠한 의견도 없습니다.

服务员: 谢谢! 欢迎您下次光临。再见!。 감사합니다. 다음에 또 방문해 주십시오. 안녕히 가십시오.

어법배우기

01 享受

(1) 在享受权利的同时，我们应该承担一些义务。 권리를 누리는 동시에, 우리는 몇몇 의무를 져야 한다.

(2) 他们尽情地享受着幸福快乐的生活。 그들은 행복하고 즐거운 생활을 마음껏 누리고 있다.

(3) 球迷唯一想要的就是与他们球队一起享受胜利的欢乐。 축구팬이 유일하게 바라는 것은 그들 팀과 함께 승리의 기쁨을 누리는 거다.

02 以便

(1) 说到这里，他特意提高了声音，以便引起大家的注意。 여기까지 말하고, 그는 사람들의 주의를 끌기 위해 일부러 목소리를 높였다.

(2) 还是事先给他打个电话吧，以便让他有个准备。 그가 준비를 할 수 있도록 사전에 전화를 해 줘라.

(3) 请您留下宝贵意见，以便我们改进工作，提高服务质量。 저희가 업무를 개선하고, 서비스의 질을 향상시킬 수 있도록 귀중한 의견을 남겨 주십시오.

(4) 我们要学会分析句子的结构关系，以便在阅读时能准确地理解句子所表达的意思。 독해할 때 정확하게 문장이 나타내고자 하는 뜻을 이해할 수 있도록, 우리들은 문장의 구조 분석을 잘 배워야만 한다.

상황회화 2

美珍: 你妹妹今年小学毕业了吧？ 네 여동생 올해 초등학교 졸업했지?

小李: 还没呢，开学后上六年级。 아직이야. 개학하면 6학년이야.

美珍: 你妹妹学习成绩很好，在班里是数一数二的，将来一定很有出息。 네 여동생 성적이 좋아서 반에서 1,2등 한다며? 앞으로 아주 크게 되겠다.

▷ '数一数二' 은 두드러짐을 나타냅니다.

小李: 哪儿的话，将来的事儿谁也不能肯定。 무슨 말이야? 앞으로의 일은 아무도 확신할 수 없어.

美珍: 女孩子一般都比较喜欢语文吧？ 여자 아이들은 보통 다들 국어 쪽을 좋아하지?

小李: 也不见得。我妹妹就说，最没意思的要数做语文习题了。
그렇지도 않아. 내 여동생은 가장 재미없는 것이 국어 연습문제 푸는 거래.

美珍: 这话怎么说？ 그게 무슨 말이니?

小李: 我现在让你做一道他们的习题。要求是根据词语的意思写出成语。"思想一致，共同努力"，你会选择哪一个成语？
지금 너에게 애들 문제를 내 볼게. 말의 뜻에 어울리는 성어를 쓰라는 문제야. '생각이 일치하고 함께 노력한다' 에 대해서 너는 어떤 성어를 쓸래?

美珍: 我想是"齐心协力"。 나는 '齐心协力' 라고 생각하는데.

小李: 标准答案是"同心协力"。 모범 답안은 '同心协力' 야.

美珍: 在我看来，这两个成语没多大区别。这又不是数学，哪能只有一个答案。
내가 보기에는 두 성어가 별로 차이가 없는 것 같은데. 수학도 아닌데 답이 한 가지일 수 없잖아.
▷ '在我看来' 는 '내가 보기에는', '내가 느끼기에는' 등의 뜻을 나타냅니다.

小李: 问题就出在这里。 그게 바로 문제야.

美珍: 我明白了，你妹妹之所以不喜欢语文，是因为老师把语文当做数学来教了。
알겠다. 네 여동생이 어문을 싫어하는 이유는 선생님이 국어를 수학처럼 가르치기 때문이구나.

어법배우기

01 不见得

 (1) 药吃多了，对病不见得好。 약을 많이 먹는다고 병에 꼭 좋다고 할 수는 없다.
(2) 下这么大的雨，我看他不见得来了。 이렇게 비가 많이 오는데, 그가 꼭 올 거라고 생각할 수는 없다.

 (1) 明天不见得能动身。 내일 꼭 출발할 수 있는 것은 아니다.
(2) 看样子，他今天不见得会来。 보아하니, 그가 오늘 꼭 오는 것은 아니다.

 (1) 你说他想回来，我看不见得。 당신은 그가 돌아오고 싶어한다고 말하지만, 내가 보기엔 꼭 그렇지도 않다.

02 又(不/没)

(1) 他又没看过那个戏，怎么知道好不好？ 그는 그 연극을 보지도 않았는데 어떻게 좋은지 나쁜지 알겠어?
(2) 我又不是客人，还用你整天陪着吗？ 나는 손님도 아닌데 네가 하루 종일 동행할 필요 있겠어?

03 …之所以…，是因为…

(1) 孩子之所以不愿意上这门课，是因为他觉得这门课没意思。
아이가 이 수업을 듣기 싫어하는 이유는, 이 수업이 재미없다고 생각하기 때문이다.

(2) 他之所以不来，是因为你太忙了，怕打扰你。
그가 오지 않는 이유는 네가 너무 바빠서 너를 귀찮게 할까 봐서다.

听力 Test

① 男: 你好，我要退房。 안녕하세요. 체크아웃하려고요.
女: 您好，您有贵宾卡吗？可以享受八折优惠。
안녕하세요. 회원카드 있으세요? 20% 할인을 받을 수 있습니다.

问: 用什么卡可以享受八折优惠？ 무슨 카드로 20% 할인을 받을 수 있습니까?
정답 C

❷ 男: 不知道怎么了，妹妹的语文功课最近不算太好。
어떻게 된 건지 모르겠지만, 최근에 와서 여동생의 국어 성적이 그다지 좋지 않아.

女: 在学习上你得多和妹妹交流，以便掌握她的学习情况。
학업에 관해 너는 네 여동생과 많은 교류를 해야 해. 그래야 그녀의 학업 상황을 잘 파악할 수 있어.

问: 女的是什么意思？ 여자의 말은 무슨 뜻입니까?
정답 A

❸ 男: 生病了一定要多吃点药啊。 병 났으면, 반드시 약을 많이 먹어야 해.

女: 可我认为，药吃多了不见得病就能好。 나는 약을 많이 먹는다고 해서 병이 좋아진다고 생각하지 않아.

问: 女的是什么意思？ 여자의 말은 무슨 뜻입니까?
정답 C

❹ 女: 为什么多收我一天的房费？ 왜 방값을 하루 추가했습니까?

男: 对不起，这是酒店的规定。12点以前退房才不算当天的房费。
죄송합니다. 호텔 규정에 따라 12시 이전에 체크아웃하셔야만 당일 방값을 계산하지 않습니다.

问: 女的是什么时候退房的？ 여자는 언제 체크아웃했습니까?
정답 C

❺ 男: 今天聚会，小李怎么没来啊？ 오늘 모임에 小李는 왜 나오지 않았니?

女: 小李之所以没来，是因为工作太忙了。 小李는 일이 너무 바빠서 나오지 못했습니다.

问: 女的是什么意思？ 여자의 말은 무슨 뜻입니까?
정답 C

❻ 男: 你说面对今后可能遇到的困难，我们应该怎么办呢？
당신 생각에 앞으로 직면할 어려움에 우리는 어떻게 해야 합니까?

女: 我们齐心协力共度难关。 우리 함께 힘을 합쳐서 난관을 이겨 내요.

问: 女的是什么意思？ 여자의 말은 무슨 뜻입니까?
정답 A

❼ 女: 你明早去大连出差，什么时候能回来啊？ 너 내일 아침 다롄으로 출장 가서 언제 오니?

男: 我当天去，当天回。 그날 가서 그날 올 거야.

问: 男的是什么意思？ 남자의 말은 무슨 뜻입니까?
정답 B

❽ 男: 王总之所以成功，是因为他工作勤奋。 王회장은 열심히 일했기 때문에 성공했어.

女: 是啊，我相信有付出就有回报。 그래. 나는 노력하는 만큼 대가가 따른다고 믿어.

问: 通过对话我们知道什么？ 대화를 통해서 우리는 무엇을 알 수 있습니까?
정답 C

❾ 男: 这是信用卡公司给你邮寄的账单。 신용카드 회사에서 보내온 요금 확인서입니다.

女: 谢谢，我得好好核对一下。 감사합니다. 잘 확인해 봐야겠습니다.

问: 女的拿到账单后要做什么？ 여자는 요금 확인서를 받은 후에 무엇을 할 생각입니까?
정답 C

❿ 男: 雷锋曾经说过吃苦在前享受在后，我们应该向他学习。
雷锋은 '먼저 고생하고 나중에 즐겨라' 라는 말을 했는데, 우리는 그분을 본받아야 해.

女: 是啊，可我发现现在的年轻人正缺少这样的雷锋精神。
그래. 하지만 요즘 젊은 사람들은 雷锋의 이런 정신이 부족한 것 같아.

问: 女的是什么意思？ 여자의 말은 무슨 의미입니까?
　　정답 **B**

阅读 Test

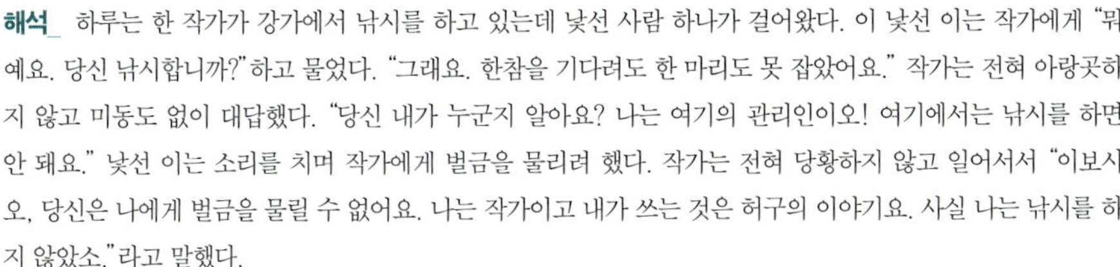

❶ 作家在那儿钓了半天，没见到一条鱼。

❷ 管理员说那儿不准钓鱼，他要罚作家的款。

❸ 作家回答说管理员不能罚他款，因为他在虚构,故事，他并没有钓鱼。

❹ 他是那儿的管理员。 他对作家嚷，并且要罚作家的款。

❺ 他说他在虚构故事，并没有钓鱼。

综合 Test

❶ 我们特意＿为＿每位客人准备了一张写有饭店地址的小卡片。

❷ 我们明天提前一个小时出发，＿以免＿迟到。

❸ ＿为了＿准时赶到那儿，他提前一个小时就出发了。

❹ 我建议我们明天提前一个小时出发，＿以便＿准时赶到那儿。

❺ 班里＿数＿他女儿学习成绩最好。

❻ ＿算＿上我自己，一共是十八个人。

❼ 我跟他＿又＿不熟悉，怎么好意思请他帮忙？

❽ 你跟他是多年的老同学了，＿还＿会不熟悉？

❾ 这下我明白了，他＿之所以发生误会，是因为没听懂我的话＿。

❿ 请尽早通知我，＿以便早作准备＿。

⓫ 睡觉睡得时间长了，＿不见得对身体有利＿。

作文 Test

❶ 看样子，他今天不见得会来。

❷ 还是事先给他打个电话吧，以便让他有个准备。

❸ 他又没看过那个戏，怎么知道好不好？

❹ 他之所以不来，是因为你太忙了，怕打扰你。

❺ 在班里是数一数二的，将来一定很有出息。

❻ 药吃多了，对病不见得好。

❼ 在享受权利的同时，我们应该承担一些义务。

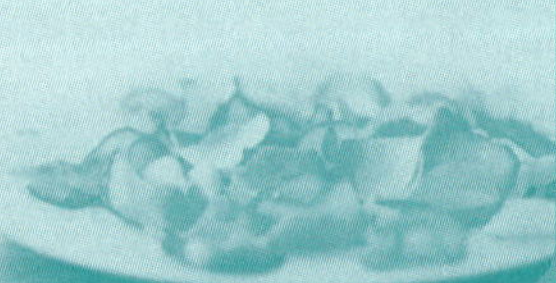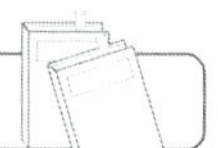

要转告吗?

말 전해 줄까요?

학습 목표
1. 남의 말을 전달할 때 사용하는 표현을 익혀 봅니다.
2. 조사 '…来着' 의 용법에 대해 알아봅니다.

기본문형

1. 他让我转达对你的谢意。 그는 나한테 네게 고맙다고 전해 달랬어.
   他让我转达对你的歉意。 그는 나한테 네게 유감이라고 전해 달랬어.
   他让我转达对你的问候。 그는 나한테 네게 안부 전해 달랬어.

2. 他让你尽早给他回话。 그가 너에게 빨리 회답해 달랬어.
   他叫你别走开。 그는 너에게 물러나지 말라고 했어.
   他请你晚上来一下。 그는 너에게 저녁에 좀 오라고 했어.

3. 喜宣来过了，她约你去看电影。 喜宣이 너에게 영화 보러 가자고 왔다.
   喜宣来过了，她表示非常感谢。 喜宣이 고맙다는 인사 하러 왔다.
   喜宣来过了，她说明天有事不能来了。 喜宣이 내일 일이 있어 올 수 없다는 말을 하러 왔었다.

4. 他打电话来说，比赛提前到下午三点。 그는 시합을 오후 3시로 앞당겼다고 전화로 말했다.
   他打电话来说，啦啦队已经组织好了。 그는 응원단을 이미 구성했다고 전화로 말했다.
   他打电话来说，他的电话号码改了。 그는 자기의 전화번호가 바뀌었다고 전화로 말했다.

5. 麻烦你告诉他。 번거로우시겠지만 그에게 알려 주세요.
   麻烦你带个口信给他。 번거로우시겠지만 그에게 말을 전해 주세요.
   麻烦你通知他一下。 번거로우시겠지만 그에게 통지해 주세요.

상황회화 1

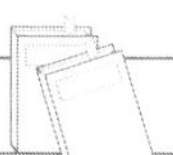

喜宣: 美珍，刚才有位姓张的人来电话找你。 美珍, 방금 张씨라는 사람이 전화로 널 찾았어.

美珍: 他说什么来着？ 그가 뭐라고 했는데?

喜宣: 他说看到了你贴的失物招领启事，手表是他的。 他让我转达对你的谢意。
그는 네가 붙인 분실물 광고를 봤는데, 시계가 자기 거래. 그래서 네게 고맙다는 말 전해 달랬어.

美珍: 你有没有问他，是什么牌子的，在什么时间、什么地方丢的？
너 그 사람에게 상표가 뭔지, 언제 어디서 잃어버렸는지 물어봤어?

喜宣: 问了。 他说是北京牌儿的，大概是上周五，在操场上丢的。
물었지. 그는 베이징 상표고, 지난주 금요일쯤 운동장에서 잃어버렸다고 했어.

美珍: 看来是他丢的。 他什么时候来拿？
보아하니 그가 잃어버린 것 같네. 언제 가지러 온대?

喜宣: 他没说。 不过，他留了电话号码。 말 안 했어. 그렇지만 전화번호를 남겼어.

美珍: 好吧，我给他打电话。 (电话接通以后) 喂，你好！ 有位姓张的同学吗？
알았어. 내가 전화할게. (전화가 연결된 후) 여보세요, 张이라는 학생 있나요?

男人: 不巧，他刚出去。 有什么事要转告吗？ 마침 나갔는데요. 전하실 말씀 있으세요?
▷ '不巧'는 형용사로 '계제가 나쁘다', '형편이 좋지 않다' 등의 뜻을 나타냅니다.

美珍: 麻烦你告诉他，请他今天晚上来我宿舍拿手表。
죄송하지만, 오늘 저녁에 제 기숙사로 시계 찾으러 오라고 전해 주세요.
▷ 위 문장은 연동 구조의 겸어문을 포함하고 있습니다. '他'는 겸어이며, '今天晚上来我宿舍拿手表'는 연동 구조로서, '他'의 서
술어가 됩니다.

男人: 哦，是你捡到了他的手表。 我一定告诉他，叫他今天晚上去你那儿拿。 我代
他向你表示感谢。
아. 당신이 그의 시계를 주으셨군요. 오늘 저녁에 찾으러 가라고 꼭 전할게요. 그를 대신해 감사드려요.

01 …来着

(1) 昨天我们刚学的那首歌，叫什么来着？ 어제 우리가 배운 그 노래, 제목이 뭐였지?
(2) 对不起，你姓什么来着？ 我又忘了。 죄송합니다. 성함이 뭐라고 하셨죠? 제가 또 잊었네요.
(3) 去年春节，都谁上咱们家来着？ 작년 설에 누구누구가 우리 집에 왔었지?
(4) 你昨天在家里做什么来着？ 당신은 어제 집에서 무엇을 하고 있었습니까?
(5) 他刚才还在这儿来着。 그는 방금 여기에 있었다.

 (1) 我没去过上海。 （○） 나는 상하이에 가 본 적이 없다.
　　　我没去来着上海。 （x）

2 (1) 我去天津来着。 (며칠 전에) 톈진에 갔었다.
　　(2) 我去过天津。 (몇 년 전에, 오래전에) 톈진에 갔었다.

02 不巧

(1) 进城回来往这里过，不巧赶上雨了。 시내로 갔다가 돌아오면서 이곳을 지날 때 운 나쁘게도 비를 만났다.
(2) A: 美珍你看看，外边天气怎么样？ 美珍, 네가 보기에 밖의 날씨는 어때?
　　B: 真不巧！外边下雨呢，我们不能去爬山了。 하필이면! 밖에 비가 오네. 우리 등산하러 못 가겠다.
(3) 他星期天来我家，可偏偏我有事出去了，真是不巧啊。
　　그가 일요일에 우리 집에 왔지만, 나는 공교롭게 일이 있어서 나갔다. 정말 시간이 맞지 않았다.

小李: 妈，我回来了。 엄마, 저 왔어요.

妈妈: 你不走不要紧，一走事情就多得不得了。
네가 안 나갔을 때에는 괜찮더니 네가 나가니까 일이 정말 많아졌어.
▷ '你不走不要紧，一走事情就多得不得了' 는 '네가 집에 있을 때에는 별일이 없다가, 네가 가니깐 일이 굉장히 많아졌다' 라는 뜻을 나타냅니다.

小李: 怎么了？ 왜요?

妈妈: 喜宣来过了，她约你一起去看电影。 喜宣이 왔었는데, 함께 영화 보러 가자던데.

小李: 什么电影？几点？在哪儿？ 무슨 영화요? 몇 시, 어디에서요?

妈妈: 这些她都没跟我说。急什么！晚上六点前后她会打电话告诉你的。
그런 것은 나에게 말하지 않았어. 뭐가 그리 급해! 저녁 여섯 시 반쯤 그녀가 전화해서 알려 줄 거야.

小李: 我这就给她打电话。 제가 지금 바로 그녀에게 전화해야겠어요.
▷ '这就' 는 '지금 바로' 라는 뜻을 나타냅니다.

妈妈: 还有，一位姓王的同学打电话来说，下星期一跟中文系的足球比赛提前到下午三点了。他让你别忘了告诉杰伦。
또, 성이 王이라는 친구가 전화를 해서 다음 주 월요일에 중문과와의 축구 경기가 오후 3시로 앞당겨졌다고 하더라. 꼭 杰伦에게 전해 달라고 했어.

小李: 知道了。 알았어요.

妈妈: 哦，对了，他不知道你是不是找好了啦啦队员，急得要命，让你尽早给他回话。
아, 맞다. 그가 네가 응원단 단원을 다 구했냐고 하던데. 매우 급한가 봐. 될 수 있는 대로 빨리 전화 달래.

小李: 糟糕，我还没和啦啦队长联系过呢。 큰일이다. 아직 응원단 단장이랑 연락도 안 했는데.

妈妈: 你马上给他打电话吧。别着急。 바로 그에게 전화하렴. 서두르지 마.

不得了

(1) 他高兴得不得了。 그는 매우 기뻐한다.
(2) 他气得不得了。 그는 매우 화가 났다.
(3) 这几天热得不得了。 이 며칠 날씨가 너무 덥다.

前后

三点钟左右 3시 정도(쯤)　　　　三点钟前后 3시 전후
三个小时左右 3시간 정도　　　春节前后 설 전후

03 …员

演员 / 推销员 / 管理员 / 队员 / 会员 / 党员 / 议员
배우 / 세일즈맨 / 관리인 / 대원 / 회원 / 당원 / 의원

…要命

(1) 外面冷得要命。 밖이 몹시 춥다.
(2) 这人笨得要命。 이 사람은 너무나 바보 같다.

❶ 男: 你丢了什么东西来着？　너 뭘 잃어버렸지?

女: 我丢了一部手机。　핸드폰을 잃어버렸어.

问: 男的是什么意思？　남자의 말은 무슨 뜻입니까?

정답 **A**

❷ 男: 王丹来电话说什么了？　王丹이 전화해서 뭐라고 했는데?

女: 她说明天啦啦队的排练取消了。　내일 응원단 연습이 취소됐대.

问: 女的是什么意思？　여자의 말은 무슨 뜻입니까?

정답 **C**

❸ 男: 你好，我找李军。　안녕하세요. 李军을 찾아왔습니다.

女: 真不巧，他刚出去。　공교롭게도, 그는 막 나갔습니다.

问: 女的是什么意思？　여자의 말은 무슨 뜻입니까?

정답 **B**

❹ 男: 情人节过得怎么样？　발렌타인데이 잘 보냈니?

女: 男朋友送了一大束玫瑰花，我高兴得不得了。　남자 친구가 장미 한 다발 사 줘서 굉장히 기뻤어.

问: 女的是什么意思？　여자의 말은 무슨 뜻입니까?

정답 **C**

❺ 男: 出去了吗？今天天气怎么样？　나갔었니? 오늘 날씨 어때?

女: 我刚到家，今天外面冷得要命。　나 막 집에 돌아왔어. 오늘 밖은 매우 추워.

问: 女的认为今天冷吗？　여자는 오늘 춥다고 생각합니까?

정답 **A**

❻ 男: 毕业典礼安排在七月五号前后。　졸업식은 7월 5일 전후에 잡혔다.

女: 太好了，那我们很快就能见面了。　너무 잘됐다. 그럼 우리 곧 만나겠네.

问: 这段对话可能发生在什么时候？　이 대화는 언제 한 대화입니까?

정답 **B**

❼ 男: 你的新工作怎么样？　새 일은 어때?

女: 哎，就是个卖票的，没意思极了。　에고. 그냥 티켓 파는 거야. 재미없어 죽겠어.

问: 女的可能是做什么的？　여자는 아마 무엇을 하는 사람일까요?

정답 **A**

❽ 男: 真不巧，经理刚出去，有什么事要我转告吗？

공교롭게도 사장님께서 막 나가셨습니다. 전하실 말씀 있으십니까?

女: 谢谢，我还是一会儿再打过来吧。

감사합니다. 제가 다시 전화하겠습니다.

问: 女的是什么意思？　여자의 말은 무슨 뜻입니까?

정답 **B**

❾ 男: 不是说下个礼拜才回来吗？　다음 주에 나 돌아온다고 하지 않았어?

女: 怎么？我提前回来了，你不高兴？　왜? 내가 일찍 온 게 기쁘지 않니?

问: 从这段对话里，我们知道什么？　이 대회에서 우리는 무엇을 알 수 있습니까?

정답 **C**

❿ 男: 其他部门的领导也要参加今天的报告会。你多准备些材料吧。

다른 부서의 임원들도 오늘 보고회에 참석합니다. 자료를 많이 준비해 놓으세요.

女: 好的，上午已经复印了六份，再印多少份呢？
알겠습니다. 오전에 이미 6부 복사를 했는데, 몇 부 더 복사해 놓을까요?

男: 我想再印六份就差不多了。 제 생각에는 6부 더 복사해 놓으면 될 것 같습니다.

问: 从这段对话里，我们知道什么？ 이 대화에서 우리는 무엇을 알 수 있습니까？
정답 A

阅读 Test

해석_ 한 작가가 젊었을 때 한 신문사에서 기자 일을 했었다. 막 시작했을 때 편집자는 그에게 절대로 증명되지 않은 일을 사실인 것처럼 보도해서는 안 된다고 했다. 며칠 후 이 작가는 뉴스 하나를 취재하고 돌아와서 기사를 썼다. "자칭 유명변호사 부인이라는 여성이, 들리는 바에 의하면 자선계의 지도자라고 하는데 연회라 불리는 모임을 열었다." 이후 작가는 편집자를 맡게 되었다. 수입이 너무 적어서 빚 갚을 돈도 없었지만 그는 개의치 않았다. 하루는 비서가 그에게 명세서 한 장을 건넸다. 그는 흘끔 보고 버리려 했다. 비서는 "보세요, 명세서 뒷면에 '만약 또 돈을 갚지 않으면 당신을 고소하겠다' 라고 써 있어요."라고 말했다. 그는 웃으며 "그에게 답장을 보내서 우리 신문사는 양면으로 쓰인 원고는 받지 않는다고 해요."라고 말했다.

❶ （ × ）　　❷ （ × ）　　❸ （ ○ ）　　❹ （ × ）

❺ 有位女士举办了一个聚会。

❻ "如果你再不付钱，就告你！"

综合 Test

❶ 足球比赛推迟__到__下星期二进行，请互相转告。

❷ 请大家打__开__课本，翻__到__第二十四页。

❸ 汽车开过来了，请大家让__开__。

❹ 我把照相机忘__在__车上了。

❺ 他大概五十岁__左右/上下__。

❻ 中秋节__前后__，商店里到处都是月饼。

❼ 他写这些汉字一共需要十五分钟__左右__。

❽ A：他刚才给你来过电话。
　 B：是吗？他__说什么来着__？

❾ A：喂，小张吗？
　 B：他不在，你__有什么事要转告他__吗？

❿ 听了大家的意见，他__表示非常感谢__。

作文 Test

❶ 进城回来往这里过，不巧赶上雨了。

❷ 去年春节，都谁上咱们家来着？

❸ 他气得不得了。

❹ 这人笨得要命。

❺ 昨天我们刚学的那首歌，叫什么来着？

❻ 这几天热得不得了。

❼ 晚上六点前后她会打电话告诉你的。

PART 11

你这种精神应该表扬。

이런 정신은 칭찬받아 마땅합니다.

학습 목표

1. 상대를 칭찬하거나 비판할 때 사용하는 표현을 익혀 봅니다.
2. 경시 · 무관심의 어기를 강하게 나타내는 '什么…不…' 용법에 대해 알아봅니다.

기본문형

1. 这种**精神**应该**表扬**。 이런 정신은 칭찬받아 마땅합니다.
   这种**品质**应该**学习**。 이런 품성은 본받아야 마땅합니다.
   这种**行为**应该**支持**。 이런 행위는 지지해야 마땅합니다.

2. 我要**给你们公司写表扬信**。 제가 당신네 회사에 칭찬하는 편지를 쓰겠습니다.
   我要**把你的事迹告诉我所有的朋友**。 제가 당신이 한 일을 내 모든 친구에게 알리겠습니다.
   我要**好好向你学习**。 제가 당신을 잘 본받겠습니다.

3. 你们该为**顾客**想想。 고객 입장에서 좀 생각해 주세요.
   你们该为**营业员**想想。 판매원 입장에서 좀 생각해 주세요.
   你们该为**工作人员**想想。 일꾼 입장에서 좀 생각해 주세요.

4. 哪有你这么**对待顾客**的? 어떻게 이런 식으로 고객을 대합니까?
   哪有你这么**说话**的? 어떻게 이런 식으로 말을 합니까?
   哪有你这么**办事**的? 어떻게 이런 식으로 일을 처리합니까?

5. 这种**产品质量太差了**, 简直**不能用**。 이 상품은 품질이 너무 떨어져, 아예 쓸 수 없다.
   这人太不像话了, 简直**没文化**。 이 사람은 너무 꼴불견이고, 교양이라고는 없다.
   他太糊涂了, 简直**没脑子**。 그는 매우 어리석어, 뇌가 없는 것 같다.

상황회화 1

小李: 这是我上星期在你们这儿买的数码相机, 有质量问题。
이것은 제가 지난주에 여기에서 산 디지털 카메라인데, 품질에 문제가 있어요.

售货员: 什么问题? 무슨 문제요?

小李: 你瞧, 画面模糊, 曝光不准确。另外, 闪光灯也时好时坏。这种产品质量太差了。

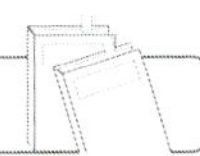

보세요. 화면이 흐릿하고 노출도 정확하지 않아요. 또 플래시도 좋았다 나빴다 해요. 이 상품은 품질이 너무 떨어져요.
▷ '时好时坏' 는 '좋았다가 나빴다가 한다', '좋을 때도 있고, 나쁠 때도 있다' 등의 뜻을 나타냅니다.

售货员: 我说，你是不是没按说明书上的要求操作？
제 생각에는, 설명서대로 조작하지 않은 거 아닌가요?

小李: 我看了说明书。 这是数码相机，不需要什么特别的操作。 请你检查一下。
설명서 봤습니다. 이것은 디지털 카메라라 특별히 조작할 것도 없어요. 한번 검사해 주세요.

售货员: 要检查，得送到照相机厂。 把数码相机留下，过两个星期来取。
검사를 하려면 카메라 공장에 보내야 합니다. 디지털 카메라를 두고 가시고, 2주 후에 찾으러 오세요.

小李: 要两个星期？ 能不能快一点？ 2주요? 좀 빨리 안 되나요?

售货员: 要快，你自己送到厂里去。 빨리 하려면 직접 공장에 가세요.

小李: 你们该为顾客想想。 你们不但不表示歉意，反而是这种态度。
고객 입장에서 좀 생각해 주세요. 당신네는 사과는커녕, 오히려 태도가 그게 뭡니까?

售货员: 什么态度不态度的，我是按规定办事。 태도고 뭐고, 저는 규정대로 할 뿐입니다.
▷ '什么…不…(的)' 는 상대방의 말이 정확하지 않으며, 자신은 상대방의 그 말을 무시하겠다는 뜻을 나타냅니다.

小李: 哪有你这么对待顾客的？ 好吧，我找你们经理。
어떻게 이런 식으로 고객을 대합니까? 좋아요, 당신네 책임자 나오라고 해요.

售货员: 别说找经理，就是向媒体曝光，我还是这个态度。
책임자 찾을 것 없이 그냥 매스컴에 터트리시죠. 그래도 태도는 변하지 않으니까요.

小李: 好极了，那我马上就给报社写信。 这里写的"急顾客所急，想顾客所想"，难道只是给人看看的吗？ 좋아요. 그럼 바로 신문사에 편지를 쓰도록 하지요. 여기 써 있는 '신속한 서비스, 고객을 위한 서비스' 는 그냥 장식으로 써 있는 건가요?
▷ '好极了' 는 반어적으로 쓰였습니다.

 **어법배우기**

 **反而**

(1) 他听了这个消息，不但没有感到高兴，反而有点失望。
그는 이 소식을 듣고, 기뻐하지 않았을 뿐 아니라 오히려 약간 실망했다.

(2) 风不但没停，反而越刮越大。 바람이 그치지 않을 뿐만 아니라 오히려 점점 더 거세진다.

(3) 你太客气了，反而弄得大家不方便。 네가 너무 예의를 차려서 오히려 사람들이 불편해한다.

 **什么…不…**

(1) A : 请李主任多多指教。 李 주임님, 잘 부탁드립니다.
B : 什么主任不主任的，我姓李，你叫我老李就行了。
주임은 무슨 주임, 저는 성이 李이니, 그냥 老李라고 부르면 됩니다.

(2) 什么钱不钱的，我不在乎。 돈이고 뭐고 관심 없다.

03 所

1 (1) 请谈谈你在欧洲的所见所闻。 네가 유럽에서 보고 들은 것을 이야기해 줘.
(2) 他的所作所为使我们很气愤。 그의 행동으로 인해 우리는 매우 분노했다.

2 (1) 她的工作，不是别人所能代替的。 그녀의 일은 다른 사람이 대신할 수 있는 게 아니다.
(2) 我唯一所能做的事，就是陪他谈谈话。 내가 유일하게 할 수 있는 일은 바로 그와 이야기를 나누는 것이다.

米切尔: 瞧你这模样，没精打采的。 네 꼴 좀 봐. 힘이 하나도 없네.

美珍: 别提了，我把包弄丢了，好像是丢在出租车上。 包里有手机、学生证什么的。
말도 마. 나 가방 잃어버렸어. 택시에 놓고 내린 것 같아. 가방 안에 핸드폰, 학생증 같은 것이 들어 있는데.

米切尔: 那快给他们公司打电话。 그럼 빨리 그 택시 회사에 전화해.

美珍: 我没注意是哪家出租车公司。 发票也给我随手扔了。
내가 그 택시 회사를 눈여겨보지 않았어. 영수증도 그냥 아무렇게나 버렸고.
▷ '发票也给我随手扔了' 에서 '给我' 는 '被我' 의 뜻을 나타냅니다.

米切尔: 我有办法了。 你拨自己的手机号码，手机一响，不就能和司机联系上了?
방법이 있어. 네 핸드폰으로 전화를 걸어 봐. 핸드폰이 울리면 기사와 연락을 할 수 있지 않겠어?

美珍: 你真聪明，有两下子! 这下看我的运气了。 (拨打电话) 喂，你好! 你是司机吗? 对，包是我丢的。 什么? 你已经把包送来了，就在我学校的门口儿等我? 太谢谢你了，我马上就来!
너 정말 똑똑하다. 대단해! 내 운이 어떤가 한번 시험해 볼까. (전화를 건다) 여보세요, 기사님이세요? 맞아요. 제가 가방을 잃어버렸어요. 네? 벌써 가방을 가지고 학교 앞에서 기다리고 계시다고요? 정말 고맙습니다. 제가 바로 갈게요!

米切尔: 看把你乐得，给你送来了? 좋아서 어쩔 줄 모르는구나. 가져왔대?
▷ '看把…得' 는 어떠한 상황으로 인해 누구에게 변화가 생겼음을 나타내고, 관심·조소·책망을 표현합니다. '得' 는 '的' 라고 써도 되며, 뒤에는 결과보어나 정도보어가 올 수 없습니다. 형용할 수 없다는 의미를 갖고 있습니다.

美珍: 对，快把那瓶酒递给我。(在门口和司机握手) 这点小意思请你收下。
응. 빨리 그 술을 줘 봐! (입구에서 기사와 악수를 하며) 이것은 제 성의이니 받아 주세요.
▷ '这点小意思请你收下' 는 선물을 건넬 때 예의를 차리면서 하는 말입니다. '意思' 는 명사로 쓰일 때는 '성의', 동사로 쓰일 때는 '성의를 표하다' 라는 뜻을 갖습니다.

米切尔: 不，东西我决不能收。 捡到东西要还，是我们公司的基本服务要求。
아닙니다. 물건은 절대로 받을 수 없어요. 주운 물건은 돌려준다는 것이 저희 회사의 기본적인 서비스 방침입니다.

美珍: 你这种精神应该表扬。 我要写一封表扬信给你的公司。
그런 정신은 칭찬받아 마땅해요. 제가 회사에 칭찬하는 편지를 쓰겠습니다.

 어법배우기

01 小意思

1 (1) 这不过是我的一点小意思，你就收下吧! 이것은 작은 성의에 지나지 않으니, 받으시지요.

(2) 小意思，请收下吧。 성의입니다. 받아 주세요.

(3) 这点东西也拿不出手，反正就是点儿小意思嘛。 이 물건은 볼품없으나, 작은 성의입니다.

2 (1) 大家受累了，得买些东西意思一下。 모두들 고생했으니, 뭘 좀 사서 성의 표시를 해야 한다.

02 决(不)

(1) 我相信，他决不会做这种事的。 나는 그가 절대로 이러한 일을 하지 않을 것이라고 믿는다.

(2) 我自己作出的选择，我决不后悔。 나 스스로의 선택에 대해 나는 절대로 후회하지 않는다.

03 …的

(1)　桌上乱七八糟的。　탁자 위가 엉망진창이다.
(2)　街上静悄悄的，没有行人的声音。　거리가 쥐 죽은 듯이 조용하며, 지나가는 사람 소리도 안 들린다.

听力 Test

① **男:** 我上午在你这儿买的数码相机，回家后闪光灯就不亮了。
제가 오전에 여기에서 디지털 카메라를 샀습니다. 집에 돌아가서 보니 플래시에 불이 안 들어옵니다.

女: 不可能啊，买的时候不是好好的吗？　그럴 리가 없는데요. 사실 때에는 괜찮았잖아요.

问: 男的数码相机哪里坏了？　남자의 디지털 카메라는 어디가 고장났습니까?

정답 C

② **女:** 师傅，多少钱？　아저씨, 얼마인가요?

男: 54块。　54원입니다.

女: 是不是计价器有问题？这么点儿路就50多块？
미터기가 고장 난 거 아닌가요? 얼마 안 되는 거리인데 50원이 넘어요?

问: 对话可能发生在哪儿？　이 대화는 어디에서 일어난 것입니까?

정답 B

③ **男:** 你的工作业绩不但没长进，反而还下降了。　자네의 업무 성적은 진보는 없고, 오히려 떨어졌네.

女: 经理，我一定会努力的。　사장님, 열심히 하겠습니다.

问: 男的是什么意思？　남자의 말은 무슨 뜻입니까?

정답 C

④ **女:** 这种特价菜不太新鲜吧。别买了。　이런 특가 야채는 그다지 신선하지 않아. 사지 마!

男: 什么新鲜不新鲜的，没坏就行。　신선은 무슨 신선. 상하지만 않았으면 돼.

问: 男的是什么意思？　남자의 말은 무슨 뜻입니까?

정답 A

⑤ **男:** 小王生病了没来，他的工作让小李替一下吧。
小王은 아파서 오지 않았으니, 그의 일을 小李에게 대신 맡겨 주세요.

女: 小王的工作很特殊，不是一般人所能代替的。
小王의 일은 매우 특수해서, 일반 사람이 대신 할 수 없습니다.

问: 女的是什么意思？　여자의 말은 무슨 뜻입니까?

정답 B

⑥ **女:** 你明天去书店帮我买本书，好吗？　너 내일 서점에 가서 책 한 권 사다 줄 수 있니?

男: 小意思，包在我身上。　문제없어. 나한테 맡겨.

问: 男的是什么意思？　남자의 말은 무슨 뜻입니까?

정답 A

⑦ **男:** 今天是展览的最后一天，不去可别后悔啊。　오늘은 전람회 마지막 날이니까 안 가면 후회하지 마라.

女: 我决不后悔。　나는 절대로 후회 안 해.

问: 从这段对话里，我们知道什么？　이 대화에서 우리는 무엇을 알 수 있습니까?

정답 B

⑧ **男:** 您能给我推荐一下吗？　추천을 좀 해 주실래요?

女: 这本书卖得不错，里面有很多新观点，很受欢迎。
이 책이 잘 팔려요. 안은 새로운 관점이 많아서 인기가 있어요.

问: 对话可能发生在哪儿？　이 대화는 어디에서 일어났습니까?

정답 A

❾ 女: 小王辞职了，以后他的工作由你来负责。 小王은 퇴직했으니, 당신이 그의 업무를 맡아서 하세요.
　 男: 啊? 就我那两下子能行吗? 네? 겨우 제 실력 가지고 가능할까요?
　 问: 男的是什么意思? 남자의 말은 무슨 뜻입니까?
　　 정답 A

❿ 女: 为了节约用电，请大家注意随手关灯。 에너지 절약을 위해. 모두들 불 끄는 데 신경 써 주세요.
　 男: 好的，我们会注意的。 알겠습니다. 주의하겠습니다.
　 问: 女的是什么意思? 여자의 말은 무슨 뜻입니까?
　　 정답 B

阅读 Test

해석_ 이 이야기는 실화이다. 한 남자 아이가 차 사고로 사망을 했는데, 그의 부모는 눈물을 흘리며 아이의 장기를 기증해서 다른 사람을 돕겠다고 했다. 이런 형식을 통해 아이의 생명을 또 다른 형식으로 이어가고 싶어 했다. 그들은 아이의 각막을 기증하여 두 명의 환자에게 다시 광명을 찾게 했다. 이 이야기를 들은 사람들은 모두 이 부부의 숭고한 행동을 칭찬하며 잇달아 앞으로 자신들의 장기도 기증하겠다고 말했다. 그 지방의 지도자는 특별히 이 부부를 방문해 "여러분은 자식에 대한 사랑을 사회 전체에 대한 사랑으로 승화시켰습니다. 모든 사람이 여러분을 본받아야 합니다."라고 칭찬했다.

(5)-(6)-(2)-(1)-(3)-(4)

综合 Test

❶ 我跟他说过多次，可是他 毫 不在意。
❷ 他 又 不是说你，你生什么气。
❸ 我们 决 不应该用冷冰冰的态度来对待顾客。
❹ 他人很瘦， 但是 身体很好。
❺ 经过这场大病，他的身体 反而 比以前好了。
❻ 他人很胖， 而且 个子也很高。
❼ 老杨住得最远， 反而/但是 到得最早。
❽ 风不但没停， 反而越刮越大 。
❾ 什么态度不态度的 ，我是按规定办事。
❿ 大家受累了， 得买些东西意思一下 。

作文 Test

❶ 他听了这个消息，不但没有感到高兴，反而有点失望。
❷ 什么钱不钱的，我不在乎。　　❸ 这不过是我的一点小意思，你就收下吧!
❹ 他的所作所为使我们很气愤。　　❺ 我自己作出的选择，我决不后悔。
❻ 你这种精神应该表扬。　　❼ 你太客气了，反而弄得大家不方便。

PART 12

这是我们的承诺。

이것은 우리의 약속입니다.

학습 목표

1. 어떤 일에 대해 약속 또는 보증할 때 사용하는 표현을 익혀 봅니다.
2. 범위, 방면, 조건을 나타내는 '在…上' 용법에 대해 알아봅니다.

기본문형

1 没事儿, 包在我身上。 문제없습니다. 제게 맡기세요.

没事儿, 你尽管放心。 문제없습니다. 안심하세요.

没事儿, 一定按时送到。 문제없습니다. 반드시 제시간에 보내 드리겠습니다.

2 "海尔"的质量是可靠的。 '海尔' 의 품질은 믿을 만하다.

这个人是可靠的。 이 사람은 믿을 만하다.

他的话是可靠的。 그의 말은 믿을 만하다.

3 万一有质量问题, 七天以内可以掉换。 만일 품질에 문제가 생기면, 7일 이내에는 교환할 수 있습니다.

万一有质量问题, 由我们承担一切损失。
만일 품질에 문제가 생기면, 우리가 일체의 손실에 대한 책임을 지겠습니다.

万一有质量问题, 由我负责。 만일 품질에 문제가 생기면, 제가 책임지겠습니다.

4 那"海尔"牌儿保您没问题。 그 '海尔' 이면 문제가 없을 것입니다.

我们的服务保您满意。 우리의 서비스에 당신은 만족하실 것입니다.

5 我保证给你办到。 나는 너에게 해 주겠다고 보장한다.

我保证让你满意。 나는 네가 만족할 거라고 보장한다.

我保证把这些花儿养得好好的。 나는 이 꽃들을 잘 키울거라고 보장한다.

我保证再也不这样了。 나는 다시는 이렇게 하지 않겠다고 보장한다.

상황회화 1

홍宣: 麻烦您, 我想买一台电视机。哪种比较好?
실례합니다. 텔레비전을 사려고 하는데요, 어떤 것이 좋은가요?

售货员: 这几种牌子都很好。 여기 몇 가지 브랜드 모두 좋습니다.

喜宣:　看起来都很好。可有一个问题，我那儿的电压时高时低，很不稳定，有时低到
170伏。 보니까 모두 좋네요. 그러나 한 가지 문제가 있어요. 제가 사는 곳의 전압이 높았다 낮았다 매우 불안
정하거든요. 170볼트까지 내려갈 때도 있어요.

售货员:　那"海尔"牌儿保您没问题。它可以在100伏到250伏范围以内正常工作。
그럼 '海尔'이면 문제가 없을 것입니다. 그것은 100볼트에서 250볼트 범위 내에서 정상적으로 작동하거든요.

喜宣:　我本来想买一台进口的。国产的在质量上不如进口的吧？
원래는 수입품으로 사려고 했는데요. 국산은 품질 면에서 수입품만 못하잖아요?

售货员:　谁说的？"海尔"的质量是可靠的，决不比进口电视差。
누가 그럽니까? '海尔'은 품질이 믿을 만해서 수입 텔레비전보다 못하지 않아요.
▷ '谁说的?'는 반어문의 어기를 사용해 어떤 말에 대한 부정을 나타냅니다.

喜宣:　如果有质量问题呢？ 만약 품질에 문제가 있으면요?

售货员:　万一有质量问题，七天以内可以掉换，一年以内免费修理。
만일 품질에 문제가 생기면, 7일 이내에는 교환 가능하고, 1년까지 무상 수리가 가능합니다.

喜宣:　那还不错。 그것 괜찮네요.

售货员:　让顾客买得放心，买得满意，这是我们的承诺。
고객들이 안심하고 만족스럽게 구매할 수 있도록 하는 게 저희의 약속입니다.
▷ '这'는 앞의 '让顾客买得放心, 买得满意'를 가리킵니다.

喜宣:　那我就挑一台吧。明天下午送到我家可以吗？
그럼 한 대 고르도록 하지요. 내일 오후 저희 집으로 보내 주시겠어요?

售货员:　没问题，一定按时送到。 문제없습니다. 반드시 제시간에 보내 드리겠습니다.

어법배우기

01　以内

(1)　这篇作文要求在一个小时以内完成。 이 작문은 한 시간 내에 완성해야 한다.
(2)　我要写一篇两千字以内的报告。 나는 이천 자 내로 보고서를 한 편 써야 한다.

02　(在)…上

(1)　他在学习上对我严格要求。 그는 학습에 있어서 나에게 엄격하게 요구한다.
(2)　在这个问题上，我们的意见完全一致。 이 문제에 있어서 우리의 의견은 완전히 일치한다.
(3)　事实上问题并不难解决。 사실상 문제는 해결하기 어렵지 않다.
(4)　历史上有很多这样的事例。 역사상 이와 같은 사례가 많이 있다.

03　谁说的

(1)　A：那条狗是你弄死的吧？ 그 개를 네가 죽인 거지?
　　　B：谁说的？是它自己，它自己… 누가 그래? 그 개가, 그 개가……

04　万一

(1)　万一计算错误，就会影响整个工程。 만일 계산을 잘못하면, 모든 공정에 영향을 미칠 수 있다.
(2)　万一他不能及时赶到，怎么办？ 만일 그가 제시간에 대지 못하면 어떻게 하지?

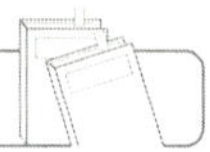

米切尔: 明天我要去上海，能不能麻烦你帮我照看几盆花儿？
나 내일 상하이에 가는데, 미안하지만 내 대신 화분 좀 돌봐 줄 수 있겠니?

美珍: 行，没问题。哟，还是几盆兰花呀，这花可是挺娇气的。
좋아, 문제없어. 아, 난초 화분들이구나. 이 꽃은 굉장히 까다로운데.
▷ '娇气'는 형용사로 '(물건이나 화초가) 상하기 쉽다', '여리다', '깨지기 쉽다' 등의 뜻을 나타냅니다.

米切尔: 对。这盆三天浇一次水，其他的每天都得浇。不会太麻烦吧？
맞아. 이 화분은 삼 일에 한 번씩 물을 주고, 다른 것은 매일 줘야 해. 그렇게 번거롭진 않겠지?

美珍: 没事儿，包在我身上。我保管它们长得好好儿的。 문제없어. 내게 맡겨. 내가 잘 돌볼게.

米切尔: 那就拜托你啦。我这次去上海你有什么事儿要我办吗？
그럼 부탁할게. 이번에 상하이에 가는데, 나한테 부탁할 일 없니?

美珍: 你有多余的时间吗？ 너 남는 시간 있어?

米切尔: 有什么事儿，你尽管说吧。 부탁할 일 있으면 다 이야기해 봐!

美珍: 我想托你买几本HSK习题集。除了阅读理解，有关听力、语法的辅导书，也请
你给我买几本。没问题吧？
HSK 연습문제집 몇 권 부탁하고 싶은데. 독해뿐만 아니라 듣기, 문법 참고서도 몇 권 사다 줬으면 해. 괜찮겠니?

米切尔: 你放心，保证给你办到。 걱정 마. 꼭 사다 줄게.

美珍: 那太谢谢你了。 너무 고마워.

 **어법배우기**

01 拜托

(1) 那么我就拜托您给办吧。 그러면 당신이 처리해 주시기를 부탁드립니다.
(2) 拜托您捎个口信给他。 그에게 소식을 좀 전해 주시기를 부탁드립니다.
(3) 拜托您替我给大家问个好。 모두에게 안부를 전해 주시기를 부탁드립니다.

02 保管/保证

1 (1) 只要肯努力，保管你能学会。 노력하기만 한다면, 너는 마스터할 수 있어.
(2) 要是和他打赌的话，保管你输。 그와 내기를 한다면 너는 틀림없이 질 거야.
※ (1) 这个仓库的粮食保管得很好。 이 창고의 식량은 보관이 잘 돼 있다.
(2) 这件行李，请代为保管。 이 짐을 대신 보관해 주십시오.
2 (1) 我们保证提前完成任务。 우리들은 임무를 앞당겨 달성시킬 것을 보증한다.
(2) 你必须保证八小时睡眠。 당신은 8시간의 수면을 보장해야 한다.
(3) 我们这里卖的鱼保证新鲜。 우리는 여기서 파는 생선의 신선함을 보장한다.
(4) 我们保证不再发生类似事件。 우리는 이와 같은 일이 다시는 발생하지 않을 것을 보증한다.

听力 Test

1 男: 这款液晶电视怎么样？ 이런 액정 TV 어때？

女: 太贵了，要是在8000元以内还不错。　너무 비싸다. 8000원 이내면 괜찮은데.
问: 女的可能买多少钱的电视？　여자는 가격대가 얼마인 텔레비전을 살까요?
정답 A

❷ 男: 我明天要出差，这几盆花拜托你了。　나는 내일 출장 가. 내 대신 화분 좀 부탁해.
女: 好的，你放心吧。　알았어. 걱정 마.
问: 男的是什么意思？　남자의 말은 무슨 뜻입니까?
정답 B

❸ 男: 小李啊，这个工作需要尽快完成，你得抓紧啊。
小李, 이 일은 가급적 빨리 마쳐야 해. 서둘러야 돼.
女: 放心吧，保证提前完成。　걱정 마세요. 앞당겨서 끝낼 것을 보증합니다.
问: 女的是什么意思？　여자의 말은 무슨 뜻입니까?
정답 C

❹ 男: 听说你不会做饭啊。　너는 요리할 줄 모른다면서?
女: 谁说的。　누가 그래?
问: 女的是什么意思？　여자의 말은 무슨 뜻입니까?
정답 A

❺ 女: 出差要用的钱我都准备好了，你就放心吧。　출장에 필요한 돈은 모두 준비됐습니다. 걱정 마세요.
男: 万一现金丢了呢，还是带上银行卡吧。　혹시 현금을 잃어버릴 수 있으니, 카드를 가지고 가세요.
问: 为什么要让女的带银行卡？　왜 남자는 여자에게 카드를 챙기라고 합니까?
정답 A

❻ 女: 我给你介绍女朋友啊？　여자 친구 소개해 줄까?
男: 等工作稳定了再说吧。　일자리가 안정된 후에 다시 말하자.
问: 男的是什么意思？　남자의 말은 무슨 뜻입니까?
정답 B

❼ 女: 我有点事，想请你帮忙。　당신의 도움이 필요한 일이 있습니다.
男: 尽管说，能帮的一定帮。　말씀하세요. 꼭 도와 드리겠습니다.
问: 男的是什么意思？　남자의 말은 무슨 뜻입니까?
정답 C

❽ 女: 这个东西怎么安装不上了啊？　이것은 왜 설치가 안 되죠?
男: 你把它的方向掉换一下，就能安装上了。　방향을 바꿔 보면 설치할 수 있습니다.
问: 男的是什么意思？　남자의 말은 무슨 뜻입니까?
정답 A

❾ 男: 这个笔记本帮我保管一下。　이 노트 좀 보관해 줘.
女: 好的，没问题。　응. 문제없어.
问: 男的是什么意思？　남자의 말은 무슨 뜻입니까?
정답 A

❿ 男: 我能为你做的事情就这些了。　제가 당신을 위해 할 수 있는 일은 이것들뿐입니다.
女: 谢谢，这我已经很满足了。　감사합니다. 저는 이미 매우 만족합니다.
问: 女的是什么意思？　여자의 말은 무슨 뜻입니까?
정답 C

해석 어릴 때 부모님은 항상 나에게 여러 가지 약속을 하셨다. "일요일에 공원에 놀러 가자", "다음 주에 월급 타면 새 옷 사 줄게." 엄마, 아빠의 약속을 받고 나는 항상 즐거워했다. 그러나 부모님의 일이 바쁘거나 돈을 쓸 데가 생기면 약속은 잊어버리셨다. 나도 점점 자라서 약속을 할 줄 알게 되었다. 만약 부모님이 내 성적을 마음에 들어 하지 않으시면, 나는 "다음 시험에서 반드시 좋은 성적을 내 보이겠어요"라고 진지하게 약속을 한다. 그러나 결과가 꼭 좋지는 않았다. 부모님이 내가 집안일을 안 한다고 혼을 내시면 나는 엄숙하게 "다음 주부터 반드시 집안 일을 많이 할게요." 하고 약속을 한다. 그러나 공부가 바빠지면 모두 잊어버린다. 확실히 살아가면서 사람들은 자주 진지하게 약속을 하고 지키지 못한다.

❶ (×)　　❷ (○)　　❸ (×)　　❹ (×)

综合 Test

❶ 我向你　保证　, 这件事肯定不是他干的。

❷ 你在那儿　保证/保管/保险　能买到。

❸ 这样做不太　保险　。

❹ 在这个问题　上　, 我有不同看法。

❺ 在工作　中　, 难免会遇到困难。

❻ 在他的帮助　下　, 我终于学会了。

❼ 　万一遇到危险　, 你就去找老周。

❽ 请开得快一点, 我必须　在二十分钟以内赶到那儿　。

❾ 　在学习上　, 我们应该互相帮助。

❿ 没事儿, 包在我身上。 我　保管它们长得好好儿的　。

作文 Test

❶ 我们保证不再发生类似事件。

❷ 在这个问题上, 我们的意见完全一致。

❸ 这篇作文要求在一个小时以内完成。

❹ 万一他不能及时赶到, 怎么办?

❺ 那么我就拜托您给办吧。

❻ 只要肯努力, 保管你能学会。

❼ 历史上有很多这样的事例。

回忆小时候的事情。

어린 시절의 일을 회상하다.

학습 목표

1. 기억과 회상에 관한 표현을 익혀 봅니다.
2. 개사 '关于'의 쓰임에 대해 알아봅니다.

기본문형

1 你好好想一想。 잘 생각해 봐.

你好好回忆回忆。 잘 기억해 봐.

2 我当然记得。 나는 당연히 기억한다.

我不记得了。 나는 기억이 안 난다.

我想不起来了。 나는 생각이 안 난다.

我已经忘得干干净净了。 나는 이미 깨끗하게 잊어버렸다.

我还记得清清楚楚。 나는 아직 뚜렷이 기억한다.

3 记得我会走路以后，妈妈就常带我去钢琴音乐会。
내 기억에, 내가 걷기 시작한 후, 엄마가 나를 피아노 음악회에 데려갔어.

记得我第一次获得冠军的时候，我激动得哭了。
내 기억에, 내가 처음으로 우승을 한 후에 나는 감격에 울었어.

记得那时候我不懂事，就知道玩儿。 내 기억에, 그때 나는 철이 없고 그저 놀 줄만 알았어.

4 那是在我第一次获得冠军以后。 그건 제가 처음으로 우승을 한 다음이었죠.

那是念小学一年级时的事情。 그건 초등학교 1학년 때의 일이다.

那是我刚工作时的事情。 그건 내가 막 일을 시작했을 때의 일이다.

5 让我想想，我这钥匙搁哪儿啦? 가만 보자. 내가 열쇠를 어디에 뒀지?

让我想想，我昨天加班到几点呢?。 가만 보자. 내가 어제 몇 시까지 야근했지?

让我想想，我刚才看到了什么? 가만 보자. 내가 방금 본 게 뭐지?

상황회화 1

杰伦: 小李，你自言自语地在说什么呀? 小李, 너 뭐라고 혼자서 중얼거리는 거야?

小李: 我这钥匙搁哪儿啦? 找了半天了，就是找不着。
내가 열쇠를 어디에 뒀지? 한참을 찾아도 못 찾겠네.

▷ '我这钥匙搁哪儿啦?' 는 '어디에 내 열쇠를 두었을까?' 라는 뜻을 나타냅니다.

杰伦: 你好好想一想，最后一次用钥匙是什么时候。
잘 생각해 봐. 마지막으로 언제 열쇠를 썼는데?

小李: 让我想想。早上我先去买菜，再去买点心，然后回公寓，按门铃你不在。……对，是我自己开的门，是我自己用钥匙开的门。
가만 보자. 아침에 먼저 장보러 갔다가, 또 간식을 사러 갔다가 아파트에 돌아와서는 초인종을 눌렀는데 너는 없었지. 맞다. 내가 직접 문을 열었는데, 내가 직접 열쇠로 문을 열었어.

杰伦: 你开了门以后，把钥匙搁哪儿了?　문을 열고서 열쇠를 어디에 놨어?

小李: 开了门，我急着要把东西放下，这大包小包的，累得我胳膊都要断了。东西还没来得及放下，电话铃响了，我去接电话。刚放下电话，你回来了。对了，钥匙准还挂在门锁上。
문을 열고 서둘러서 물건을 내려 놨지. 짐이 많아서 팔이 부러질 것 같았거든. 물건을 다 내려놓기도 전에 전화벨이 울려서 전화 받으러 갔어. 막 수화기를 내려놓으니까 네가 왔어. 맞다, 열쇠는 아직 자물쇠에 꽂혀 있을 거야.
▷ '这大包小包的' 는 '크고 작은 가방·봉투가 매우 많다' 라는 뜻을 나타냅니다.
▷ '累得我胳膊都要断了' 는 '我累得胳膊都要断了' 또는 '把我累得胳膊都要断了' 라고 쓸 수 있으며, '팔이 부러질 정도로 힘들다' 라는 뜻을 나타냅니다.

杰伦: 你去看看，还在不在?　가 봐. 아직 있니?

小李: 没在? 搁哪儿了呢?　없는데. 도대체 어디에 놓은 거야?

杰伦: 实话对你说了吧，我回来见门锁上挂着钥匙，就收起来了。
솔직히 말하자면, 내가 돌아와서 자물쇠에 열쇠가 꽂혀 있는 것을 보고 챙겨 놨어.
▷ '实话对你说' 는 '实话跟你说', '跟你说实话' 라고도 쓸 수 있으며, '사실을 말하자면' 이라는 뜻을 나타냅니다.

小李: 好你个小子，害得我找得好苦。　너 이 자식, 너 때문에 찾느라고 고생했잖아.
▷ '好你个…' 는 반어적으로 자주 쓰이며, 상대방에 대한 불만·책망의 뜻을 나타냅니다. 그러나 또한 나무라는 척하며 사실은 칭찬을 하는 경우에도 많이 쓰입니다.

 …起来

1 (1)　他刚唱完，大家就鼓起掌来了。　그가 막 노래를 마치자, 모두들 박수를 치기 시작했다.
2 (1)　我们应该团结起来。　우리는 반드시 뭉쳐야 한다.
　　(2)　大桥把长江两岸连接了起来。　대교가 양쯔강의 두 기슭을 연결시켰다.
　　(3)　他把东西藏起来了。　그는 물건을 숨겼다.
　　(4)　我们已经建立起来了一批大型工业生产基地。　우리는 이미 대형 공업 생산 기지를 건설했다.
3 (1)　他说起话来很慢。　그는 말을 할 때 매우 느리다.

 好你个

　　(1)　好你个姓王的，你这是拿我开心啊!　이 王가야. 너 나를 놀려 먹는구나.
　　(2)　好你个小子，主意还真多。　行，就照你说的办。
　　　　너 이 자식, 아이디어가 정말 많은데. 좋아, 네 말대로 하자.

 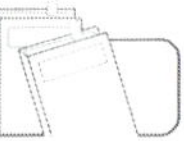

小李: 我已听说过一些关于你的故事，还能问你一些童年时候的事情吗?
이미 너에 대한 이야기를 들은 적이 있는데, 어린 시절 이야기를 물어봐도 될까?

喜宣：　可以。我喜欢回忆小时候的事情。　괜찮아. 나는 어린 시절의 일을 회상하는 것을 좋아해.

小李：　你出生在钢琴世家，是不是从小就开始弹钢琴了？
너는 피아노 명문가 출신인데, 어릴 때부터 피아노 연습을 시작했니?

喜宣：　记得我会走路以后，妈妈就常带我去钢琴音乐会，听大人弹钢琴。不过，我真正开始学钢琴，是在幼儿园。
내가 걷기 시작하자 어머니는 나를 피아노 음악회에 데려가서 어른들이 연주하는 것을 들려 주었던 것이 기억나.
그렇지만 내가 정말로 피아노를 배우기 시작한 것은 유치원 때야.

小李：　什么时候起，你决定把弹钢琴作为你的事业？
언제부터 피아노를 자신의 일로 삼겠다고 결심했어?

喜宣：　那是在我第一次获得冠军以后。　내가 처음으로 우승을 한 다음이었지.

小李：　你还记得自己第一次获得冠军时的情景吗？　처음 우승했을 때의 장면을 아직 기억하니?

喜宣：　当然记得。那时我读小学三年级，我们学校举行钢琴比赛。我弹得很努力，战胜了高年级的大同学，捧得了那只大奖杯。
당연히 기억하지. 그때 나는 초등학교 3학년이었어. 우리 학교에서 피아노 대회를 열었어. 나는 아주 열심히 피아노를 쳤고, 고학년 학생들을 이기고 우승컵을 안았어.
▷ '奖杯'는 명사로 '상배', '우승컵' 등의 뜻을 나타냅니다.

小李：　谁对你的生活道路影响最大？　네 삶에 가장 큰 영향을 준 사람은 누구니?

喜宣：　我的爸爸和老师。他们一直鼓励我，关心我，教我怎样对待成功和失败。至于钢琴技术方面，我妈妈给了我很多帮助。她是个有名的钢琴家。
아버지와 선생님이야. 그분들은 줄곧 나를 격려해 주고 관심을 가져 주셨어. 나에게 성공과 실패를 어떻게 대할지 가르쳐 주었어. 피아노 기술 쪽으로는 어머니가 많이 도와주셨어. 그녀는 유명한 피아니스트거든.

어법배우기

01 关于

1 (1)　关于这座白塔，相传有这样一个故事。　이 흰 탑에 관하여 이러한 이야기가 전해지고 있다.

(2)　关于校园的绿化问题，今天先谈这些，大家再考虑考虑。
교정의 녹화 문제에 관하여 오늘은 우선 이 정도로 이야기하죠. 모두 다시 생각해 보세요.

(3)　这本书里收集了许多关于海底动物的原始资料。
이 책에는 해저 동물에 관한 기초 자료들이 많이 수록되어 있다.

(2)　当时流传着不少关于他刻苦做诗的故事。
당시 그가 고생을 하며 시를 지은 이야기들이 적지 않게 전해지고 있었다.

2 (1)　关于（＝对于）举行汉语表演大赛的问题，同学们的看法不一致。
중국어 공연 대회를 하는 문제에 관하여 학우들의 견해가 일치하지 않는다.

(2)　关于织女星，民间有个美丽的传说。　직녀성에 관하여 민간에는 아름다운 전설이 있다.

(3)　对于文化遗产，我们必须进行研究分析。　문화 유산에 대하여 우리들은 반드시 연구 분석을 해야 한다.

02 …得

获得 / 捧得 / 记得 / 取得 / 值得
얻다 / 들다 / 기억하다 / 취득하다 / ～할 만한 가치가 있다.

03 至于

(1)　去是肯定要去的，至于什么时候去，以后再说吧。
가기는 분명히 가야 하는데, 언제 가느냐에 대해서는 나중에 다시 이야기하자.

(2)　今天我主要介绍些理论问题，至于应用上的问题，明天再谈。

오늘 나는 주로 몇 가지 이론 문제를 소개하겠다. 응용상에서의 문제는 내일 다시 이야기하자.

(3)　我只知道他已经回国了，至于什么时候回的国，我就不清楚了。

나는 그가 이미 귀국했다는 것만 안다. 언제 귀국했는지는 잘 모른다.

听力 Test

❶ 女：还是把钥匙给你吧。　너한테 열쇠를 주는 게 낫겠다.

　　男：我说怎么找不着呢，原来你给藏起来了。　어쩐지 못 찾겠더라. 알고 보니 네가 숨겼구나.

　　问：从这段对话里，我们知道什么？　이 대화에서 우리는 무엇을 알 수 있습니까?

　　정답 B

❷ 女：你怎么总自言自语啊？　너는 왜 늘 혼잣말을 하니?

　　男：我在背英语单词呢。　나는 영어 단어를 외우고 있어.

　　问：从这段对话里，我们知道什么？　이 대화에서 우리는 무엇을 알 수 있습니까?

　　정답 B

❸ 女：练钢琴很辛苦，我每天练得胳膊都疼。　피아노 연습은 너무 힘들어서 나는 연습할 때마다 어깨가 아파.

　　男：是啊，练完了得好好休息啊。　그렇구나. 연습 후에 휴식을 하도록 해.

　　问：女的练钢琴哪里疼？　여자는 피아노를 연습할 때 어디가 아픕니까?

　　정답 C

❹ 男：关于贯彻上级的指示要求，我们明天开个会学习一下。　상사의 지시 요구를 관철하는 것에 관해. 우리는 내일 회의를 열어서 공부할 거야.

　　女：知道了，我去通知其他人。　알아. 나는 다른 사람들에게 통지하러 갈게.

　　问：男的为什么要开会？　남자는 왜 회의를 엽니까?

　　정답 C

❺ 女：总经理，这件事情该怎么处理啊？　사장님. 이 일은 어떻게 처리할까요?

　　男：至于如何处理你定吧。　어떻게 처리할지는 자네가 정하게.

　　问：男的是什么意思？　남자의 말은 무슨 뜻입니까?

　　정답 C

❻ 女：你还记得今天是什么日子吗？　너 오늘이 무슨 날인지 기억하니?

　　男：你还是提示我一下吧。　네가 한번 제시해 줘 봐.

　　问：从这段对话里，我们知道什么？　이 대화에서 우리는 무엇을 알 수 있습니까?

　　정답 A

❼ 女：好你个小子，主意可真多！　너 이 녀석, 아이디어가 정말 많구나!

　　男：是吗，我不觉得啊。　그래? 난 그렇게 생각 안 하는데.

　　问：女的是什么意思？　여자의 말은 무슨 뜻입니까?

　　정답 C

❽ 男：咱们儿子这次英语考得不错啊。　우리 아들이 이번 영어 시험을 잘 봤대.

　　女：是啊，我们得好好鼓励他。　그래요. 우리 아이에게 격려를 많이 해 줘야겠어요.

　　问：女的是什么意思？　여자의 말은 무슨 뜻입니까?

　　정답 B

❾ 男：别泄气，失败乃成功之母。　낙담하지 마! 실패는 성공의 어머니잖아.

　　女：嗯，我知道了，谢谢！　응. 알았어. 고마워.

　　问：从这段对话里，我们知道什么？　이 대화에서 우리는 무엇을 알 수 있습니까?

　　정답 B

⑩ 男: 我们结婚30年了。 우리가 결혼한 지도 30년이나 됐네.

女: 是啊, 这30年里有很多值得我们回忆的事。
그러게요. 30년 세월 동안 우리가 회상할 만한 일들이 많이 있었죠.

问: 女的是什么意思? 여자의 말은 무슨 뜻입니까?

정답 A

阅读 Test 

해석 그녀는 어린 시절의 친구이다. 그녀에 대한 기억이 그다지 뚜렷하지는 않다. 우리는 호숫가에서 함께 사람들이 낚시하는 것을 보거나 빗속을 이리저리 뛰어다니며 놀았다. 그녀는 나에게 아주 잘해 주었는데, 내 생일에 항상 그림을 그려서 나에게 선물했던 기억이 난다. 우리는 한 번도 싸운 적이 없었다. 나중에 그녀는 다른 도시로 이사를 갔다. 처음에 나는 매우 속상해하며, 혼자서 우리가 함께 했던 시간을 회상하곤 했다. 나중에 새로운 친구를 사귀면서 그녀에 대한 기억은 점점 희미해졌다. 십 년 후 어느 날 그녀는 내 앞에 다시 나타났다. "날 잊었니?" 그녀는 바로 자기의 이름을 말했다. "너로구나, 어떻게 나를 찾아올 생각을 했니?" 말을 마치자마자 나는 말을 잘못 했다고 느꼈다. "나는 줄곧 너를 잊지 않았어. 아직 기억나? 어렸을 때 우리가 같이 나무에 오르다가 내가 떨어져서 네가 달래 줬잖아. 저녁에 골목이 칠흑처럼 어두워서 우리가 다 굉장히 무서웠을 때에도 너는 용감하게 나보다 앞서 걸어갔잖아. 너 기억해?" "그래, 맞아. 나, 나 기억해." 잊고 있었던 기억들이 다시 돌아와 따스하게 나의 온몸으로 흘러갔다. 내가 했던 일들은 나조차도 제대로 기억하지 못했는데, 그녀의 마음속에는 깊은 인상을 남겼다. 는 깊이 감동받았다.

❶ A　　❷ B　　❸ C　　❹ B

综合 Test

❶ __关于__ 中药, 我知道得很少。

❷ __对于__ 中药, 我很感兴趣。

❸ 我只是给你们介绍一下, __至于__ 具体问题, 你们自己商量吧, 我就不管了。

❹ __关于__ 这个问题, 我直接跟老王联系。

❺ __对于__ 这个问题, 我们一定要努力解决。

❻ 昨天老师讲的内容, 我实在想不__起来__了。

❼ 应该用什么办法来解决这个问题, 我实在想不__出来__。

❽ 他想办法把那些小船都连__起来__了。

❾ __记得我会走路以后__, 妈妈就常带我去钢琴音乐会, 听大人弹钢琴。

❿ __至于这种问题__, 我是茫然得很。

⓫ __关于校园的绿化问题__, 今天先谈这些, 大家再考虑考虑。

作文 Test

❶ 关于(＝对于)举行汉语表演大赛的问题, 同学们的看法不一致。

❷ 我们应该团结起来。

❸ 这本书里收集了许多关于海底动物的原始资料。

❹ 我只知道他已经回国了, 至于什么时候回的国, 我就不清楚了。

❺ 对于文化遗产, 我们必须进行研究分析。

❻ 我喜欢回忆小时候的事情。　　❼ 你还记得自己第一次获得冠军时的情景吗?

PART 14

能给我解释一下吗?

나에게 설명 좀 해 줄래?

학습 목표

1. 어떤 일의 이유나 배경을 설명할 때 자주 쓰는 표현을 익혀 봅니다.
2. '특히', '더욱' 등의 뜻을 나타내는 '尤其' 용법에 대해 알아봅니다.

기본문형

1 您能给我解释一下吗?　설명을 좀 해 주시겠어요?

您能告诉我是什么道理吗?　어떤 이치인지 알려 주시겠어요?

您能说明一下原因吗?　원인을 좀 설명해 주시겠어요?

2 为什么管这叫"一本通"呢?　왜 이것을 '원 패스'라고 부르나요?

为什么管丑女叫恐龙呢?　왜 추녀를 공룡이라고 부르나요?

为什么管他叫小猪呢?　왜 그를 새끼 돼지라고 부르나요?

3 那么, 是不是中国人都喜欢这样的大家庭呢?
그럼, 중국 사람들은 모두 이러한 대가족을 좋아합니까?

那么, 为什么管这叫"一本通"呢?　그럼, 왜 이것을 '원 패스'라고 부르나요?

那么, 你最近跟他究竟是怎么回事?　그럼, 너는 최근에 그와 도대체 어떻게 된 거니?

4 主要是兴趣爱好、生活方式不同。　주로 취미와 생활 방식이 다르기 때문이야.

主要是对环境不太适应。　주로 환경에 대해 적응을 못했기 때문이야.

主要是有个别人反对。　주로 일부 사람들이 반대하기 때문이야.

5 由于生产落后, 因此家庭是传统的生产单位。
생산이 낙후되었기 때문에 가정이 전통적인 생산 단위였다.

由于经济不景气, 失业人数在增加。　경제가 불경기이기 때문에 실업자의 수가 증가하고 있다.

由于工作不认真, 他被老板解雇了。　일을 열심히 하지 않았기 때문에, 그는 사장에게 해고됐다.

상황회화 1

美珍:　请问, 账户怎么开?　말 좀 물어보겠는데요. 계좌는 어떻게 개설하나요?

职员:　您带身份证了吗?　신분증 가져오셨습니까?

美珍:　我只带了居留证。　거류증만 가져왔는데요.

职员:　在中国境内, 居留证就是外国人的身份证。请问, 您要开活期账户还是定期账户?
중국 내에서는 거류증이 바로 외국인의 신분증입니다. 보통 예금 계좌를 만드실 건가요, 정기 예금 계좌를 만드실 건가요?

美珍:	您能给我解释一下它们的区别吗？ 두 계좌는 어떤 차이가 있는지 설명을 좀 해 주시겠어요?

职员: 活期账户可以随时取款，按活期利率计算利息。 定期账户按存期计息，定期取
款，定期最短为一个月。
보통 예금 계좌는 자유롭게 출금을 할 수 있고, 보통 예금의 금리에 따라 이자를 계산합니다. 정기 예금 계좌는 예
금 기간에 따라 이자를 계산하고, 기간을 정해서 출금하며, 기간은 최소한 1개월입니다.

美珍: 那我就开一个定期账户吧。 그럼 저는 정기 예금 계좌를 만들겠습니다.

职员: 好。 请填写这张"中行定期一本通"开户申请表。
알겠습니다. 이 '중국은행 정기 원 패스' 계좌의 개설 신청서를 작성해 주세요.
▷ '中行' 은 '中国银行' 을 줄여 쓴 것입니다.

美珍: 为什么管这叫"一本通"呢？ 왜 이것을 '원 패스' 라고 부르나요?

职员: 那是因为，第一，有了这一本存折，不管在中行的哪个网点，都可以存取；第
二，人民币、港元以及十种外币，无论是现钞还是现汇，都可以直接存入；第三，
国外的汇款，只要写明收款人姓名、账号和存期，都会及时入账。
그건 첫째, 통장 하나로 중국은행의 어느 지점에서든 입출금이 가능하고, 둘째, 위안화, 홍콩달러, 그리고 열 가지
외환을 현금이든 외환이든 상관없이 바로 입금할 수 있고, 셋째, 해외 송금도 수신인의 성명, 계좌 번호, 예금 기간
만 정확히 기입하면 즉시 입금이 가능하기 때문입니다.
▷ '存取' 는 '存入(입금하다)' 와 '取出(인출하다)' 를 합한 말로, '입출금' 이라는 뜻을 나타냅니다.

美珍: 谢谢你的介绍。 소개해 주셔서 감사합니다.

 어법배우기

 01 随时

(1) 应当随时表扬模范社员。 모범 사원을 수시로 표창해야 한다.
(2) 大家以后有什么法律问题都可以随时来问我。
다들 무슨 법률 문제가 있으면 아무 때나 나에게 물으러 와도 좋다.
(3) 你随时都可以来。 너는 언제든 와도 된다.
(4) 类似的悲剧随时都可能发生。 이와 같은 비극은 언제든 일어날 수 있다.

02 管…叫

(1) 这孩子长得胖，大家都管他叫小胖了。 이 아이는 뚱뚱해서 모두들 그를 뚱뚱이라고 부른다.
(2) 你们管这种东西叫什么？ 너희들은 이런 것을 뭐라고 부르니?

03 以及

(1) 本店经营电视机，收录机，以及有关零件。 이 가게는 텔레비전, 라디오 카세트, 그리고 관련 부품을 취급한다.
(2) 问题是怎么产生的，以及应该怎么解决，需要好好调查研究。
문제가 어떻게 생긴 것인지, 그리고 어떻게 해결해야 할지 잘 조사 연구해야 한다.

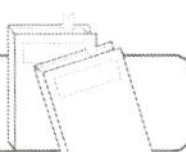 상황회화 2

美珍: 最近我在看老舍的长篇小说《四世同堂》。 是不是中国人都喜欢"三代同堂"、
"四世同堂"这样的大家庭？
요즘 나는 老舍의 장편 소설《四世同堂》을 읽고 있어. 중국인은 모두 '삼대가 한 집에' 또는 '사대가 한 집에' 사
는 대가족을 좋아하니?

小李: 半个多世纪以来，这样的大家庭越来越少了。 尤其是在大中城市，两代同堂的

家庭都在慢慢减少。　반세기 넘는 동안 그런 대가족은 점점 줄어들었어. 특히 대도시나 중소 도시에서는 이대가 함께 사는 가정도 점점 줄어들고 있어.

美珍:　那么, 你认为理想的家庭是什么样的?
그럼, 너는 이상적인 가정은 어떤 것이라고 생각해?

小李:　那还用说, 当然是三口之家了。　그거야 말할 필요 없이 당연히 세 식구로 이뤄진 가족이지.
▷ '三口之家' 는 부모와 아이 한 명으로 구성된 가정을 가리킵니다.

美珍:　为什么不同年龄段的人不喜欢住在一起?
왜 다른 연령대의 사람들은 같이 사는 것을 좋아하지 않지?

小李:　依我看, 主要是兴趣爱好、生活方式等不同。　就拿看电视来说, 年轻人喜欢的, 老年人不一定喜欢；反过来也一样。
내 생각에는, 주로 흥미나 취미, 생활 방식 등이 다르기 때문이야. 텔레비전만 보더라도, 젊은이들이 좋아하는 것을 노인들이 꼭 좋아하는 건 아니야. 그 반대의 경우도 마찬가지이지.
▷ '依我看' 은 자신의 의견을 말할 때 씁니다.

美珍:　那为什么以前人们觉得几代同堂的大家庭不错呢?
그러면 왜 예전에는 몇 대가 같이 사는 대가족이 좋다고 생각했을까?

小李:　那时, 由于生产落后, 工业经济不发达, 家庭是传统的生产单位。　有的家庭世世代代都从事同样的职业, 也就有了多子多福, 家大业大的想法。
그때에는 생산이 낙후되고 공업 경제가 발달하지 않았기 때문에 가정이 전통적인 생산 단위였어. 대대로 같은 직업에 종사하는 집도 있었기 때문에, 자식은 많을수록 좋고 집안이 클수록 사업도 번창한다는 생각을 갖고 있었지.
▷ '多子多福' 는 '자식이 많으면 행복하다' 라는 뜻을 나타냅니다.

美珍:　看来, 家庭由大变小是一种进步。　그렇게 보니, 가정이 작아진 것은 일종의 진보구나.

小李:　可是, 任何事情都有两面性。随着老龄人口的增加, 养老问题变得越来越突出。这可是一个不小的社会问题。　그렇지만 모든 일은 두 가지 면을 갖고 있어. 노인 인구가 늘어남에 따라 노인 부양 문제가 점점 심각해지고 있어. 정말 사회의 큰 문제라고.

 **어법배우기**

01 尤其

(1) 多喝酒对身体不好, 尤其影响心脏。　술을 많이 마시면 몸에 좋지 않다. 특히 심장에 영향을 준다.
(2) 大家的意见, 尤其是老张的意见, 对我帮助很大。
모두의 의견, 특히 老张의 의견은 나에게 큰 도움이 되었다.
(3) 那里的风沙很大, 尤其是在春天。　그곳은 특히 봄에 모래 바람이 심하게 분다.

02 依

(1) 依次前进。　순서에 따라 앞으로 나아가다.
(2) 依我看, 这样办可以。　내가 보기에는 이렇게 하면 될 것 같다.
(3) 依当时的情况, 只能采取紧急措施。　당시의 상황에 따르면 긴급 조치를 취할 수밖에 없었다.

03 由于

(1) 由于工作关系, 我跟他曾经有过联系。　일 때문에 나는 그와 연락한 적이 있다.
(2) 由于事情本身比较复杂, 又由于观点各不相同, 因而意见不完全一致。
일 자체가 비교적 복잡하고 관점이 각자 다르기 때문에 의견이 완전히 일치하지는 않는다.
(3) 由于工作出色, 他当上了劳动模范。　일에서 두각을 나타냈기 때문에 그는 모범 노동자가 되었다.

04 随着

(1) 随着年龄的增长, 性格也会发生变化。 나이가 많아짐에 따라 성격도 변하게 된다.

(2) 随着经济的发展, 人民的生活水平在不断提高。
경제 발전에 따라 국민의 생활 수준도 끊임없이 향상되고 있다.

(3) 人的观念、想法, 是随着时代的变化而变化的。 사람의 관념이나 생각은 시대의 변화에 따라 변화한다.

听力 Test

❶ 男: 你好, 我想开个活期账户, 利息是多少啊?
안녕하세요. 보통 예금을 개설하고 싶습니다. 이자가 얼마나 되나요?

女: 好的, 现在的利率是11.5。 네, 현재 이율은 11.5%입니다.

问: 男的在做什么? 남자는 무엇을 하고 있습니까?
정답 B

❷ 女: 这菜太难吃了, 叫我怎么吃得下啊? 이 요리는 너무 맛이 없는데 어떻게 나보고 먹으라는 거니?

男: 什么难吃不难吃的, 你也太娇气了。 맛없기는 뭐가 맛없어. 너는 너무 까다로워.

问: 这段对话可能发生在哪里? 이 대화는 어디에서 일어난 것입니까?
정답 A

❸ 男: 现在全国私家车的数量增长太快了。 현재 전국의 자가용 수는 매우 빠르게 증가하고 있다.

女: 是啊, 尤其是大中城市。 응. 특히 대도시와 중소 도시가 그래.

问: 女的是什么意思? 여자의 말은 무슨 뜻입니까?
정답 B

❹ 男: 你看这事儿怎么办? 네 생각에 이 일을 어떻게 하면 좋겠니?

女: 依我看, 这事儿应该这样办。 내가 볼 때, 이 일은 이렇게 하는 게 좋겠어.

问: 女的是什么意思? 여자의 말은 무슨 뜻입니까?
정답 A

❺ 男: 随着年龄增长, 身体一天不如一天了。 나이가 많아짐에 따라 몸도 하루하루 틀린 것 같아.

女: 不见得吧。 반드시 그렇지는 않아.

问: 女的是什么意思? 여자의 말은 무슨 뜻입니까?
정답 B

❻ 男: 带好随身物品, 我们随时准备出发。 소지품을 잘 챙겨. 우리는 아무 때나 출발할 거야.

女: 好的, 一定准备好。 좋아, 반드시 준비할게.

问: 他们什么时候出发? 그들은 언제 출발합니까?
정답 C

❼ 男: 父母年龄大了, 脑子也糊涂了。 부모님의 연세가 많으셔서, 사고력이 흐릿하시다.

女: 可不是嘛, 有一次我妈妈管冰箱叫洗衣机, 逗死我了。
그러게 말이야. 한번은 엄마가 냉장고를 세탁기라고 해서 웃겨 죽는 줄 알았어.

问: 女的妈妈怎么了? 여자의 엄마는 어떻습니까?
정답 A

❽ 男: 周边这些国家, 像韩国、泰国以及新加坡我都没去过。
한국, 태국, 싱가포르 같은 주변국을 나는 간 적이 없다.

女: 是吗? 这几个国家都值得去看看。 정말? 몇몇 국가들은 가 볼 만해.

问: 男的是什么意思? 남자의 말은 무슨 뜻입니까?
정답 B

❾ 男: 今年你表现突出, 特此奖励。 당신은 올해 뛰어나서 이렇게 표창을 합니다.

女: 谢谢, 我会继续努力工作的。 고맙습니다. 계속 열심히 일하겠습니다.

问: 女的为什么得到奖励? 여자는 왜 표창을 받습니까?

⑩ 女: 40岁以后，我每年定期去医院做体检。 40세 이후, 나는 매년 정기 검진을 받으러 병원에 갑니다.

　男: 太有必要了，尤其是我们这些中年人，更应该关注身体健康。
　매우 필요한 것입니다. 특히 우리 같은 중년층은 더욱더 건강에 주의해야 합니다.

　问: 从这段对话里，我们知道什么？ 이 대화에서 무엇을 알 수 있습니까?

阅读 Test

해석 내 친구 하나가 나에게 , 한동안 자기 나라의 전자 제품 가게에 도청기를 사러 오는 중년 여성이 갑자기 증가했었다고 이야기했다. 한 어머니는 "아이의 가방 안에 도청기를 달면 아이가 학교 끝나고 집에 오는 길에 괴롭힘을 당하지는 않는지, 위험한 일을 겪지는 않는지, 또 무슨 나쁜 일은 하지 않는지 바로바로 알 수 있다."라고 설명했다. 이러한 행동은 이치에 맞지 않는 것 같다. 사실, 어머니들도 이렇게 하고 싶지 않아한다. 그들이 이 방법을 쓰는 이유는 청소년 범죄 사건이 끊임없이 발생하기 때문이다. 치열한 진학 경쟁, 적절치 못한 교육 방식 등으로 인해 일부 학생들은 공부에 흥미를 잃었으며, 마약, 절도 등의 관련된 범죄의 길에 빠지는 경우도 있다. 바로 이러한 사회적 배경 하에서 어머니들은 어쩔 수 없이 도청기에 의지하고 있다.

❶ 中年妇女。 为了及时了解孩子放学回家路上发生的事情。

❷ 激烈的升学竞争、不恰当的教育方式等，使一些学生对学习失去了兴趣。

❸ 增加了。 基本上和文章里说的原因差不多。 另外，社会竞争激烈，父母工作繁忙，缺少对子女的关心，也是重要的原因之一。

综合 Test

❶ 幸亏消防队　及时　赶来救火，否则不知道会烧成什么样子呢。

❷ 他每天都　按时　上下班，从不迟到早退。

❸ 如果有什么特殊情况，可　随时　跟我联系。

❹ 他每天八点开始读外语，非常　准时　。

❺ 　由于　父亲常去跳舞，所以家里常闹矛盾，很不和睦。

❻ 　随着　时代的不同，风俗也不同了。

❼ 　由于　坚持了体育锻炼，他的体越来越结实了。

❽ 　尤其　是城市人口密度更大。

❾ 我们这儿　管这种小吃叫"煎饼"　。

❿ 电影、戏剧、舞蹈，我都喜爱，　尤其是电影　。

⓫ 　随着人民生活水平的提高　，市场在不断扩大。

作文 Test

❶ 依我看，这样办可以。　　❷ 你们管这种东西叫什么？

❸ 大家的意见，尤其是老张的意见，对我帮助很大。

❹ 由于工作关系，我跟他曾经有过联系。　❺ 随着年龄的增长，性格也会发生变化。

❻ 大家以后有什么法律问题都可以随时来问我。

❼ 本店经营电视机、收录机，以及有关零件。

PART 15

我们要告诫每一个人。

우리는 모두에게 경고해야 한다.

학습 목표

1. 경고할 때 쓰는 표현을 익혀 봅니다.
2. 비교와 선택을 나타내는 '与其…不如…' 용법에 대해 알아봅니다 .

기본문형

[1] 我们要**告诫**每一个人。　우리는 모든 사람에게 훈계해야 한다.

我们要**警告**每一个人。　우리는 모든 사람에게 경고해야 한다.

我们要**提醒**每一个人。。　우리는 모든 사람에게 주의를 줘야 한다.

[2] **要知道**，这是一项艰难的工作。　이것은 어려운 일이라는 것을 알아야 한다.

别忘了，这是一项艰难的工作。　이것은 어려운 일이라는 것을 잊지 마라.

要注意，这是一项艰难的工作。　이것은 어려운 일이라는 것을 주의해라.

[3] 小心别**让女烟民听见了**。　여성 흡연자가 듣지 않도록 조심하세요.

小心别**撞上人**。　사람과 부딪치지 않도록 조심하세요.

小心别**乱说**。　함부로 말하지 않도록 조심하세요.

[4] 为了**健康**，你还是**把烟戒了吧**。　건강을 위해서 담배를 끊어라.

为了**班级**，你还是**参加吧**。　반을 위해서 참석해라.

为了**将来**，你还是**考虑一下吧**。　장래를 위해서 한번 고려해 봐라.

[5] 你**这种说法是一种性别歧视**。　네 이런 말은 일종의 성 차별이야.

你**这就想错了**。　너의 이런 생각은 틀렸다.

你**可不能这么说**。　너 이렇게 말하지 마!

你**这种做法是危险的**。　너의 이런 방법은 위험하다.

상황회화 1

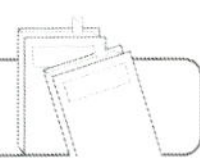

美珍: 听说，最近国内几个大卷烟厂准备生产女士香烟。我觉得，这样会使越来越多
的女性抽上香烟。

듣자 하니, 최근 국내 몇 군데 큰 담배회사가 여성용 담배를 출시하려고 한다더라. 나는 이렇게 되면 점점 더 많은 여성들이 담배를 피우게 될 것이라고 생각해.

小李: 你这种说法，小心别让女烟民听见了。 她们会问你，为什么女性就不能抽烟？她们还会说，这是一种性别歧视。

네 그런 말, 여성 흡연자들이 듣지 않게 조심해. 그들은 너에게 왜 여자들은 담배를 피우면 안 되느냐고 물을 거야. 또 그들은 그것이 일종의 성 차별이라고 할 거야.

▷ '歧视' 는 명사·동사로 '경시(하다)', '차별 대우(하다)' 등의 뜻을 나타냅니다.

美珍: 那么，我补充说明一下，不管男性还是女性，都别抽烟，尤其是怀孕的妇女，更不要接触香烟，以免影响下一代的健康。 男人在妻子或孩子面前抽烟，是对家庭环境的一种污染。

그럼, 내가 보충 설명을 좀 하지. 남자든 여자든 모두 담배를 피우면 안 돼. 특히 임신한 여성은 아이의 건강에 영향을 주지 않도록 더욱더 담배와 접촉하면 안 된다고. 남자가 아내나 아이 앞에서 담배를 피우는것은 가정 환경에 대한 일종의 오염이야.

小李: 这道理我想大家都懂。 可是现在，无论是男的还是女的，年轻的还是年老的都在抽。 有需要，就有市场。 与其让外国产品占领市场，还不如让国内厂家获得利润。 你听说过没有？卷烟每年为国家创造大量的税收。

그 이치는 모두 다 알 거야. 그렇지만 지금은 남자든 여자든, 아이든 어른이든 모두들 피우고 있어. 수요가 있으면 시장이 생기지. 외국 제품이 시장을 점령하게 두느니 차라리 국내 회사들이 이윤을 얻게 하는 것이 나아. 너 들어 봤어? 담배는 매년 국가에 많은 세수를 가져다 준다고.

▷ '有需要，就有市场' 는 '수요가 있기만 하면 시장이 있다' 라는 뜻을 나타냅니다.

美珍: 可你了解不了解，国家为治疗因抽烟引起的疾病投入了大量财力，据说还大大高于烟草税收。 你是个老烟民，我劝你还是把烟戒了。

그렇지만 너는 국가가 담배로 인한 질병을 치료하기 위해 대량의 자금을 쏟아 넣고 있다는 것을 아니? 들리는말에 의하면, 이것이 담배로 얻은 세수보다 훨씬 더 많대. 너 오랫동안 담배를 피웠지? 나는 너에게 담배 끊으라고 권하고 싶어.

▷ '为治疗因抽烟引起的疾病' 은 동사 '投入' 의 부사어이며, 그 중 '治疗因抽烟引起的疾病' 은 개사 '为' 의 목적어이다. '为治疗因抽烟引起的疾病' 에서 '因抽烟引起的疾病' 은 동사 '治疗' 의 목적어이며, '因抽烟引起的' 는 '疾病' 의 한정어이다.

小李: 谢谢你的忠告。 为了我的健康，我一定戒烟。

충고 고마워. 나의 건강을 위해, 꼭 담배 끊을 거야.

어법배우기

01 …民

农民 / 渔民 / 牧民 / 股民 / 烟民 / 网民
농민 / 어민 / 목축민 / 주식 투자자 / 흡연자 / 네티즌

02 与其…不如…

(1) 天气这么好，与其呆在家里，不如出去走走。
날씨가 이렇게 좋은데, 집에 처박혀 있느니 나가서 좀 돌아다니는 것이 낫다.

(2) 与其你去，还不如我去。 네가 가느니 내가 가는 것이 낫다.

03 大大

(1) 新技术大大提高了生产效率。 신기술이 생산 효율을 크게 향상시켰다.

(2) 今年的棉花产量大大超过了去年。　올해 면화 생산량은 작년을 크게 상회했다.

(3) 现在韩国的国际地位大大地提高了。　오늘날 한국의 국제적 지위는 크게 높아졌다.

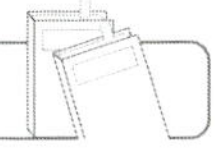

상황회화 2

米切尔: 现在，日历上又多了一个"世界水日"。　지금 달력에 '세계 물의 날'이 하나 더 늘었네.

杰伦: 是啊，联合国把每年的3月22日定为"世界水日"，为的是引起大家对水资源的重视。　그래. UN은 매년 3월 22일을 '세계 물의 날'로 지정했는데, 사람들의 수자원에 대한 관심을 끌어내기 위한 것이야.

美珍: 水和地球上的任何资源一样，都是有限的。听说有的地方常年缺水，以致严重影响生活和生产。你们北京的情况怎么样？　물은 지구상의 모든 자원과 마찬가지로 유한한 거야. 듣자 하니, 어떤 지방은 일 년 내내 물이 부족해서 생활과 생산에 심각한 영향을 준다더라. 너희 베이징의 상황은 어때?

杰伦: 虽然北京有几十条河流，但是水的质量比较糟糕。水厂的取水口一次次搬迁，就很说明问题。　베이징에는 몇십 개의 하천이 있지만 수질이 비교적 나빠. 취수장의 취수구도 몇 번이나 옮겨지는 것을 보면 문제가 심각한 것을 알 수 있지.

▷ '搬迁'는 동사로 '이전하다', '이사하다' 등의 뜻을 나타냅니다.

美珍: 倒也是，北京的水污染严重。就像专家警告的那样，已到了非治理不可的时候了。　맞아. 베이징의 수질 오염은 심각해. 전문가가 경고한 대로 이제 관리하지 않으면 안 될 상황이 되었어.

杰伦: 市政府很重视治理、改善北京水环境的问题，并已采取了许多措施。但是，要知道，这是一项艰难的工程。　시 정부는 베이징의 물 환경 문제를 관리하고 개선하는 것을 매우 중시하고 이미 많은 조치를 취했어. 그렇지만 이것은 어려운 공정임을 알아야 해.

▷ '要知道'는 상대방이 어떤 사실이나 이치를 반드시 알아야 함을 일깨워 주는 말입니다.

米美珍: 我们面临的，不只是水的问题，而是我们生存的整个环境。现在很难在地球上找到一片不受污染的土地了。　우리가 직면한 것은 물 문제만이 아니고 우리가 살고 있는 전체 환경 문제야. 지금은 지구상에서 오염되지 않은 땅을 찾는 것이 매우 어려워졌어.

杰伦: 所以，我们要告诫每一个人：不要让人类的家园——地球，毁在我们自己的手里。　그러니까 우리는 모든 사람에게 경고해야 해. '인류의 보금자리인 지구가 우리의 손 안에서 망가지도록 하지 말자.'라고.

 **어법배우기**

 **01　为的是**

(1) 他六点就起床，为的是去医院看朋友。　그는 병원에 가서 친구를 만나기 위해 여섯 시에 일어났다.

(2) 她早起晚睡，为的是学好汉语。　그녀는 중국어를 마스터하기 위해 아침 일찍 일어나 밤늦게 잔다.

02　以致

(1) 他的腿受了重伤，以致几个月都起不来床。　그는 다리에 중상을 입어 몇 달 동안 자리에서 일어나지 못했다.

(2)　他过去不认真学英语，以致二十六个字母都认不全。
그는 과거에 열심히 영어를 공부하지 않아서 알파벳 26개를 다 알지 못한다.

03　要知道

(1)　你必须依靠大家。　要知道，这事一个人是办不成的。
너는 반드시 모두에게 의지해야 해. 이 일은 혼자서는 할 수 없다는 것을 알아야지.

(2)　要知道，不看电视，你就不明白当今的社会热点，与朋友交谈起来就插不上嘴。
텔레비전을 보지 않으면 지금 사회의 핫이슈를 잘 몰라서 친구와 대화할 때 입을 닫고 있어야 한다는 것을 알아야 한다.

(3)　要知道，在这些场所消费很高，一瓶啤酒至少10元以上。
이런 곳은 소비 수준이 높아서 맥주가 한 병에 적어도 10원은 한다는 것을 알아야 한다.

听力 Test

❶　男：喂，你好，我想8号晚上7点，订一个6到8个人的房间。
여보세요! 안녕하세요. 8일 저녁 7시에 6~8명 룸을 예약하고 싶습니다.

　　女：好的，8号晚上7点。　我们给您留到7点半。
알겠습니다. 8일 저녁 7시로 예약되셨습니다. 7시 30분까지만 룸을 남겨 두겠습니다.

　　问：男的最晚几点应该到达饭店？　남자는 늦어도 저녁 몇 시까지 식당에 도착해야 합니까?
　　　　정답 **B**

❷　女：小王，我想买个笔记本电脑，你帮我参谋一下。
小王, 나 노트북 사려고 하는데, 조언 좀 해 줄래?

　　男：在我看来，与其买笔记本电脑，不如买台式的。
내 생각에, 노트북을 사는 것보다 데스크톱 컴퓨터를 사는 편이 나을 거야.

　　问：男的是什么意思？　남자의 말은 무슨 뜻입니까?
　　　　정답 **A**

❸　男：小姐，这种短袖衬衫有白色的吗？　아가씨, 이 반팔 셔츠 흰색 있습니까?
　　女：不好意思，只剩下黑的了，您要吗？　죄송한데요. 검정색만 남아 있습니다. 사시겠어요?
　　男：黑的就算了。　검정색은 됐어요.
　　问：男的是什么意思？　남자의 말은 무슨 뜻입니까?
　　　　정답 **B**

❹　男：这种新型卷烟的烟嘴设计很特别，大大减少了有害物质的吸入。
이 신형 담배의 필터는 매우 특별하게 설계되어서 유해 물질 흡입이 감소된대.

　　女：什么减少不减少的，吸烟就是有害健康。　감소는 무슨 감소. 흡연은 건강을 해치는 건데
　　问：从这段对话里，我们知道什么？　이 대화에서 우리는 무엇을 알 수 있습니까?
　　　　정답 **B**

❺　男：按照公司规定，在试用期内每个月2500元。
회사의 규정에 의거해. 수습 기간 동안은 매월 2500위안을 받는다.

　　女：过了试用期呢？　수습 기간이 지나면요?
　　男：工资涨到3000元，外加500元的津帖。
월급은 3000위안으로 오르고. 500위안의 수당이 플러스돼.

　　问：试用期后工资是多少？　수습 기간 후의 월급은 얼마입니까?
　　　　정답 **B**

❻ 男: 那家大公司正在招聘，你为什么不去试试？
그 대기업에서 직원을 뽑고 있는데, 넌 왜 안 갔어?

女: 如果我有研究生学历的话，早就去了。 만약 내가 석사 학력이 있었다면, 벌써 갔지.

问: 女的为什么不去应聘？ 여자는 왜 모집에 응하지 않았습니까?

정답 A

❼ 男: 国产手机又便宜又耐用，你为什么一定要买进口的呢？
국산 핸드폰도 싸고 오래가는데, 너는 왜 수입만 사니?

女: 要知道，国产手机是不错，但不如进口的那样美观。
국산 핸드폰이 좋기는 하지만, 수입이 훨씬 디자인이 예쁘다는 걸 알아야지.

问: 女的为什么不买国产手机？ 여자는 왜 국산 핸드폰을 사지 않습니까?

정답 A

❽ 男: 工业污染引起了严重的环境问题，以致于全球气候都受到了影响。
공업 오염은 심각한 환경 문제를 일으켰고, 지구 기후에 영향을 주었다.

女: 有效的治理措施再不出台，地球就要毁在我们手里了。
효과적인 관리 조치가 나오지 않으면, 지구는 우리 손에 파괴될 거야.

问: 女的是什么意思？ 여자의 말은 무슨 뜻입니까?

정답 A

❾ 女: 你怎么总是第一个下班啊？你的工作都做完了吗？
너는 왜 항상 제일 먼저 퇴근하니? 너 일 다 끝낸 거니?

男: 还没做完，不过我之所以早点回家，为的是好好休息，这样第二天才能更好的工作。
아직 안 끝났어요. 하지만 제가 일찍 귀가하는 것은, 푹 쉬기 위해서예요. 그래야 다음날 더 잘 일할 수 있으니까요.

问: 男的急着下班的理由是什么？ 남자가 퇴근을 서두르는 이유는 무엇입니까?

정답 A

❿ 女: 你常年这样加班，有时甚至要熬夜，总应该为自己的身体着想一下啊？
너는 일 년 내내 이렇게 야근하고, 어떤 때는 심지어 밤샘까지 하는데, 너의 건강을 생각해야지!

男: 我的妻子怀孕了，为了孩子我更要努力工作。
아내가 임신을 해서, 나는 아이를 위해 열심히 일해야 해.

问: 从这段对话里，我们知道什么？ 이 대화에서 우리는 무엇을 알 수 있습니까?

정답 A

阅读 Test

해석 한 세계적으로 유명한 언어학자가 1998년에 , 만약 각국 정부가 효과적인 보호 조치를 취하지 않는다면 전 세계의 약 3000여 종의 언어가 멸종 위기에 처할 것이라고 경고했다. 그는 현재 지구상의 50억 인구가 매일 쓰는 언어는 6000여 종에 이르지만, 국제적으로 통용되는 언어의 영향으로 인해 소수 민족의 젊은 세대는 자기 민족 언어를 쓰는 것에 대해 점차 흥미를 잃어 가고, 이로 인해 이 6000여 종의 언어 중 약 반이 멸종 위기에 처했다고 지적했다. 그는 또한, 특히 오스트레일리아, 멕시코, 아프리카, 남아메리카의 일부 국가 등과 같이 원주민의 인구 밀도가 비교적 높은 국가에서 소수 민족의 언어가 멸종할 위험이 더욱 크다고 말했다. 그는 이러한 현상은 제 3세계 국가에만 존재하는 것이 아니며, 유럽에도 150종의 언어가 '생사존망' 의 위기에 처했다고 생각하고 있다.

❶ (○)　　❷ (○)　　❸ (×)　　❹ (×)

❶ 我们应该　面对　现实。

❷ 他在领导　面前　表现得很积极。

❸ 大礼堂　前面 / 对面　是教学大楼。

❹ 我们正　面临　着极大的困难。

❺ 商店在马路　对面　。

❻ A：咱们去打球吧。

　　B：打球有什么意思，　与其去打球，不如在家看电视　。

❼ 他花这么多时间做市场调查，　为的是准备开发一种新产品　。

❽ 下了一场大雪，　以致所有的火车都停开了　。

❾ 　与其让外国产品占领市场　，还不如让国内厂家获得利润。

作文 Test

❶ 新技术大大提高了生产效率。

❷ 与其你去，还不如我去。

❸ 她早起晚睡，为的是学好汉语。

❹ 他的腿受了重伤，以致几个月都起不来床。

❺ 要知道，不看电视，你就不明白当今的社会热点，与朋友交谈起来就插不上嘴。

❻ 为了我的健康，我一定戒烟。

❼ 他过去不认真学英语，以致二十六个字母都认不全。

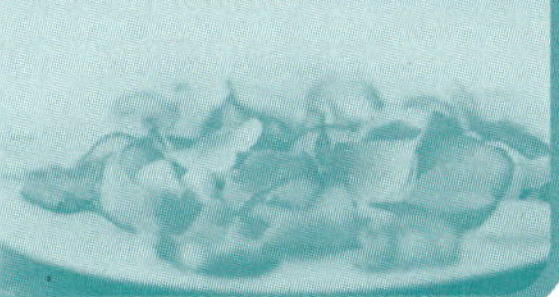

PART 16

太不应该了。

정말 그래서는 안 돼.

학습 목표

1. 의무나 당위를 나타내는 표현을 익혀 봅니다.
2. 부사 '明明'·'偏'·'白' 의 용법에 대해 알아봅니다.

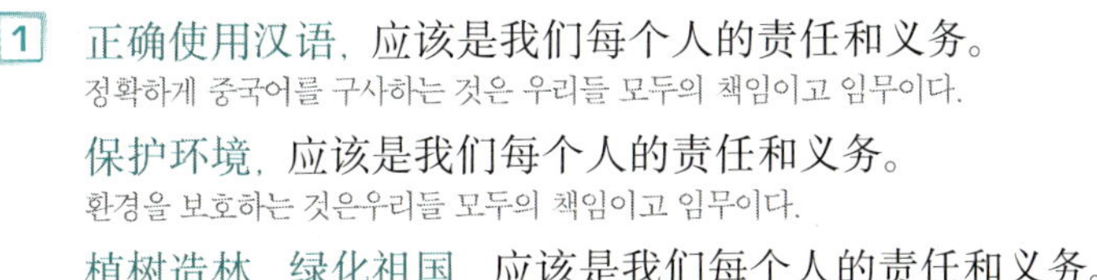

기본문형

1 正确使用汉语，应该是我们每个人的责任和义务。
정확하게 중국어를 구사하는 것은 우리들 모두의 책임이고 임무이다.

保护环境，应该是我们每个人的责任和义务。
환경을 보호하는 것은 우리들 모두의 책임이고 임무이다.

植树造林，绿化祖国，应该是我们每个人的责任和义务。
나무를 심고, 조국을 푸르게 하는 것은 우리들 모두의 책임이고 의무이다.

2 我应该尽到我的一点义务。　나는 작게나마 내 의무를 다해야 한다.
我应该尽到我的一点责任。　나는 작게나마 내 책임을 다해야 한다.
我应该尽到我的一点力量。　나는 작게나마 내 능력을 다해야 한다.

3 他们胡乱使用汉语，这太不应该了。
그들은 이렇게 중국어를 아무렇게나 사용하는데, 정말 그래서는 안 된다.

他不肯给老人让座，这太不应该了。
그는 노인에게 자리를 양보하지 않는데, 정말 그래서는 안 된다.

他们大量浪费资原，这太不应该了。
그들은 대량의 자원을 낭비하는데, 정말 그래서는 안 된다.

4 这应该从民族文化方面来考虑。　이것은 민족 문화 방면에서 고려해야 한다.
这应该从发展前途来考虑。　이것은 발전 전망을 고려해야 한다.
这应该从各国的实际情况来考虑。　이것은 각국의 실제 상황을 고려해야 한다.

5 尽管累得不行，但大家觉得很有意义。　아주 피곤했지만, 모두들 아주 의미 있다고 생각했다.

尽管我们在同一单位工作，然而却很少见面说话。
우리들이 같은 직장에서 일하고 있으나, 거의 만나서 이야기하지 못한다.

尽管他整天忙碌地工作，然而工资收入却十分少。
그는 하루 종일 바쁘게 일하지만, 월급은 무척 적다.

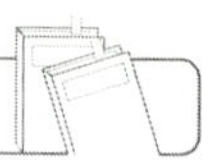

美珍: 老师，我常常在报刊上看到"因特网"、"国际互联网"这两个词，是不是都是指"INTERNET"？

선생님, 저는 신문에서 '因特网', '国际互联网'이라는 두 단어를 자주 보는데요, 모두 'INTERNET'을 가리키는 것인가요?

吴教授: 对，这两个词是一回事。一个外来词有多种译法，可以举出不少例子。拿"LASER"来说，就有"激光"、"镭射"两种译法。

맞아. 이 두 단어는 같은 것이야. 외래어를 여러 가지로 번역할 수 있는데, 여러 예를 들 수 있지. 'LASER'를 보자면 '激光', '镭射' 두 가지로 번역이 된단다.

▷ '一回事'는 두 가지 사물의 성질이 같으며, 근본적인 차이가 없음을 나타냅니다. '一码事'라고도 합니다.

美珍: 那能不能像"CD"、"VCD"、"DVD"一样，干脆直接使用外语词呢？

그러면 'CD', 'VCD', 'DVD'처럼 아예 직접 외국어를 쓰면 안 되나요？

▷ '干脆'는 부사로 '깨끗하게', '차라리', '시원스럽게' 등의 뜻을 나타냅니다.

吴教授: 这应该从语言的发展规律、人们的使用习惯、民族文化等方面来考虑。有的词，像"卡拉OK"，就收入了《现代汉语词典》。

그것은 언어의 발전 규칙, 사람들의 사용 습관, 민족 문화 등의 측면에서 고려해야 해. '卡拉OK' 같은 일부 단어는 《현대한어사전》에도 수록되었어.

美珍: 但有些广告中使用的词，像"日本料理"中的"料理"，"服装秀"中的"秀"，词典里就根本找不到。

그렇지만 일부 광고에서 사용하는 '日本料理'의 '料理'나 '服装秀'의 '秀' 같은 단어는 사전에서는 전혀 찾을 수 없어요.

吴教授: 其实，不就是"日本菜"、"时装表演"吗？明明是汉语里有的词语，可有些商家为了吸引顾客，偏要胡乱拼凑。这太不应该了。结果是，外国人看不懂，中国人也不明白。

이것은 사실 '日本菜', '时装表演'이잖아? 분명히 중국어에 있는 단어인데 어떤 장사치들은 고객을 끌어들이려고 일부러 마구 단어를 만들어 가져다 쓰지. 결과적으로 외국인도 모르고 중국인도 모르게 되었어.

美珍: 以后我们在学习和使用汉语时要多留点儿神了。

앞으로 우리가 중국어를 배우고 사용할 때 더 주의해야겠어요.

吴教授: 对，正确使用汉语，也是每个外国留学生应该努力的方向。

맞아. 정확하게 중국어를 구사하는 것 역시 모든 유학생들이 노력해야 할 방향이지.

 어법배우기

01 一回事

(1) 西红柿就是番茄，番茄就是西红柿，一回事嘛。
'西红柿'가 '番茄'이고, '番茄'가 '西红柿'다. 똑같은 말이야.

(2) 他们俩说的是一回事。 그들 두 사람이 말하는 것은 같은 얘기다.

 02 明明

(1) 他明明知道得很清楚，却假装不知道。 그는 분명히 잘 알고 있는데 모르는 척한다.

(2) **他明明说过这句话，怎么能不承认呢？**
그는 분명히 이 말을 했었는데, 어떻게 인정하지 않을 수 있지?

(3) **明明屋里很干净，他还嫌脏。**
분명히 방은 아주 깨끗한데, 그는 여전히 더럽다고 한다.

(4) **哪里是小陈，明明是小王。** 어디 小陈이야? 분명히 小王인데.

03 偏

1 (1) **不叫他去，他偏要去。**
그에게 가라고 하지 않았는데 그는 굳이 가겠다고 한다.

(2) **你爱做的事，偏不给你做；你不爱做的，偏给你做。**
네가 좋아하는 일은 일부러 시키지 않고, 싫어하는 일은 일부러 시킨다.

2 (1) **我找过你好多次，你偏偏都不在家。**
나는 너를 여러 번 찾아갔는데, 하필 그때마다 없었다.

(2) **这事非他不可，可他偏偏正在闹病，你说怎么办？**
이 일은 그가 아니면 안 되는데, 그는 하필이면 병에 걸렸으니, 어쩌면 좋으냐?

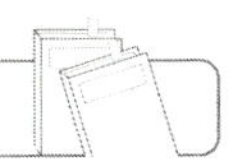

美珍： **昨天晚上，我在电视上看到许多中国人，男女老少，都在公园、荒野植树造林。**
어제 저녁에 텔레비전에서 많은 중국인들이 남녀노소 할 것 없이 모두 공원과 황야에서 나무를 심는 것을 봤어.
▷ '男女老少' 는 모든 사람을 가리킵니다.

小李： **对，四月四日是中国的全民义务植树日。在这前后，不少人都要去公园、荒野种上几棵树。昨天，我和同学也去森林公园种树。尽管累得不行，但大家觉得很有意义。植树造林，绿化祖国，人人有责。**
맞아, 4월 4일은 중국의 전 국민 의무 식목일이야. 이 때가 되면 많은 사람들이 공원이나 황야에 나무를 몇 그루씩 심지. 어제 나도 친구와 삼림 공원에 가서 나무를 심었어. 아주 피곤했지만 모두들 아주 의미 있다고 생각했어. 나무를 심고, 조국을 푸르게 하는 것은 모두에게 책임이 있는 거야.
▷ '累得不行' 에서 '不行' 은 보어로서 정도가 높음을 나타냅니다.

美珍： **这么好的事儿，你该跟我说一声，也好让我和你们一起去。我现在生活在北京，应该和北京市民一样，尽一点义务。**
그렇게 좋은 일이 있으면 나한테 좀 알려 주시. 나도 너희와 같이 갈 수 있게. 나는 지금 베이징에 살고 있으니까 베이징 시민과 똑같이 의무를 다해야 해.

小李： **不过，树种了下去，还应该有人养护，否则，就白种了。**
그렇지만 나무를 심으면 돌볼 사람도 있어야 해. 그렇지 않으면 헛심은 거야.

美珍： **在我们国家，每个城市青年也都应该自觉种树养花。**
우리나라에서 모든 도시의 청년들은 반드시 자발적으로 나무와 꽃을 심고 가꿔야 해.

小李： **对，城市绿化特别重要。** 맞아. 도시 녹화는 아주 중요하지.

美珍： **我们要坚持种植树木花草，让我们生活的地方漂亮得像一个大公园。**
우리는 계속 꽃과 나무를 심어서 우리가 사는 곳이 큰 공원처럼 아름다워지게 해야 해.

小李： **每年六月五日，是世界环境日。确实，我们要把保护环境看做我们这一代人的责任和义务，让我们的子孙后代有一个更好的生活环境。**
매년 6월 5일은 세계 환경의 날이야. 확실히 우리는 환경 보호를 우리 세대의 책임이며 의무로 삼아서 우리 후손들이 더욱 아름다운 생활 환경을 누릴 수 있도록 해야 해.

01 尽管

(1) 他尽管身体不好, 可仍然坚持工作。　그는 몸이 좋지 않지만 여전히 일을 계속한다.
(2) 尽管跟他谈了半天, 他还是不明白。　그와 한참을 이야기했지만, 그는 여전히 이해를 못 한다.

02 不行

(1) 他听说了以后, 高兴得不行。　그는 듣고 난 후, 매우 기뻐했다.
(2) 他气得不行。　그는 몹시 화가 났다.

03 白

1 (1) 你怎么还是什么都不会, 这几年都白学了?　너는 어떻게 아직 아무것도 못 하니, 이 몇 년을 헛배운 거야?
(2) 还好, 没有白干。　그래도 괜찮다. 헛일한 것은 아니다.
(3) 你跟他说也是白说, 只是白白浪费时间而已, 他不会答应你的。
너는 그에게 말해도 소용없어. 괜히 시간만 낭비할 뿐이야. 그는 너에게 허락하지 않을 거야.

2 (1) 他常常去那儿白吃白拿。　그는 자주 거기에 가서 공짜로 먹고 얻는다.

04 …化

绿化 / 美化 / 简化 / 现代化
녹화하다 / 미화하다 / 간단히 하다 / 현대화하다

听力 Test

❶ 男: 尽管我来公司两年了, 而且工作认真, 可老板从来没有给我加过薪水。
내가 회사에 들어온 지도 벌써 2년째로 열심히 일을 했어. 그러나 사장님은 한 번도 월급을 올려 주지 않으셨어.

女: 那你为什么不和老板谈一谈?　그럼 너는 왜 사장님과 얘기해 보지 않았어?

男: 怎么没谈? 每次老板都说以后再说。　왜 말을 안 했겠어? 매번 사장님은 나중에 얘기하자고 해서.

问: 从这段对话里, 我们知道什么?　이 대화에서 우리는 무엇을 알 수 있습니까?
정답 C

❷ 女: 你好, 这部相机是我昨天在这儿买的, 可回去以后发现根本不能用。
안녕하세요. 이 카메라는 어제 여기에서 산 것입니다. 그런데 집에 가서 보니 전혀 작동이 안 됩니다.

男: 我看看。 哦, 原来是您把电池装反了。　한번 보죠. 아, 건전지를 거꾸로 넣으셨네요.

女: 哎, 原来是这样, 害得我白跑一趟。　아, 그랬군요. 괜히 헛걸음했네요.

问: 从这段对话里, 我们知道什么?　이 대화에서 우리는 무엇을 알 수 있습니까?
정답 B

❸ 男: 小张, 都两点半了, 你怎么才来, 我们都开了半个小时了。
小张, 벌써 2시 반이야. 왜 이제야 와? 우리 시작한 지 30분이 지났어.

女: 是吗? 通知上明明写着两点半开始, 我是按时来的。
정말? 통지서엔 분명히 2시 30분에 시작한다고 써 있었어. 난 제시간에 온 건데.

男: 他们没有通知你吗? 会议提前了半个小时。　그들이 네게 통지 안 했니? 회의를 30분 앞당겼어.

问: 从这段对话里, 我们知道什么?　이 대화에서 우리는 무엇을 알 수 있습니까?

정답 **A**

❹ **男:** 你好，我现在要退房，另外麻烦你帮我叫一辆出租车送我去机场。
안녕하세요. 지금 체크아웃하려고 합니다. 그리고 번거로우시겠지만 공항까지 가는 택시를 불러 주세요.

女: 好的，我们马上就帮您办理。 알겠습니다. 저희가 바로 처리해 드리겠습니다.

问: 这段对话可能发生在哪儿？ 이 대화는 어디에서 일어났습니까?

정답 **B**

❺ **男:** 今天停车场的车怎么这么少啊？ 오늘 주차장에 왜 이렇게 차가 적지?

女: 少了还不好？ 적은 게 안 좋니?

男: 好什么好，你看，布告上写着今天停业。 좋긴 뭐가 좋아? 봐 봐. 오늘 영업 안 한다고 써 있잖아.

问: 从这段对话里，我们知道什么？ 이 대화에서 우리는 무엇을 알 수 있습니까?

정답 **B**

❻ **男:** 老师，星期一和礼拜一是一回事吗？ 선생님, '星期一'와 '礼拜一'는 똑같은 말인가요?

女: 怎么说呢。 其实，"星期"源于科学，"礼拜"出于宗教，两者不是一回事。 但是现在人们并不区分它们。 글쎄. 사실 '星期'의 어원은 과학이고, '礼拜'는 종교에서 나온 말이야. 두 개가 똑같지는 않아. 하지만, 요즘 사람들은 구별 없이 그것을 사용하지.

问: 从这段对话里，我们知道什么？ 이 대화에서 우리는 무엇을 알 수 있습니까?

정답 **A**

❼ **男:** 那包饼干都过期好长时间了，你怎么还吃？
그 비스켓은 유효 기간이 지난 지 오래됐는데. 넌 왜 먹니?

女: 你看，这不是写着生产日期是上个月嘛。 봐. 생산일이 지난 달이라고 쓰여 있잖아.

男: 那明明是有效期。 그것은 분명히 유효 기간이야.

问: 从这段对话里，我们知道什么？ 이 대화에서 우리는 무엇을 알 수 있습니까?

정답 **A**

❽ **男:** 胡乱开发郊区的山林，弄得城市环境糟得不行。
교외의 산림을 마구잡이로 개발해서 도시 환경이 몹시 나빠졌어.

女: 是啊，为了子孙后代，我们真的应该坚持搞好绿化。
그래. 후손을 위해서 우리는 정말 꾸준히 녹화를 해야만 해.

问: 从这段对话里，我们知道什么？ 이 대화에서 우리는 무엇을 알 수 있습니까?

정답 **A**

❾ **男:** 让你认真阅读使用说明书，你偏不听。 你看，相机不能用了吧。
사용 설명서를 꼼꼼히 읽으라고 했는데도, 듣지 않더라니. 봐. 카메라가 작동 안 하잖아.

女: 我明明是按照说明书操作的啊。 나는 분명히 설명서대로 조작했어.

男: 看来是产品质量有问题。 아무래도 품질에 문제가 있는 것 같아.

问: 从这段对话里，我们知道什么？ 이 대화에서 우리는 무엇을 알 수 있습니까?

정답 **C**

❿ **男:** 后天的露天婚礼准备好了吗？那天天气怎么样？
모레 야외 결혼식 준비는 다 됐니? 그날 날씨는 어떻대?

女: 天气预报说，明天是晴天，后天转阴，降水概率50%。
일기 예보에 의하면, 내일은 맑고, 모레는 흐리고, 비 올 확률이 50%래.

问: 后天天气怎么样？ 모레 날씨는 어떻습니까?

정답 **A**

해석 아이들이 학과목 외에도 얼마간의 과학 지식을 배우고 과학에 대한 흥미를 키워야 하는가? 많은 학부모들은 '아이의 첫 번째 임무는 공부이다. 특히 졸업을 앞두고는 다른 활동은 모두 중단해야 한다.' 라고 생각한다. 그러나 아이들은 과학 활동에 대해 흥미가 매우 많다. 보라, 원격 조종 비행기 한 대가 어린 주인의 뜻에 따라 높게 날았다 낮게 날았다 하고, 토마토 몇 그루가 크고 붉은 과실을 가득 맺는다. 아이를 기르는 과정에서 학부모들은 근시안적인 실수를 저질러서 아이들의 호기심을 길러 주는 것을 소홀히 한다고 할 수 있다. 사실, 이는 아이들의 성장에 좋지 않다. 아인슈타인은 일찍이 '흥미는 가장 좋은 선생님이다.' 라고 했다. 과학에서 훌륭한 성과를 거둔 모든 사람들의 최초의 원동력은 대부분 호기심으로부터 나왔다. 아마도 이러한 학부모들의 아이가 대학생이 되었을 때에는, 그들이 어렸을 때 가졌던 흥미가 자기도 모르는 새 없어질 것이다. 아이들이 가장 좋은 성장의 시기를 놓치고 있는데, 많은 학부모들은 반드시 깊이 생각해야 하지 않을까?

❶ 最重视学习(或学业)，忽视对孩子好奇心的培养。

❷ 爱因斯坦早就说过：“兴趣是最好的老师。” 凡是在科学上取得突出成就的人，最初的动力大多是出于好奇。

❸ 除了重视孩子的学习(或学业)以外，还应该注意培养孩子的好奇心。

综合 Test

❶ 有什么问题你　尽管 / 只管　说，别不好意思。

❷ 　尽管　困难很大，但我们有信心完成任务。

❸ 　不管　困难有多大，我们也一定要完成任务。

❹ 他不在家，我　白　跑了一趟。

❺ 我告诉他别去，可他　偏　要去。

❻ 他　明明　有，可他说没有，不肯借给我。

❼ 星期天，有很多医生　义务为人治病　，不收钱。

❽ 　尽管她的文化程度比别人低一些　，可是她的工作成绩并不比别人差。

❾ 中国　实行九年制义务教育　，就是说，每个儿童都必须上九年学。

作文 Test

❶ 明明屋里很干净，他还嫌脏。

❷ 你爱做的事，偏不给你做；你不爱做的，偏给你做。

❸ 他尽管身体不好，可仍然坚持工作。

❹ 你怎么还是什么都不会，这几年都白学了？

❺ 他听说了以后，高兴得不行。

❻ 他们俩说的是一回事。

❼ 这事非他不可，可他偏偏正在闹病，你说怎么办？

대중교통 이용하기

2층 버스

중국 시내의 도로에서는 각양각색의 탈것을 볼 수 있다. 시내버스나 택시는 기본이고, 오토바이 삼륜차[三轮车]와 인력거까지 있다. 가끔은 뭘 타야 할지 난감하기도 하지만, 기회가 될 때마다 종류별로 골라 타 보는 것도 또 하나의 재미가 될 것이다.

버스[公共汽车]는 우리가 흔히 아는 버스 말고도 굴절 버스, 2층 버스, 무궤도 전차, 그리고 우리나라의 마을버스와 비슷한 미니 버스[小公共汽车] 등 차종이 다양하다. 아직 많은 버스에는 차장[售票员]이 있어서 목적지를 말하고 돈을 내면 차표를 준다. 요즘은 차장 없는 버스도 늘어나고 있는데, 그런 경우에는 버스카드나 잔돈을 준비해야 한다. 버스는 노선이 많고 차비도 저렴한 것이 장점이지만, 교통 체증으로 시간이 많이 걸리는 데다가 대부분의 버스가 9시 전에 끊어지니 주의해야 한다.

오토바이 삼륜차

택시[出租车]의 경우, 베이징 등의 북쪽 지방에서는 '出租'라고 쓰여 있고, 광저우나 홍콩 등지의 남쪽 지방에서는 '的士'라고 쓰여 있다. 강도를 막기 위해 운진석에 쳐 둔 철망이 인상적이며, 우리나라와는 달리 '합승'이 없어서 편하다. 예전에는 중국의 택시가 바가지 요금으로 악명이 높았지만, 올림픽을 계기로 단속을 해서인지 요즘은 바가지도 많이 없어지고 꼬박꼬박 영수증도 끊어 준다. 간간이 눈에 띄는 오토바이 삼륜차도 일종의 택시인데, 자동차 택시보다 약간 저렴한 편이지만 미터기가 없으니 타기 전에 흥정을 잘 해야 한다.

베이징, 상하이, 톈진, 난징, 광저우 등에는 지하철[地铁]이 운행되고 있다. 아직 노선은 많지 않지만, 깨끗하고 안락하며 교통 체증 걱정이 없어서 인기가 높다. 특히 우리나라의 지하철보다 좋은 점은, 수시로 시끄럽게 구는 종교인이나 잡상인이 없는 점이랄까?

1 这种　精神　　　应该　　表扬。
　　　　品质　　　　　　　学习。
　　　　行为　　　　　　　支持。

2 我要　给你们公司写表扬信。
　　　把你的事迹告诉我所有的朋友。
　　　好好向你学习。

3 你们该为　顾客　　　想想。
　　　　　　营业员
　　　　　　工作人员

PART 11

你这种精神应该表扬。

이런 정신은 칭찬받아 마땅합니다.

학습 목표

1. 상대를 칭찬하거나 비판할 때 사용하는 표현을 익혀 봅니다.
2. 경시·무관심의 어기를 강하게 나타내는 '什么…不…' 용법에 대해 알아봅니다.

4 哪有你这么　　对待顾客　　　　的？
　　　　　　　　　说话
　　　　　　　　　办事

5 这种产品质量太差了,　　简直　　不能用。
　　这人太不像话了,　　　　　　　没文化。
　　他太糊涂了,　　　　　　　　　没脑子。

최신형 디지털 카메라를 구입한 小李. 하지만 일주일 만에 고장이 나서 상점을 찾는데……

小李: 这是我上星期在你们这儿买的数码相机，有质量问题。

售货员: 什么问题？

小李: 你瞧，画面模糊，曝光不准确。另外，闪光灯也时好时坏。这种产品质量太差了。

售货员: 我说，你是不是没按说明书上的要求操作？

小李: 我看了说明书。这是数码相机，不需要什么特别的操作。请你检查一下。

售货员: 要检查，得送到照相机厂。把数码相机留下，过两个星期来取。

小李: 要两个星期？能不能快一点？

售货员: 要快，你自己送到厂里去。

小李: 你们该为顾客想想。你们不但不表示歉意，反而是这种态度。

售货员: 什么态度不态度的，我是按规定办事。

小李: 哪有你这么对待顾客的？好吧，我找你们经理。

售货员: 别说找经理，就是向媒体曝光，我还是这个态度。

小李: 好极了，那我马上就给报社写信。这里写的"急顾客所急，想顾客所想"，难道只是给人看看的吗？

단어 曝光 bào // guāng 동 노출하다 ｜ 准确 zhǔnquè 형 확실하다, 정확하다 ｜ 闪光灯 shǎnguāngdēng 명 섬광등, 플래시 ｜ 操作 cāozuò 동 조작하다 ｜ 歉意 qiànyì 명 유감의 뜻 ｜ 态度 tàidù 명 태도 ｜ 经理 jīnglǐ 명 책임자, 지배인

01 反而

'反而'는 '오히려', '역으로' 등의 뜻으로, 어떤 상황이 예상했던 결과가 생기지 않았을 뿐 아니라 오히려 그와 반대되는 결과가 생겼음을 의미합니다.

(1) 他听了这个消息，不但没有感到高兴，反而有点失望。

(2) 风不但没停，反而越刮越大。

(3) 你太客气了，反而弄得大家不方便。

02 什么…不…

'什么…不…'는 상대방의 말이 정확하지 않으며, 자신은 상대방의 말을 무시하겠다는 뜻을 나타냅니다.

(1) A: 请李主任多多指教。

    B: 什么主任不主任的，我姓李，你叫我老李就行了。

(2) 什么钱不钱的，我不在乎。

03 所

1. 단음절 타동사 앞에 쓰여 명사구를 만드는 경우

(1) 请谈谈你在欧洲的所见所闻。

(2) 他的所作所为使我们很气愤。

2. 주술 구조의 동사 앞에 쓰여, 뒤에 '的'을 붙이는 경우

(1) 她的工作，不是别人所能代替的。

(2) 我唯一所能做的事，就是陪他谈谈话。

택시에 가방을 놓고 내린 美珍. 찾을 방법이 없어 전전긍긍하는데……

米切尔: 瞧你这模样，没精打采的。

美珍： 别提了，我把包弄丢了，好像是丢在出租车上。包里有手机、学生证什么的。

米切尔: 那快给他们公司打电话。

美珍： 我没注意是哪家出租车公司。发票也给我随手扔了。

米切尔: 我有办法了。 你拨自己的手机号码，手机一响，不就能和司机联系上了？

美珍： 你真聪明，有两下子！这下看我的运气了。
（拨打电话）喂，你好！你是司机吗？对，包是我丢的。 什么？你已经把包送来了，就在我学校的门口儿等我？ 太谢谢你了，我马上就来！

米切尔: 看把你乐得，给你送来了？

美珍： 对，快把那瓶酒递给我。（在门口和司机握手）
这点小意思请你收下。

司机： 不，东西我决不能收。捡到东西要还，这是我们公司的基本服务要求。

美珍： 你这种精神应该表扬。我要写一封表扬信给你们公司。

단어 模样 múyàng 명 모양 ｜ 随手 suíshǒu 부 ~하는 김에 ~하다 ｜ 两下子 liǎngxiàzi 명 대단한 솜씨, 비범한 재능 ｜ 司机 sījī 명 기사 ｜ 递 dì 동 넘겨주다, 전해 주다 ｜ 捡 jiǎn 동 줍다, 거두다 ｜ 精神 jīngshén 명 정신 ｜ 表扬 biǎoyáng 동 칭찬하다

01 小意思

1. 남에게 선물을 건넬 때 흔히 쓰는 말입니다.

여기에서 '意思'는 선물이 나타내고 있는 마음, 즉 '心意'를 의미합니다.

⑴ 这不过是我的一点小意思, 你就收下吧!

⑵ 小意思, 请收下吧。

⑶ 这点东西也拿不出手, 反正就是点儿小意思嘛。

2. '意思'는 동사로 쓰여, '성의를 표하다'라는 뜻을 나타낼 수도 있습니다.

⑴ 大家受累了, 得买些东西意思一下。

02 决(不)

'决(不)'는 '결코', '절대로' 등의 뜻을 나타내며, 항상 부정문에 사용되고 부정사 앞에 위치합니다.

⑴ 我相信, 他决不会做这种事的。

⑵ 我自己作出的选择, 我决不后悔。

03 …的

조사 '的'은 묘사성이 있는 성어 형식의 낱말, 또는 중첩 형식의 낱말에 붙어서 상태를 나타내는 구절을 이루며, 주로 서술어나 부사어로 쓰입니다.

⑴ 桌上乱七八糟的。

⑵ 街上静悄悄的, 没有行人的声音。

1 A. 镜头　　　　　B. 快门　　　　　C. 闪光灯

2 A. 商店里　　　　B. 出租车上　　　C. 公共汽车上

3 A. 女的工作业绩提高了　　　B. 女的工作业绩没变化
　　C. 女的工作业绩下降了

4 A. 不新鲜的菜也可以买　　　B. 菜坏了也可以买
　　C. 只能买新鲜的菜

5 A. 小王的工作小李能代替　　B. 小王的工作一般人代替不了
　　C. 小王的工作很简单

6 A. 男的答应帮女的买书　　　B. 男的没答应帮女的买书
　　C. 男的没想好帮不帮女的买书

7 A. 女的后悔了，打算去看展览
　　B. 女的不去看展览，也不会后悔
　　C. 女的不去看展览，会后悔

8 A. 书店　　　　　B. 饭店　　　　　C. 图书馆

9 A. 对自己没信心　　　　B. 自己练习两次就能行
　　C. 可以负责小王的工作

10 A. 不要关灯　　　B. 顺便就关灯　　C. 要用手关灯

这是一则真实的故事。一名男孩儿在车祸中死亡，他的父母含泪表示：要把孩子的器官捐献出来，帮助别人，希望通过这种形式，让孩子的生命以另一种形式延续下去。他们捐出了孩子的角膜，使两个病人重见光明。得知这一情况的人，都赞扬这对夫妇的高尚举动，纷纷表示，今后也要捐献出自己的器官。当地的领导人特意登门看望了这对夫妇，称赞说："你们把对自己孩子的爱化作对整个社会的爱。每个人都应该向你们学习。"

단문을 읽고, 내용의 알맞은 순서를 빈칸에 쓰세요.

1 两个病人重见光明。

2 他们捐出了孩子的角膜。

3 得知这一情况的人，都赞扬这对夫妇的高尚举动。

4 当地领导特意登门看望了这对夫妇。

5 一名男孩在车祸中死亡。

6 孩子的父母亲表示要把孩子的器官捐献出来。

(　　)-(　　)-(　　)-(　　)-(　　)-(　　)

综合 Test

决　　毫　　又

1 我跟他说过多次，可是他______不在意。

2 他______不是说你，你生什么气。

3 我们______不应该用冷冰冰的态度来对待顾客。

反而　　而且　　但是

4 他人很瘦，______身体很好。

5 经过这场大病，他的身体______比以前好了。

6 他人很胖，______个子也很高。

7 老杨住得最远，______到得最早。

8 风不但没停，________________________。 （反而，越来越）

9 ________________________，我是按规定办事。

（什么…不…，态度）

10 大家受累了，________________________。 （意思）

▶▶▶ **다음을 중국어로 써 보세요.**

1 그는 이 소식을 듣고 기뻐하지 않았을 뿐 아니라, 오히려 약간 실망했다. (反而)

____

2 돈이고 뭐고 관심 없다. (什么…不…)

____

3 내 작은 성의일 뿐이야. 받아 줘! (小意思)

____

4 그의 행동으로 인해 우리는 매우 분노했다. (所)

____

5 스스로의 선택에 대해 나는 절대로 후회하지 않는다. (决(不))

____

6 그런 정신은 칭찬받아 마땅합니다. (应该)

____

7 네가 너무 예의를 차려서 사람들이 오히려 불편해해. (反而)

____

对牛弹琴 _ duì niú tán qín

소를 마주 대하고 거문고를 뜯는다는 뜻으로,
어리석은 사람에게는 깊은 이치를 말해도 소용없음을 비유한다.
우리말의 '쇠귀에 경 읽기' 와 비슷한 말이다.

동한(东汉) 말에, 불경에 조예가 깊은 모융(牟融)이라는 학자가 있었다. 그는 유학자들에게 불교의 교리를 강연할 때, 불경을 직접 설명하지 않고 항상 『논어』나 『서경』 같은 유교 경전을 가지고 설명했다. 유학자들이 그의 강연 방식에 불만을 표시하자 그는 이런 이야기를 들려 주었다.

"춘추 시대, 노(鲁)나라에 공명의(公明仪)라는 음악가가 있었습니다. 그의 거문고 솜씨는 너무나 뛰어나서 듣는 사람마다 넋을 놓았죠. 어느 화창한 날, 그는 경치 좋은 산비탈의 풀밭에 앉아 거문고를 연습했습니다. 마침 근처에 소 한 마리가 풀을 뜯고 있는 것을 본 그는 소를 위해서 연주하기로 했습니다. 그는 아주 심오하고도 아름다운 곡을 골라서 정성껏 연주했지만, 소는 전혀 아랑곳하지 않고 그저 고개 숙이고 풀만 뜯어 먹을 뿐이었습니다. 공명의는 처음엔 몹시 화가 났지만, 다시 생각해 보니 소가 이렇게 심오한 곡조를 알아듣지 못하는 게 당연하다는 것을 깨달았습니다. 그래서 그는 아주 쉽고 통속적인 곡을 연주하기 시작했습니다. 파리가 앵앵대는 소리나 소 울음소리 따위를 흉내 낸 거문고 소리를 듣자, 소는 정말로 풀 뜯는 것을 멈추고 귀를 쫑긋하면서 열심히 들었답니다."

이야기를 마친 모융은 "제가 유교 경전으로 불교의 교리를 설명하는 것은 바로 이런 이치랍니다."라고 말했다. 유학자들은 이 말을 듣고 다시는 모융에게 이의를 제기하지 않았다고 한다.

예문

他这人非常野蛮, 跟他讲道理简直是对牛弹琴。

그는 정말 막돼먹었어. 그에게 이치를 따져 봤자 쇠귀에 경 읽기라니까.

매혹적인 치파오

영화 〈화양연화〉 중에서

『화양연화』라는 영화를 본 사람들은 수십 벌의 치파오를 갈아입으며 우아하고도 늘씬한 맵시를 뽐내던 여주인공 장만위(张曼玉)를 기억할 것이다. 영화 『색·계』에서도 치파오를 입은 탕웨이(汤唯)의 매혹적인 모습이 눈길을 끌었다.

중국 여성의 아름다움을 대표하는 치파오는 원래 한족의 고유 복식이 아니라 만주족 부녀자가 입던 원피스 형태의 옷이다. 나중에 만주족이 청나라를 세워 중국 전역을 지배하게 되자, 옷도 만주식으로 통일하게 되었다. 이때의 만주족 지배층을 '치런(旗人)'이라고 불렀기 때문에, '치런이 입는 옷'이라는 뜻에서 '치파오(旗袍)'라는 명칭이 생겼다고 한다.

원래 치파오는 목부터 발끝까지 헐렁한 일자형으로 되어 있어서 몸매가 드러나지 않았으며, 소매는 손등을 덮을 정도로 길었다. 그런데 20세기 초에 서양 문물이 들어오면서 서양 옷의 영향을 받아서 허리가 잘록하게 들어가고 옆에 긴 트임을 넣게 되었다. 특히 1930년대에는 상하이의 멋쟁이 여성들을 중심으로, 무릎까지 오는 짧은

전통 치파오

치파오나 소매 없는 치파오 같이 각양각색의 개량식 치파오도 유행하게 되었다. 공산화 이후 중국 대륙에서는 치파오가 한때 자취를 감추었지만 홍콩·대만과 해외 화교 사회에서는 꾸준히 사랑을 받았으며, 패션쇼나 영화를 통해 꾸준히 국제 무대에 소개되어 '세계에서 가장 섹시한 전통 의상'으로 손꼽히게 되었다.

영화 〈색·계〉 중에서

지금은 중국 본토에서도 결혼식이나 파티 등의 행사에서 특별한 멋을 내기 위한 예복으로 각광받고 있으며, 식당이나 호텔 종업원 유니폼으로도 많이 입는다. 치파오 의상실에서 다양한 가격대의 기성품 치파오를 살 수도 있고, 원하는 디자인대로 맞출 수도 있다. 중국에 가면 예쁜 치파오를 한 벌 장만해서, 중국 영화배우처럼 요염하게 변신해 보는 것도 재미있을 것이다.

1 没事儿，　　包在我身上。
　　　　　　　你尽管放心。
　　　　　　　一定按时送到。

2 “海尔”的质量　　是可靠的。
　　这个人
　　他的话

3 万一有质量问题，　　七天以内可以掉换。
　　　　　　　　　　由我们承担一切损失。
　　　　　　　　　　由我负责。

PART 12

这是我们的承诺。

이것은 우리의 약속입니다.

학습 목표

1. 어떤 일에 대해 약속 또는 보증할 때 사용하는 표현을 익혀 봅니다.
2. 범위, 방면, 조건을 나타내는 '在…上' 용법에 대해 알아봅니다.

4 那"海尔"牌儿　　　保您　　　没问题。
我们的服务　　　　　　　　满意。

5 我保证　　　给你办到。
让你满意。
把这些花儿养得好好的。
再也不这样了。

듣기 실력을 늘리기 위해 텔레비전을 사기로 마음먹은 喜宣. 점원에게 이것저것 묻는데……

喜宣: 麻烦您，我想买一台电视机。哪种比较好？

售货员: 这几种牌子都很好。

喜宣: 看起来都很好。可有一个问题，我那儿的电压时高时低，很不稳定，有时低到170伏。

售货员: 那"海尔"牌儿保您没问题。它可以在100伏到250伏范围以内正常工作。

喜宣: 我本来想买一台进口的。国产的在质量上不如进口的吧？

售货员: 谁说的？"海尔"的质量是可靠的，决不比进口电视差。

喜宣: 如果有质量问题呢？

售货员: 万一有质量问题，七天以内可以掉换，一年以内免费修理。

喜宣: 那还不错。

售货员: 让顾客买得放心，买得满意，这是我们的承诺。

喜宣: 那我就挑一台吧。明天下午送到我家可以吗？

售货员: 没问题，一定按时送到。

단어 牌子 páizi 명 상표 ｜ 满足 mǎnzú 동 ❶ 만족시키다 ❷ 만족하다 ｜ 电压 diànyā 명 전압 ｜ 稳定 wěndìng 형 안정적이다 ｜ 伏 fú 명 볼트(volt) ｜ 范围 fànwéi 명 범위 ｜ 可靠 kěkào 형 믿을 만하다 ｜ 掉换 diàohuàn 동 교환하다 ｜ 修理 xiūlǐ 동 수리하다 ｜ 承诺 chéngnuò 명동 약속(하다), 승낙(하다)

01 以内

'以内' 는 '~이내' 의 뜻을 나타냅니다.

(1) 这篇作文要求在一个小时以内完成。
(2) 我要写一篇两千字以内的报告。

02 (在)…上

'在…上' 은 범위·방면·조건을 나타냅니다. '在' 와 '上' 사이에는 명사 혹은 명사구가 오는데, 때때로 동사나 동사구가 오기도 합니다.

(1) 他在学习上对我严格要求。
(2) 在这个问题上，我们的意见完全一致。
(3) 事实上问题并不难解决。
(4) 历史上有很多这样的事例。

03 谁说的

'谁说的' 는 반문의 어기를 사용해 어떤 말에 대한 부정의 뜻을 나타냅니다.

(1) A: 那条狗是你弄死的吧？
　　B: 谁说的？是它自己，它自己…

04 万一

'万一' 는 첫 번째 절에 쓰여 가능성이 매우 적은 가설을 나타냅니다.

(1) 万一计算错误，就会影响整个工程。
(2) 万一他不能及时赶到，怎么办？

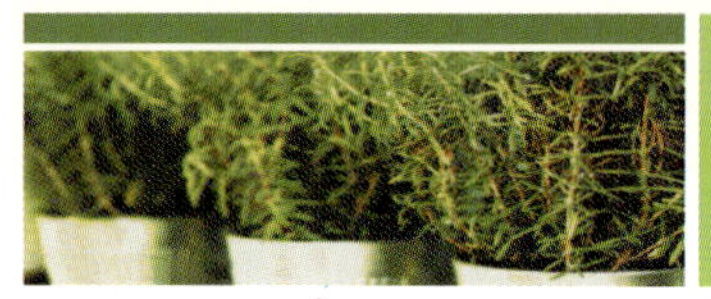

上海에 볼일이 있어 가게 된 米切尔. 米切尔은 美珍에게 자신이 아끼는 화분을 부탁한다.

米切尔: 明天我要去上海，能不能麻烦你帮我照看几盆花儿？

美珍： 行，没问题。哟，还是几盆兰花呀，这花可是挺娇气的。

米切尔: 对。这盆三天浇一次水，其他的每天都得浇。不会太麻烦吧？

美珍： 没事儿，包在我身上。我保管它们长得好好儿的。

米切尔: 那就拜托你啦。我这次去上海你有什么事儿要我办吗？

美珍： 你有多余的时间吗？

米切尔: 有什么事儿，你尽管说吧。

美珍： 我想托你买几本HSK习题集。除了阅读理解，有关听力、语法的
辅导书，也请你给我买几本。没问题吧？

米切尔: 你放心，保证给你办到。

美珍： 那太谢谢你了。

단어 兰花 lánhuā 몡 난초 │ 娇气 jiāoqì 혱 연약하다, 가냘프다 │ 浇 jiāo 됭 물을 주다 │ 保管 bǎoguǎn 붱 꼭, 틀림없이, 어김없이 │ 尽管 jǐnguǎn 붱 얼마든지 │ 托 tuō 됭 위탁하다 │ 集 jí 몡 모음(집) │ 阅读 yuèdú 됭 읽다 │ 理解 lǐjiě 됭 이해하다 │ 辅导 fǔdǎo 됭 개인 지도하다 │ 保证 bǎozhèng 됭 보증하다

01 拜托

'拜托' 는 '삼가 부탁하다', '부탁드리다' 등의 뜻을 나타냅니다.

(1) 那么我就拜托您给办吧。

(2) 拜托您捎个口信给他。

(3) 拜托您替我给大家问个好。

02 保管 / 保证

1. '保管' 은 '꼭', '틀림없이', '어김없이' 등의 뜻을 나타냅니다.

(1) 只要肯努力，保管你能学会。

(2) 要是和他打赌的话，保管你输。

※ 그 밖에도 '保管' 은 '보관하다' 의 뜻을 나타내기도 합니다.

(1) 这个仓库的粮食保管得很好。

(2) 这件行李，请代为保管。

2. '保证' 은 '담보(하다)', '보증(하다)', '확보(하나)' 등의 뜻을 나타냅니다.

(1) 我们保证提前完成任务。

(2) 你必须保证八小时睡眠。

(3) 我们这里卖的鱼保证新鲜。

(4) 我们保证不再发生类似事件。

1 A. 7500元   B. 8500元   C. 8800元

2 A. 把花送给女的   B. 让女的照看花   C. 让女的买花

3 A. 不一定提前完成   B. 一定按时完成
       C. 一定提前完成

4 A. 自己会做饭   B. 自己不会做饭
       C. 问谁会做饭

5 A. 担心把钱弄丢了   B. 担心钱带得不够
       C. 担心女的不带银行卡

6 A. 同意介绍女朋友   B. 暂时不想交女朋友
       C. 有女朋友了

7 A. 不想帮忙   B. 没想好帮不帮忙   C. 想帮忙

8 A. 方向变换过来就能安装上   B. 方向不变就能安装上
       C. 变换方向也安装不上

9 A. 把笔记本放在女的那里   B. 把笔记本送给女的
       C. 把笔记本还给女的

10 A. 做的还不够   B. 做的没有达到她的要求
        C. 做的已经够了

小时候，父母总爱对我许下诺言："星期天带你去公园玩儿"，"下个月发了工资，给你买新衣服"。得到爸爸妈妈的承诺，我心里总是喜滋滋的。可是，父母工作一忙，或者另有需要用钱的地方，就把承诺忘到了脑后。我渐渐长大了，也学会了承诺。如果父母对我的学习成绩不满意，我会一本正经地对他们说："下次考试，我一定拿个好成绩来给你们看看。"然而，结果不一定理想。当父母批评我不做家务时，我会郑重地承诺："从下星期起，我一定多做家务。"而功课一多，就全忘了。确实，在生活中，人们常常郑重地许下诺言，却根本没有履行。

▶▶ 단문을 읽고, 문제가 맞는 문장이면 ○, 틀린 문장이면 ×를 하세요.

1　小时候，父母只要对我许下诺言，就一定履行。（　　　）

2　我学会了承诺，但常常做不到。（　　　）

3　我小时候，父母亲很轻闲，常带我去公园玩。（　　　）

4　长大后，我功课再忙，也不忘帮父母亲做家务。（　　　）

▶▶▶ 빈칸에 알맞은 단어를 골라 넣으세요.

保证	保管	保险

1 我向你__________，这件事肯定不是他干的。

2 你在那儿__________能买到。

3 这样做不太__________。

上	中	下

4 在这个问题__________，我有不同看法。

5 在工作__________，难免会遇到困难。

6 在他的帮助__________，我终于学会了。

▶▶▶ 괄호 안의 어휘를 이용해 문장을 완성하세요.

7 __________，你就去找老周。（万一）

8 请开得快一点，我必须__________。（以内，赶到）

9 __________，我们应该互相帮助。（在…上）

10 没事儿，包在我身上。我__________。
（保管，好好儿）

▶▶ **다음을 중국어로 써 보세요.**

① 우리는 이와 같은 일이 다시는 발생하지 않을 것을 보장한다. (保证)

---

② 이 문제에 있어서 우리의 의견은 완전히 일치한다. ((在)…上)

---

③ 이 작문은 한 시간 내에 완성해야 한다. (以内)

---

④ 만에 하나 그가 제시간에 대지 못하면 어떻게 하지? (万一)

---

⑤ 그러면 당신이 처리해 주시기를 부탁드리겠습니다. (拜托)

---

⑥ 노력하기만 한다면, 너는 마스터할 수 있다. (保管)

---

⑦ 역사상 이와 같은 많은 사례가 있다. ((在)…上)

刮目相看 __guā mù xiāng kàn

눈을 비비고 다시 본다는 뜻으로,
주로 남의 학식이나 재주가 크게 향상되어
놀라워하며 새로운 안목으로 대하는 것을 가리킨다.
우리말의 '괄목상대'와 같은 말이다.

여몽(吕蒙)은 삼국 시대 오(昊)나라의 명장이다. 그는 가난한 집안에서 태어나, 어린 시절 제대로 공부를 하지 못했다. 그래서 그가 막 관리가 되었을 때는, 아는 것이 없어서 말을 할 때 무식한 티가 나곤 했다. 오나라의 왕인 손권(孙权)이 이를 보고는 이제부터라도 공부를 하라고 그에게 권했다. 여몽은 손권의 말이 일리가 있다고 여기고 공부를 시작했으며, 그때부터 아무리 바빠도 매일 시간을 내서 책을 읽었다. 이렇게 몇 년이 지나니, 그는 『사기』, 『한서』, 『전국책』 등을 차례로 독파하여 상당한 학식을 쌓을 수 있었다.

여몽은 오나라의 대도독(大都督)인 노숙(鲁肃)과 일 관계로 친하게 지냈는데, 노숙은 여몽이 책을 읽는 것을 보았지만, 그래 봤자 무관(武官)이니 학식이 없을 것이라고 여기고 있었다. 어느 날 여몽이 노숙에게 이런 말을 꺼냈다. "이곳과 마주 보는 형주(荆州)에는 무술이 뛰어나고 지략이 대단한 관우(关羽)가 버티고 있는데, 장군께서는 어찌 대처하실 생각이신지요?" 노숙은 여몽에게 뭔가 생각이 있어서 이런 말을 꺼냈을 거라고 여기고 겸허하게 가르침을 청했다. 그러자 여몽은 노숙에게 5가지 계책을 알려 주었다.

노숙이 그 5가지 계책을 분석해 보니 상당히 일리가 있었다. "아! 나는 그대가 무술만 뛰어난 줄 알았는데, 이제 보니 지략도 보통이 아니구려. 이는 우리 오나라의 큰 행운이오!" 여몽은 노숙의 칭찬을 듣고 농담조로 대답했다. "선비를 사흘 만에 만났다면, 마땅히 눈을 비비고 다시 보아야지요!"

예문

这学期, 李强的学习进步很大, 令大家都对他刮目相看。

이번 학기에 리창의 학업 성적이 크게 올라서 모두들 그를 다시 보고 있다.

여성은 하늘의 절반!

매년 3월 8일은 세계 여성의 날이다. 우리나라에서는 이런 날이 있는지조차 모르고 지나치지만, 중국에서는 3.8 부녀절(三八妇女节)이라고 하여 여성만 반일 쉬며 여성과 관련된 다채로운 행사가 열린다. 백화점이나 공연장 등에서는 여성 고객만 할인을 해 주기도 한다.

3.8 부녀절 기념행사

중국은 최근 50년간 아시아에서 여성의 지위가 가장 빠르게 신장된 나라이다. 과거 전족(纏足)으로 상징되던 억압에서 벗어나, 이제는 많은 면에서 우리나라보다 높은 수준의 남녀평등을 이루었다. 이러한 평등 의식은 '남자는 하늘, 여자는 땅'이 아니라, 여자도 '하늘의 절반[半边天]' 이라는 말로 잘 대변된다.

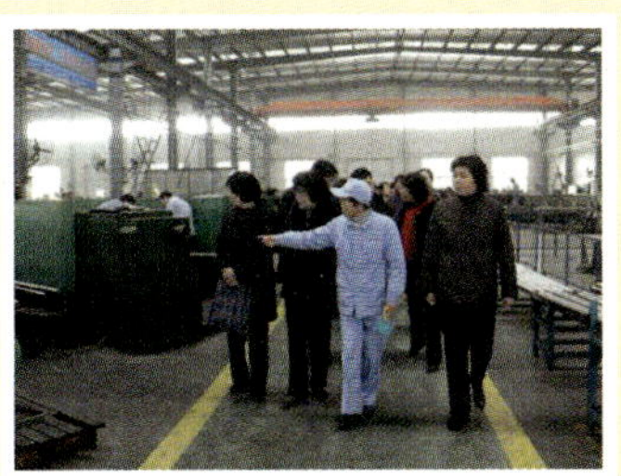
공장을 시찰하는 여성 간부들

중국에서는 여자에게도 직업은 선택이 아니라 필수이다. 우리나라와 같은 전업 주부는 드물고 대부분의 여성이 정년까지 일을 하기 때문에, 남자 못지 않은 사회적 지위와 경제적 능력을 갖고 있다. 직장 내에서도 업무나 승진면에서 별로 차별이 없는 편이어서 고위 관리나 기업체 대표 중에도 여자를 흔하게 볼 수 있는데, 이렇게 사회저으로 성공한 여성을 두고 '여걸[女强人]' 이라는 말이 생기기도 했다.

이렇게 여자들이 밖에서 일을 하는데 집안일까지 혼자 떠맡는다면 말이 안 될 것이다. 그래서 가사 노동은 기본적으로 남녀가 함께 하며, 도시 가정에서는 집안일을 남자가 아예 전담하는 경우도 많다. 손님이 왔을 때 남편은 요리를 하고 부인은 앉아서 손님과 이야기를 나누거나,

장을 보는 남자

양복 입은 남자가 퇴근길에 장을 보는 것도 아주 자연스러운 풍경이다. 이래저래 우리나라 여성 입장에서는 몹시 부러운 이야기가 아닐 수 없다.

1 你好好   想一想。
回忆回忆。

2 我   当然记得。
不记得了。
想不起来了。
已经忘得干干净净了。
还记得清清楚楚。

3 记得   我会走路以后，妈妈就常带我去钢琴音乐会。
我第一次获得冠军的时候，我激动得哭了。
那时候我不懂事，就知道玩儿。

PART 13

回忆小时候的事情。

어린 시절의 일을 회상하다.

학습 목표

1. 기억과 회상에 관한 표현을 익혀 봅니다.
2. 개사 '关于' 의 쓰임에 대해 알아봅니다.

4 那是

在我第一次获得冠军以后。
念小学一年级时的事情。
我刚工作时的事情。

5 让我想想,

我这钥匙搁哪儿啦?
我昨天加班到几点呢?
我刚才看到了什么?

건망증이 심한 小李. 외출해야 하는데 집 열쇠는 보이지 않고…… 열쇠의 행방은?

杰伦: 小李, 你自言自语地在说什么呀?

小李: 我这钥匙搁哪儿啦? 找了半天了, 就是找不着。

杰伦: 你好好想一想, 最后一次用钥匙是什么时候。

小李: 让我想想。 早上我先去买菜, 再去买点心, 然后回公寓, 按门铃你不在。……对, 是我自己开的门, 是我自己用钥匙开的门。

杰伦: 你开了门以后, 把钥匙搁哪儿了?

小李: 开了门, 我急着要把东西放下, 这大包小包的, 累得我胳膊都要断了。 东西还没来得及放下, 电话铃响了, 我去接电话。 刚放下电话, 你回来了。 对了, 钥匙准还挂在门锁上。

杰伦: 你去看看, 还在不在?

小李: 没在? 搁哪儿了呢?

杰伦: 实话对你说了吧, 我回来见门锁上挂着钥匙, 就收起来了。

小李: 好你个小子, 害得我找得好苦。

단어 自言自语 zì yán zì yǔ 혼잣말을 하다 | 按 àn 동 누르다 | 胳膊 gēbo 명 팔 | 害得 hàide (결과로서 좋지 않은 상태가)되다, 되게 하다

01 …起来

'…起来'는 복합 방향 보어로서 파생된 의미를 나타냅니다.

1. 동작이 시작해서 계속됨을 나타내는 경우

(1) 他刚唱完，大家就鼓起掌来了。

2. 사람 또는 사물이 흩어져 있다가 모임을 나타내거나 동작이 일정한 결과에 이르렀음을 나타내는 경우

(1) 我们应该团结起来。
(2) 大桥把长江两岸连接了起来。
(3) 他把东西藏起来了。
(4) 我们已经建立起来了一批大型工业生产基地。

3. '~할 때' 라는 뜻을 나타내는 경우

(1) 他说起话来很慢。

02 好你个…

'好你个…'는 반어적으로 자주 쓰이며, 상대방에 대한 불만·책망의 뜻을 나타냅니다. 이 밖에 나무라는 척하며 사실은 칭찬을 하는 경우에도 많이 쓰입니다.

(1) 好你个姓王的，你这是拿我开心啊！
(2) 好你个小子，主意还真多。 行，就照你说的办。

상황회화 ②

피아노 전공인 喜宣. 小李에게 자신이 피아노를 배우게 된 얘기를 들려 주는데……

小李: 我已听说过一些关于你的故事，还能问你一些童年时候的事情吗？

喜宣: 可以。我喜欢回忆小时候的事情。

小李: 你出生在钢琴世家，是不是从小就开始弹钢琴了？

喜宣: 记得我会走路以后，妈妈就常带我去钢琴音乐会，听大人弹钢琴。不过，我真正开始学钢琴，是在幼儿园。

小李: 什么时候起，你决定把弹钢琴作为你的事业？

喜宣: 那是在我第一次获得冠军以后。

小李: 你还记得自己第一次获得冠军时的情景吗？

喜宣: 当然记得。那时我读小学三年级，我们学校举行钢琴比赛。我弹得很努力，战胜了高年级的大同学，捧得了那只大奖杯。

小李: 谁对你的生活道路影响最大？

喜宣: 我的爸爸和老师。他们一直鼓励我，关心我，教我怎样对待成功和失败。至于钢琴技术方面，我妈妈给了我很多帮助。她是个有名的钢琴家。

단어 回忆 huíyì 동 회상하다 ｜ 世家 shìjiā 명 명문가 ｜ 获得 huòdé 동 획득하다, 얻다 ｜ 情景 qíngjǐng 명 광경, 정경 ｜ 战胜 zhànshèng 동 싸워 이기다 ｜ 捧得 pěngdé 동 (우승컵 등을) 받다 ｜ 鼓励 gǔlì 동 격려하다 ｜ 失败 shībài 동 실패하다

01 关于

1. '关于'의 목적어는 동작 행위와 관련된 사물이나 범위를 나타냅니다. '关于'로 이루어진 개사구가 부사어로 쓰이면 언제나 문장 첫머리에 놓입니다. 단, '关于'가 관형어로 쓰일 때는 뒤에 '的'를 부가해야 합니다.

(1) 关于这座白塔，相传有这样一个故事。　(부사어)

(2) 关于校园的绿化问题，今天先谈这些，大家再考虑考虑。　(부사어)

(3) 这本书里收集了许多关于海底动物的原始资料。　(관형어)

(4) 当时流传着不少关于他刻苦做诗的故事。　(관형어)

2. '关于'가 '对于'와 다른 점은, '对于'는 동작의 대상을 끌어들이지만 '关于'의 목적어는 관련되는 범위를 나타냅니다. 만약 개사의 목적어가 동작이 미치는 대상이면서 동작이 미치는 범위를 나타내면, '关于'와 '对于' 모두 쓸 수 있습니다.

(1) 关于(=对于)举行汉语表演大赛的问题，同学们的看法不一致。

(2) 关于织女星，民间有个美丽的传说。

(3) 对于文化遗产，我们必须进行研究分析。

02 …得

'得'는 동사의 접미사로 쓰일 수 있습니다. 이 경우 'O得'는 하나의 동사이므로, 동사와 정도보어나 가능보어 사이를 연결하는 조사 '得'으로 착각하지 않도록 주의해야 합니다.

获得 / 捧得 / 记得 / 取得 / 值得

03 至于

개사 '至于'는 '~으로 말하면', '~에 관해서는' 등의 뜻으로 화제를 돌리거나 제시할 때 쓰입니다.

(1) 去是肯定要去的，至于什么时候去，以后再说吧。

(2) 今天我主要介绍些理论问题，至于应用上的问题，明天再谈。

(3) 我只知道他已经回国了，至于什么时候回的国，我就不清楚了。

1　A. 钥匙怎么也找不着了　　　　B. 钥匙被女的藏起来了
　　C. 女的帮男的找到了钥匙

2　A. 男的总自己和自己说话　　　　B. 男的背英语时发出声音
　　C. 男的不喜欢说话

3　A. 脖子　　　　　　B. 肩膀　　　　　　C. 胳膊

4　A. 上级要来检查　　　　　　B. 落实上级的指示要求
　　C. 组织学习

5　A. 不知道如何处理　　　　B. 自己来处理
　　C. 让女的来处理

6　A. 男的不记得今天是什么日子
　　B. 男的知道今天是什么日子
　　C. 男的认为今天不是什么特别的日子

7　A. 认为男的是个好人　　　　B. 认为男的没有主意
　　C. 认为男的有很多主意

8　A. 要支持儿子　　B. 要表扬儿子　　　　C. 要批评儿子

9　A. 女的成功了　　B. 女的遇到挫折了　　C. 女的做事很谨慎

10　A. 有很多事情值得去想　　　　B. 很多事情都忘记了
　　C. 有很多事情记不请了

她是我童年的朋友。我对她的记忆已不大完整了。我们曾经一起去湖边看人钓鱼，一起在雨中跑来跑去闹着玩。她对我很好，记得我生日的时候，她总画一幅画送给我。我们俩从来没有吵过嘴。后来，她搬家了，去了别的城市。开始的时候，我很伤心，常常一个人回想我和她在一起的时光。后来有了新朋友，对她的记忆渐渐淡薄了。十年后的一天，她又出现在我面前。"不记得我了?" 她随即说出了自己的名字。"是你啊，怎么想到来看我的?" 刚说完，我就感到失言了。"我一直记着你。还记得吗? 小时候我们一起爬树，我掉了下来，你让我不要哭。晚上小街一片漆黑，我们都害怕得要命，可你勇敢地走在我前头。你记得吗?""对，是的。我，我记得。" 那些丢失的记忆重又找了回来，变成了一股股暖流，流遍了我的全身。我曾经做过的事，连我自己都记不清了，在她心中却留下了深刻的印象。我被深深地感动了。

1 她是我________的朋友。

    A. 童年时　　　　　B. 中学时　　　　　C. 工作中

2 ________前，她搬家去了别的城市。

    A. 五年　　　　　　B. 十年　　　　　　C. 十五年

3 再次见到她，我感到________。

    A. 很伤心　　　　　B. 很激动　　　　　C. 很突然

4 小时候的事，她________。

    A. 差不多已经忘了　　　B. 还记得清清楚楚

    C. 没有我记得清楚

▶▶▶ **빈칸에 알맞은 단어를 골라 넣으세요.**

关于   对于   至于

1 ＿＿＿＿中药，我知道得很少。

2 ＿＿＿＿中药，我很感兴趣。

3 我只是给你们介绍一下，＿＿＿＿具体问题，你们自己商量吧，我就不管了。

4 ＿＿＿＿这个问题，我直接跟老王联系。

5 ＿＿＿＿这个问题，我们一定要努力解决。

起来   出来

6 昨天老师讲的内容，我实在想不＿＿＿＿了。

7 应该用什么办法来解决这个问题，我实在想不＿＿＿＿。

8 他想办法把那些小船都连＿＿＿＿了。

▶▶▶ **괄호 안의 어휘를 이용해 문장을 완성하세요.**

9 ＿＿＿＿＿＿＿＿＿＿＿＿＿＿＿，妈妈就常带我去钢琴音乐会，听大人弹钢琴。（记得）

10 ＿＿＿＿＿＿＿＿＿＿＿＿＿＿＿，我是茫然得很。（至于，问题）

11 ＿＿＿＿＿＿＿＿＿＿＿＿＿＿＿，今天先谈这些，大家再考虑考虑。（关于，绿化问题，校园）

▶▶ **다음을 중국어로 써 보세요.**

1 중국어 공연 대회를 하는 문제에 관하여 학우들의 견해가 일치하지 않는다. (关于/对于)

____

2 우리는 반드시 뭉쳐야 한다. (起来)

____

3 이 책에는 해저 동물에 관한 기초 자료들이 많이 수록되어 있다. (关于)

____

4 나는 그가 이미 귀국했다는 것만 안다. 언제 귀국했는지는 잘 모른다. (至于)

____

5 문화 유산에 대하여 우리들은 반드시 연구 분석을 해야 한다. (对于)

____

6 저는 어린 시절의 일을 회상하는 것을 좋아합니다. (回忆)

____

7 너는 처음 일등 했을 때의 광경을 아직 기억하니? (记得)

____

画蛇添足 _huà shé tiān zú

뱀을 그릴 때 다리를 덧붙인다는 뜻으로,
쓸데없는 군일을 하다가 도리어 실패함을 나타낸다.
우리말의 '사족'과 같은 말이다.

옛날, 초(楚)나라에 사당을 관리하는 벼슬아치가 있었다. 한번은 사당의 제사가 끝나고 나서 하인들에게 술 한 병을 상으로 주었는데, 하인은 많고 술은 한 병뿐이라서 나눠 마시기에는 턱없이 부족했다. 한 사람이 다 마신다면 실컷 마실 수 있겠지만, 그러면 나머지 사람들이 불평할 테니 어떻게 해야 할지 난감했다. 그래서 궁리한 끝에, 땅에 뱀을 그리는 시합을 해서 가장 빨리 그리는 사람에게 술을 주기로 했다.

모두가 이 방법에 찬성해서 동시에 땅에 뱀을 그리기 시작했다. 그 중 한 사람이 재빨리 그림을 완성하고는 당당히 술병을 집어들었다. 그때 다른 사람들은 아직도 땅바닥에 쪼그리고 앉아서 뱀을 그리는 중이었다. 그는 우쭐한 기분이 들어서, 술병을 도로 내려놓고 뱀에 4개의 발을 그려넣었다. "너희들 아직도 못 그렸어? 난 시간이 남아돌아서 뱀의 발까지 그렸는데!"

바로 그때 또 한 사람이 뱀을 다 그리고는 술병을 낚아채면서 말했다. "뱀에 다리가 어디 있냐? 다리가 있다면 그건 뱀이 아니겠지. 네 그림은 뱀이라고 할 수 없으니, 일등은 나야. 이 술은 내가 마셔야겠어." 그 사람은 말을 마치자마자 술병을 들어서 맛나게 술을 마셔 버렸다.

예문

这件事情做完就可以了, 不要画蛇添足。

이 일만 마치면 되니까 괜히 사족을 달지 마라.

맛있고 간편한 아침 식사

전병(煎饼) 노점상

맞벌이 부부가 많은 중국에서는 아침 식사를 밖에서 해결하는 것이 보통이다. 각자 출근하는 길에 식당이나 노점상에 들러서 간단히 아침을 먹고 직장으로 향하는 것이다. 그래서 버스 정류장이나 지하철 부근처럼 출근길 시민들이 지나가는 길목에는 어김없이 아침 식사를 파는 식당이나 노점상들이 하나둘 들어서고, 시간이 흐르면서 규모가 커져서 아예 아침 먹거리 시장[早市]을 이루기도 한다. 이 시장에서는 보통 3~5위안이면 거뜬히 아침 한 끼를 해결할 수 있다.

아침 먹거리 시장의 인기 메뉴로는 우선 다양한 죽[粥]을 꼽을 수 있는데, 어떤 곳에서는 들고 다니며 먹기 편하도록 일회용 용기에 죽을 담아 큰 빨대를 꽂아 팔기도 한다. 고기와 야채가 들어 있는 만두[包子], 찻잎·계피·생강·간장 등을 넣고 삶은 달걀[茶蛋], 간장 소스를 위에 뿌려 먹는 순두부[豆腐脑], 작은 만두를 넣은 만두국[馄饨], 밀가루 반죽을 발효시켜 튀긴 꽈배기[油条] 등은 값싸고 든든한 아침 식사로 중국 서민들에게 변함없이 사랑받고 있다. 또한 속에 아무것도 들어 있지 않은 주먹만 한 밀가루 찐빵[馒头], 파를 넣어 부친 전병[葱油饼]이나 계란을 넣은 전병[蛋饼]도 인기 있다.

꽈배기와 콩국 메뉴

음료로는 중국식 콩국[豆浆]이 안성맞춤이다. 불린 콩을 갈아서 장시간 끓인 콩국은 우리나라의 여름 별미인 콩국수에 넣는 콩국과 비슷하지만, 중국 사람들은 여기에 소금 대신 설탕을 넣어 따뜻한 음료로 마시는 경우가 많다.

이른 아침의 거리에서 맛있는 냄새를 풍기는 아침 먹거리 시장은 중국 서민들의 일상을 엿볼 수 있는 진풍경이라고 할 수 있다. 요즘엔 아침 식사를 전문으로 파는 체인점도 많고 매일 아침 식사를 배달해 주는 업체도 성업 중이라고 하니, 중국인의 아침 식사도 나날이 진화하는 듯하다.

1 您能　给我解释一下吗？
　　　　告诉我是什么道理吗？
　　　　说明一下原因吗？

2 为什么管

这	叫	"一本通"	呢？
丑女		恐龙	
他		小猪	

3 那么，　是不是中国人都喜欢这样的大家庭呢？
　　　　　为什么管这叫"一本通"呢？
　　　　　你最近跟他究竟是怎么回事？

PART 14

能给我解释一下吗?

나에게 설명 좀 해 줄래?

학습 목표

1. 어떤 일의 이유나 배경을 설명할 때 자주 쓰는 표현을 익혀 봅니다.
2. '특히', '더욱' 등의 뜻을 나타내는 '尤其' 용법에 대해 알아봅니다.

4 主要是

兴趣爱好、生活方式不同。
对环境不太适应。
有个别人反对。

5 由于

生产落后, 因此家庭是传统的生产单位。
经济不景气, 失业人数在增加。
工作不认真, 他被老板解雇了。

상황회화 ❶

계좌를 개설하기 위해 은행을 찾은 美珍. 직원에게 계좌 개설에 관해 이것저것 묻는데……

美珍: 请问, 账户怎么开?

职员: 您带身份证了吗?

美珍: 我只带了居留证。

职员: 在中国境内, 居留证就是外国人的身份证。请问, 您要开活期账户还是定期账户?

美珍: 您能给我解释一下它们的区别吗?

职员: 活期账户可以随时取款, 按活期利率计算利息。定期账户按存期计息, 定期取款, 定期最短为一个月。

美珍: 那我就开一个定期账户吧。

职员: 好。请填写这张"中行定期一本通"开户申请表。

美珍: 为什么管这叫"一本通"呢?

职员: 那是因为, 第一, 有了这一本存折, 不管在中行的哪个网点, 都可以存取；第二, 人民币、港元以及十种外币, 无论是现钞还是现汇, 都可以直接存入；第三, 国外的汇款, 只要写明收款人姓名、账号和存期, 都会及时入账。

美珍: 谢谢你的介绍。

단어 账户 zhànghù 명 계좌 ┃ 身份证 shēnfenzhèng 명 신분증, 주민등록증 ┃ 境 jìng 명 경계 ┃ 活期 huóqī 명 보통 (예금) ┃ 利率 lìlǜ 명 이율 ┃ 利息 lìxī 명 이자 ┃ 定期 dìngqī 명 정기 (예금) ┃ 填写 tiánxiě 동 써넣다, 기입하다 ┃ 申请表 shēnqǐngbiǎo 신청서 ┃ 存折 cúnzhé 명 예금 통장 ┃ 网点 wǎngdiǎn 명 점포망, 판매망 ┃ 现钞 xiànchāo 명 현금 ┃ 现汇 xiànhuì 명 즉시 교부 가능 외환

01 随时

'随时'는 '아무 때나', '언제나', '형편에 따라', '그(때)', '즉시' 등의 뜻을 나타냅니다.

(1) 应当随时表扬模范社员。

(2) 大家以后有什么法律问题都可以随时来问我。

(3) 你随时都可以来。

(4) 类似的悲剧随时都可能发生。

02 管…叫

'管…叫'는 '~을 ~라고 부르다'의 뜻을 나타내며, '把', '将'과 용법과 비슷하나 '管'은 반드시 '叫'을 동반해야 합니다.

(1) 这孩子长得胖, 大家都管他叫小胖子。

(2) 你们管这种东西叫什么?

03 以及

'以及'는 '和'와 의미는 같지만, 단어·구·구절을 병렬할 때 쓰입니다.

(1) 本店经营电视机、收录机, 以及有关零件。

(2) 问题是怎么产生的, 以及应该怎么解决, 需要好好调查研究。

美珍은 중국 장편소설을 읽고 小李에게 중국 가정에 관해 궁금한 것을 묻는데……

美珍: 最近我在看老舍的长篇小说《四世同堂》。 是不是中国人都喜欢
"三代同堂"、"四世同堂"这样的大家庭？

小李: 半个多世纪以来，这样的大家庭越来越少了。 尤其是在大中城
市，两代同堂的家庭都在慢慢减少。

美珍: 那么，你认为理想的家庭是什么样的？

小李: 那还用说，当然是三口之家了。

美珍: 为什么不同年龄段的人不喜欢住在一起？

小李: 依我看，主要是兴趣爱好、生活方式等不同。 就拿看电视来说，
年轻人喜欢的，老年人不一定喜欢；反过来也一样。

美珍: 那为什么以前人们觉得几代同堂的大家庭不错呢？

小李: 那时，由于生产落后，工业经济不发达，家庭是传统的生产单
位。 有的家庭世世代代都从事同样的职业，也就有了多子多福，
家大业大的想法。

美珍: 看来，家庭由大变小是一种进步。

小李: 可是，任何事情都有两面性。
随着老龄人口的增加，养老问题
变得越来越突出。 这可是一个不
小的社会问题。

단어 世纪 shìjì 명 세기 ｜ 尤其 yóuqí 부 특히 ｜ 反 fǎn 동 뒤집다 ｜ 由于 yóuyú 접 ~이기 때문에 ｜ 落后 luòhòu 동 낙후되다, 뒤떨어지다 ｜ 发达 fādá 형 번성하다, 경기가 좋다 ｜ 单位 dānwèi 명 회사, 부서 ｜ 进步 jìnbù 명 발전, 진보 ｜ 随着 suízhe 개 ~함에 따라 ｜ 突出 tūchū 형 돌출하다, 눈에 띄다

고유명사 老舍 Lǎo Shě 〈인명〉 라오서(중국의 유명 작가) ｜ 《四世同堂》Sì Shì Tóng Táng 사세동당(라오서의 장편 3부작)

01 尤其

'尤其'는 전체 또는 기타 사물과 비교했을 때 특히 두드러짐을 나타냅니다.

(1) 多喝酒对身体不好，尤其影响心脏。
(2) 大家的意见，尤其是老张的意见，对我帮助很大。
(3) 那里的风沙很大，尤其是在春天。

02 依

'依'는 개사로 '~에 의해서', '~대로', '~따라' 등의 의미를 나타냅니다.

(1) 依次前进。
(2) 依我看，这样办可以。
(3) 依当时的情况，只能采取紧急措施。

03 由于

'由于'은 첫 번째 절에 쓰여 원인을 설명하고, 뒷절은 결과를 나타냅니다.

(1) 由于工作关系，我跟他曾经有过联系。
(2) 由于事情本身比较复杂，又由于观点各不相同，因而意见不完全一致。
(3) 由于工作出色，他当上了劳动模范。

04 随着

'随着'는 어떠한 사물이 다른 사물과 동시에 변함을 나타냅니다.

(1) 随着年龄的增长，性格也会发生变化。
(2) 随着经济的发展，人民的生活水平在不断提高。
(3) 人的观念、想法，是随着时代的变化而变化的。

1   A. 在存钱   B. 在开银行账户   C. 在取钱

2   A. 饭店   B. 银行   C. 商店

3   A. 全国增长的都快   B. 特别是大中城市增长得快
      C. 大中城市增长不是很快

4   A. 按她的想法这事应该这样办
      B. 按她的想法这事不可以这样办
      C. 她也不知道该怎么办

5   A. 年龄大了身体就会不好   B. 年龄大了身体不一定就不好
      C. 年龄大了身体一样很好

6   A. 马上出发   B. 一会出发   C. 随时都有可能出发

7   A. 把冰箱当做洗衣机了   B. 把洗衣机当做冰箱了
      C. 要用冰箱换洗衣机

8   A. 韩国、泰国都没去过   B. 韩国、泰国和新加坡都没去过
      C. 就新加坡没去过

9   A. 表现不好   B. 表现十分好   C. 表现一般

10   A. 定期体检很重要   B. 定期体检没必要
      C. 女的生病去医院检查

我的一个朋友告诉我，有一个时期，在他们国家的电器商店里，来购买窃听器的中年妇女突然增多了。一位母亲解释说："在孩子书包里装窃听器，可以及时了解孩子在放学回家路上是否受人欺负，是否遇到危险，或者在干什么坏事儿。"这种举动似乎不合情理。其实，母亲们也不愿意这样做。她们之所以采用这种做法，是因为青少年犯罪事件不断发生。激烈的升学竞争、不恰当的教育方式等，使一些学生对学习失去了兴趣，有的走上了吸毒、盗窃等犯罪道路。正是在这种社会背景下，母亲们不得不求助于窃听器。

1. 近来在他们国家购买窃听器的往往是些什么人？他们购买窃听器的用途是什么？

2. 学生怎么会对学习失去兴趣的？

3. 在你们国家，青少年犯罪现象是在增多还是减少？你能解释一下原因吗？

▶▶ 빈칸에 알맞은 단어를 골라 넣으세요.

| 及时　　按时　　准时　　随时 |

1 幸亏消防队______赶来救火，否则不知道会烧成什么样子呢。

2 他每天都______上下班，从不迟到早退。

3 如果有什么特殊情况，可______跟我联系。

4 他每天八点开始读外语，非常______。

| 尤其　　由于　　随着 |

5 ______父亲常去跳舞，所以家里常闹矛盾，很不和睦。

6 ______时代的不同，风俗也不同了。

7 ______坚持了体育锻炼，他的身体越来越结实了。

8 ______是城市人口密度更大。

▶▶ 괄호 안의 어휘를 이용해 문장을 완성하세요.

9 我们这儿____________。(管…叫…)

10 电影、戏剧、舞蹈，我都喜爱，____________。(尤其)

11 ____________，市场在不断扩大。(随着)

▶▶▶ 다음을 중국어로 써 보세요.

1. 내가 보기에는 이렇게 하면 될 것 같다. (依)

2. 너희들은 이런 것을 뭐라고 부르니? (管…叫)

3. 모두의 의견, 특히 老张의 의견은 나에게 큰 도움이 되었다. (尤其)

4. 일 때문에 나는 그와 연락한 적이 있다. (由于)

5. 나이가 많아짐에 따라 성격도 변하게 된다. (随着)

6. 다들 무슨 법률 문제가 있으면 아무 때나 나에게 물으러 와도 좋다. (随时)

7. 이 상점은 텔레비전, 라디오 카세트, 그리고 관련 부품을 취급한다. (以及)

卧薪尝胆_wò xīn cháng dǎn

섶나무 위에서 잠을 자고 쓰디쓴 쓸개를 핥는다는 뜻으로,
원수를 갚거나 어떤 목적을 이루기 위하여
괴로움을 참고 견딤을 비유하는 말이다.

춘추 시대, 중국 남부에는 월(越)나라와 오(吳)나라가 서로 이웃해 있었다. 이 두 나라는 자주 전쟁을 벌였는데, 서로 힘이 비슷하여 승부가 나지 않았다. 하지만 기원전 496년에 오나라는 드디어 월나라를 크게 이겼고, 월나라 왕은 이 전쟁에서 입은 부상 때문에 얼마 후 죽게 되었다.

월나라 왕은 죽기 전에 아들 구천(勾践)에게 꼭 복수해 달라고 당부했다. 구천은 복수를 위해 밤낮으로 군대를 훈련시켰으나, 이 소문을 들은 오나라가 월나라로 쳐들어오는 바람에 또다시 전쟁에 패하고 구천 자신도 포로로 잡혀갔다. 오나라로 끌려간 구천은 오나라 왕의 의심을 풀기 위해서 순진한 척을 했는데, 여기에 속은 오나라 왕은 그를 불쌍히 여겨 풀어주었다.

구천은 월나라로 돌아온 후 이를 갈며 복수를 다짐했다. 그는 궁중의 편안한 생활에 젖어 투지를 잃을까 봐, 장작더미 위에서 잠을 자고 식사 때마다 쓰디쓴 쓸개를 핥았다. 쓴맛을 느낄 때마다 그는 큰 소리로 스스로에게 말했다. "구천아! 너는 월나라가 누구 손에 이 지경이 되었는지 잊었느냐?" 월나라를 부강하게 만들기 위해서, 그는 손수 농사를 짓고 아주 검소하게 생활했으며, 재능 있는 사람을 극진히 대우하고 백성을 아꼈다. 이렇게 하여 월나라는 곧 강성해졌다.

동시에, 그는 오나라 왕 부차(夫差)에게 많은 미녀와 보물을 보냈다. 오나라 왕은 정말로 그가 복수를 포기한 줄 알고 경계를 풀었다. 몇 년 후, 월나라는 오나라를 공격하여 크게 이겼으며, 구차는 마침내 원한을 풀었다.

예문
只要能有卧薪尝胆的意志，就一定有报仇雪恨的机会。
고생을 참고 견디는 의지만 있다면, 반드시 복수할 기회가 있을 것이다.

알뜰 쇼핑 노하우

중국에서 물건을 살 때 흔히 듣는 충고가 바로 바가지[宰客]를 조심하라는 것이다. 우리나라도 관광객을 상대로 바가지를 씌우는 경우가 종종 있지만, 중국의 바가지는 상상을 불허한다. 요즘은 정찰제 상점이 늘어나는 추세이기는 하지만, 단골손님이 아닐 경

재래 시장의 흥정

우에는 값을 사정없이 올려 부르는 곳이 여전히 많다. 더구나 돈 많고 현지 물가에 어두운 외국인 관광객은 그야말로 '봉' 인 셈이니, 가격을 두세 배 부풀리는 것쯤이야 애교라고 할 수 있다.

그러다 보니 중국에서 쇼핑을 할 때는 흥정[讨价还价]을 빼놓을 수 없다. 중국 상인들과 흥정해서 값을 잘 깎으려면[砍价] 무엇보다도 눈치와 배짱이 좋아야 한다. 우리나라 사람들은 흥정을 별로 안 해 봐서인지, 값을 깎아 달라는 말을 하지 못하고 머뭇거리다가 그냥 비싼 값에 사 버리는 경우도 있다. 친절한 점원에게는 '미안해서', 불친절한 점원은 '무서워서' 깎아 달라는 말도 못 꺼내는 것이다. 용기를 내어 깎아 달라고 하면, 얼마에 원하느냐는 질문을 꼭 받게 되는데, 이때 소심하게 1~2위안 깎지 말고 과감하게 반값이나 3분의 1 가격을 불러 보라. 처음에는 분명 안 된다고 할 테지만, 그냥 가버리겠다는 시늉을 하면 곧 상인들이 붙잡으며 그 가격에 가져가라고 한다.

몽땅 10위안~에누리 없음~

물론 백화점 같은 곳에 가서 깎아 달라고 떼를 쓰면 안 되겠지만, 가끔은 정찰제 상점에도 융통성(?)이 발휘된다. 또한 삼륜차를 타거나 택시를 대절할 때도 흥정은 필수이며, 심지어 중급 이하의 호텔에서는 숙박비도 흥정할 수 있다. 관광 비수기라면 숙박비를 왕창 깎거나, 일반실 가격으로 특실에 묵을 수도 있으니 꼭 시도해 보도록 하자. 물론 흥정 자체가 귀찮은 사람은 백화점으로 가면 되겠지만, 이것도 중국에서 맛볼 수 있는 재미 중의 하나라고 생각하고 즐기는 것도 좋을 것이다.

1 我们要

告诫
警告
提醒

每一个人。

2 要知道,
别忘了,
要注意,

这是一项艰难的工作。

3 小心别

让女烟民听见了。
撞上人。
乱说。

我们要告诫每一个人。

우리는 모두에게 경고해야 한다.

학습 목표

1. 경고할 때 쓰는 표현을 익혀 봅니다.

2. 비교와 선택을 나타내는 '与其…不如…' 용법에 대해 알아봅니다.

4 为了　健康,　　你还是　把烟戒了吧。
　　　　班级,　　　　　　参加吧。
　　　　将来,　　　　　　考虑一下吧。

5 你　这种说法是一种性别歧视。
　　这就想错了。
　　可不能这么说。
　　这种做法是危险的。

小李와 美珍이 흡연에 관해 서로의 의견을 나누는데……

美珍: 听说，最近国内几个大卷烟厂准备生产女士香烟。我觉得，这样会使越来越多的女性抽上香烟。

小李: 你这种说法，小心别让女烟民听见了。她们会问你，为什么女性就不能抽烟？她们还会说，这是一种性别歧视。

美珍: 那么，我补充说明一下，不管男性还是女性，都别抽烟，尤其是怀孕的妇女，更不要接触香烟，以免影响下一代的健康。男人在妻子或孩子面前抽烟，是对家庭环境的一种污染。

小李: 这道理我想大家都懂。可是现在，无论是男的还是女的，年轻的还是年老的都在抽。有需要，就有市场。与其让外国产品占领市场，还不如让国内厂家获得利润。你听说过没有？卷烟每年为国家创造大量的税收。

美珍: 可你了解不了解，国家为治疗因抽烟引起的疾病投入了大量财力，据说还大大高于烟草税收。你是个老烟民，我劝你还是把烟戒了。

小李: 谢谢你的忠告。为了我的健康，我一定戒烟。

단어 卷烟 juǎnyān 명 궐련, 담배 │ 怀孕 huái // yùn 동 임신하다 │ 接触 jiēchù 동 접촉하다 │ 污染 wūrǎn 명동 오염(시키다) │ 与其…不如… yǔqí… bùrú… ~하는 것보다 ~하는 것이 낫다 │ 利润 lìrùn 명 이윤 │ 税收 shuìshōu 명 세수, 세수입 │ 引起 yǐnqǐ 동 야기하다 │ 烟民 yānmín 명 흡연자 │ 忠告 zhōnggào 명 충고

01 ···民

'民'은 원래 '백성', '국민'이라는 뜻의 명사이지만, 다른 한자 뒤에 쓰여 '어떤 일에 종사하는 사람'이나 '어떤 신분을 가진 사람'을 나타내기도 합니다.

> 农民 / 渔民 / 牧民 / 股民 / 烟民 / 网民

02 与其…不如…

'与其'는 앞절에 쓰여 비교의 과정을 거쳐 어떤 일을 포기함을 나타내고, 뒤에 '不如'를 써서 어떤 일을 선택함을 나타냅니다.

(1) 天气这么好，与其呆在家里，不如出去走走。
(2) 与其你去，还不如我去。

03 大大

'大大'는 '크게', '대단히' 등의 뜻으로, 수가 매우 많거나 정도가 매우 심함을 강조합니다.

(1) 新技术大大提高了生产效率。
(2) 今年的棉花产量大大超过了去年。
(3) 现在韩国的国际地位大大地提高了。

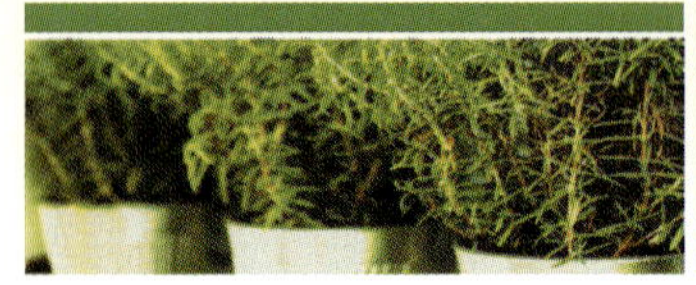

상황회화 ②

3월 22일 '세계 물의 날'을 맞아 杰伦과 美珍은 물의 중요성을 깨닫는데……

美珍： 现在，日历上又多了一个"世界水日"。

杰伦： 是啊，联合国把每年的3月22日定为"世界水日"，为的是引起大家对水资源的重视。

美珍： 水和地球上的任何资源一样，都是有限的。 听说有的地方常年缺水，以致严重影响生活和生产。 你们北京的情况怎么样？

杰伦： 虽然北京有几十条河流，但是水的质量比较糟糕。 水厂的取水口一次次搬迁，就很说明问题。

美珍： 倒也是，北京的水污染严重。 就像专家警告的那样，已到了非治理不可的时候了。

杰伦： 市政府很重视治理、改善北京水环境的问题，并已采取了许多措施。 但是，要知道，这是一项艰难的工程。

美珍： 我们面临的，不只是水的问题，
而是我们生存的整个环境。
现在很难在地球上找到一片不
受污染的土地了。

杰伦： 所以，我们要告诫每一个人：
不要让人类的家园——地球，
毁在我们自己的手里。

단어　资源 zīyuán 몡 천연자원 ｜ 重视 zhòngshì 몡동 중시(하다), 중요시(하다) ｜ 常年 chángnián 몡 오랜 기간, 일 년 내내 ｜ 以致 yǐzhì 젭 ～을 초래하다 ｜ 治理 zhìlǐ 동 다스리다 ｜ 环境 huánjìng 몡 환경 ｜ 措施 cuòshī 몡 조치 ｜ 艰难 jiānnán 혱 곤란하다, 어렵다 ｜ 告诫 gàojiè 동 경고하다 ｜ 家园 jiāyuán 몡 가정, 고향 ｜ 毁 huǐ 동 파괴하다, 훼손하다

01 为的是

'为的是'는 목적을 나타냅니다.

(1) 他六点就起床，为的是去医院看朋友。
(2) 她早起晚睡，为的是学好汉语。

02 以致

'以致'는 두 번째 절에 쓰여, 앞에서 말한 원인 때문에 뒤에 좋지 않은 결과가 발생했음을 나타냅니다.

(1) 他的腿受了重伤，以致几个月都起不来床。
(2) 他过去不认真学英语，以致二十六个字母都认不全。

03 要知道

'要知道'는 상대방이 어떤 사실이나 이치를 반드시 알아야 함을 일깨워 주는 말입니다.

(1) 你必须依靠大家。要知道，这事一个人是办不成的。
(2) 要知道，不看电视，你就不明白当今的社会热点，与朋友交谈起来就插不上嘴。
(3) 要知道，这些场所消费很高，一瓶啤酒至少10元以上。

1 A. 7:00　　　　　B. 7:30　　　　　C. 8:00

2 A. 买台式电脑好　　　　　B. 买笔记本电脑好
　　C. 买台式电脑不便宜

3 A. 买黑色的　　　B. 一定要买白色的　　C. 不买白色的

4 A. 这种新型卷烟对人无害　　B. 这种新型卷烟也有害健康
　　C. 这种新型卷烟危害更大

5 A. 2500元　　　　　B. 3500元　　　　　C. 6000元

6 A. 学历不够　　　B. 正在读研究生　　C. 早就去过了

7 A. 国产手机不好看　　　　　B. 国产手机不好
　　C. 不知道国产手机好

8 A. 我们毁了地球　　　　　B. 治理措施没有效果
　　C. 要尽快想出治理办法

9 A. 休息好，工作才能好　　　　　B. 为了早点回家工作
　　C. 因为第二天休息

10 A. 男的经常加班，为的是自己
　　B. 男的经常加班，为的是妻儿
　　C. 男的经常加班，但是很注意身体

有位世界著名语言学家1998年发出警告说，如果各国政府不采取有效的保护措施，全世界约有3000多种语言将面临消失的危险。他指出，目前，地球上50多亿人每天说的语言达6000多种，但由于国际通用语言的影响，少数民族中的年轻一代对使用本民族语言越来越不感兴趣，以致这6000多种语言约有一半面临消失的危险。他还说，尤其在土著人口密度较高的国家，如澳大利亚、墨西哥以及非洲和南美洲的一些国家，少数民族语言面临消失的危险更大。他认为，这种现象不仅仅存在于第三世界国家，欧洲也有150种语言到了"生死存亡"的时刻。

单文을 읽고, 문제가 맞는 문장이면 ○, 틀린 문장이면 ✕를 하세요.

1. 全世界将有一半的语言面临消失的危险。（　　）

2. 国际通用语言的影响正变得越来越大。（　　）

3. 这种现象仅仅存在于第三世界国家。（　　）

4. 在土著人口密度较高的国家，民族语言消亡的危险性还不是很明显。（　　）

▶▶ 빈칸에 알맞은 단어를 골라 넣으세요.

前面　　面前　　面对　　对面　　面临

1　我们应该______现实。

2　他在领导______表现得很积极。

3　大礼堂______是教学大楼。

4　我们正______着极大的困难。

5　商店在马路______。

▶▶ 괄호 안의 어휘를 이용해 문장을 완성하세요.

6　A: 咱们去打球吧。

　　B: 打球有什么意思, ______________。 (与其…不如…)

7　他花这么多时间做市场调查, ______________。
　（为的是）

8　下了一场大雪, ______________。 （以致）

9　______________, 还不如让国内厂家获得利润。
　（与其）

▶▶▶ **다음을 중국어로 써 보세요.**

1 신기술이 생산 효율을 크게 향상시켰다. (大大)

2 네가 가느니 내가 가는 것이 낫다. (与其…不如…)

3 그녀는 중국어를 마스터하기 위해 아침 일찍 일어나 밤늦게 잔다.
(为的是)

4 그는 다리에 중상을 입어 몇 달 동안 자리에서 일어나지 못했다.
(以致)

5 텔레비전을 보지 않으면 지금 사회의 핫이슈를 잘 몰라서 친구와
대화할 때 입을 닫고 있어야 한다는 것을 알아야 한다. (要知道)

6 나의 건강을 위해서 꼭 담배를 끊을 거야. (为了/戒烟)

7 그는 과거에 열심히 영어를 공부하지 않아서 알파벳 26개를 다
알지 못한다. (以致)

小題大作_xiǎo tí dà zuò

작은 제목으로 큰 문장을 짓는다는 뜻으로,
사소한 일을 가지고 요란스럽게 구는 것을 가리킨다.

조(趙)나라의 효성왕(孝成王)은 어리석은 임금이었고, 제멋대로 정치를 하다가 종종 일을 그르치곤 했다. 한번은 조나라와 연(燕)나라 사이의 국경 문제 때문에 전쟁이 일어나서, 연나라 대장군 고양(高阳)이 이끄는 10만 대군이 조나라로 쳐들어왔다. 조나라도 강대국이라서 전쟁이 일어나도 꼭 진다는 법은 없었고, 혹시 지더라도 국경 부근의 땅을 조금 연나라에 넘겨주면 될 일이었다.

하지만 효성왕은 연나라 군대가 쳐들어온다는 말을 듣고는 완전히 겁에 질려 버렸다. 사실 조나라에도 평원군(平原君)이나 조사(趙奢)같이 전쟁에 능한 인재가 많았지만, 효성왕 생각에는 연나라 군대를 당해 낼 사람이 없는 것만 같았다. 그래서 효성왕은 제나라로 사신을 보내 제나라 장군 전단(田单)이 와서 조나라 군대를 통솔해 달라고 부탁했다.

제나라 왕은 이 꼴을 보고 속으로 비웃으면서, 이 참에 톡톡히 한몫 챙겨야겠다고 생각했다. 그래서 조나라 사신에게 이렇게 말했다. "전단이 가서 대신 싸워 주는 건 어렵지 않지. 하지만 그 대가로 조나라의 도시 3군데와 마을 57군데를 내놓아야 한다." 효성왕은 이 말을 듣고 고민하다가 결국 제나라의 요구에 응하기로 결정했다. 그는 조나라가 당장 망할까 봐 무서웠던 것이다.

이 일이 알려지자 조나라의 신하들은 모두 분개했다. 특히 조사는 화가 머리 끝까지 나서 평원군에게 이렇게 말했다. "연나라가 쳐들어온다 해도 기껏해야 작은 마을 몇 개를 잃을 뿐이오. 그런데 도시 3군데와 마을 57개를 제나라에 바치다니, 이는 작은 제목으로 큰 문장을 짓는 것이나 진배없지 않소? 이렇게 사소한 문제를 가지고 호들갑을 떨다니 정말 분통이 터지는구려!"

예문

这不过是一件小事，何必如此小题大作呢？

이건 사소한 일에 불과한데, 이렇듯 호들갑을 떨 필요가 있겠어?

무시무시한 황사

황사가 부는 거리

매년 봄이면 중국에서 날아오는 황사로 제대로 외출을 할 수 없다며 투덜거리는 사람이 많다. 우리나라에서 겪는 황사도 이렇게 불편한데, 황사의 원조(?)인 중국의 상황은 어떨까? 중국 현지에서 겪는 황사는 과연 차원이 다르다고 할 수 있다.

고비사막 같은 건조 지대와 인접한 도시는 말할 것도 없고, 수도인 베이징에서도 3, 4월이면 항상 공기가 탁하게 느껴질 정도로 떠다니는 먼지[浮尘]가 많은 편이다. 거기에다가 사막 지역에서 발생한 강력한 황사[沙尘暴]까지 몰려오는 날이면, 세상은 온통 누런 모래 먼지로 가득 차서 마스크 없이는 한 발짝도 나갈 수 없을 지경이다. 창문을 꼭꼭 닫아 놓아도 어느새 방 안까지 먼지가 쌓이고 매캐한 먼지 냄새가 진동한다. 강력한 황사가 지나간 후에는 땅바닥은 물론이고 건물과 자동차 위에도 '황금색' 모래 먼지가 두껍게 쌓여 있는 것을 볼 수 있다. 하루 동안에 최대 30만 톤 분량의 모래가 하늘에서 쏟아지니, 살수차에다가 인공 강우까지 동원해서 씻어 내도 감당이 안 될 지경이다.

이렇듯 해가 갈수록 황사가 더욱 무시무시해지는 것은, 중국 북부 지역을 중심으로 사막이 맹렬히 확대되고 있는 탓이라고 한다. 사실 이것은 그동안 중국이 경제 개발과 토지 개간 등에만 치중하여 무분별하게 삼림을 훼손하고 초원을 갈아엎은 대가이다. 한번 훼

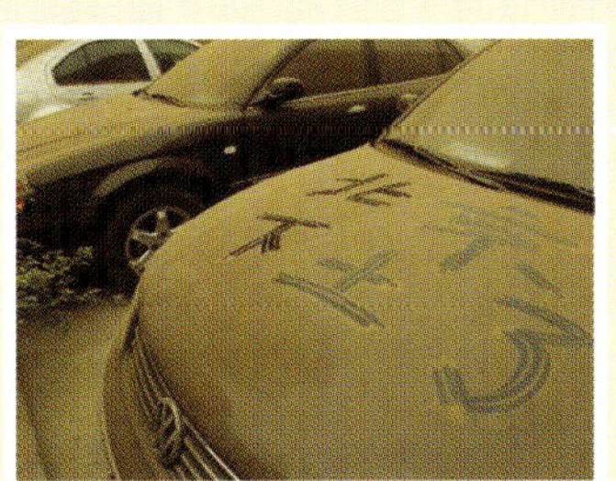
황사가 지난 후 쌓인 모래

손된 삼림과 초원은 복구되지 못하고 급속히 사막화되어, 큰 바람이 불 때마다 막대한 양의 모래 먼지를 쏟아 내는 것이다.

이처럼 황사가 심해지면서 국가 경제의 손실뿐만 아니라 개개인의 건강까지 심각하게 위협하고 있다. 최근에는 중국 정부에서도 뒤늦게나마 황사의 심각성을 인식하고 방풍림을 조성하는 등의 대책을 강구하고 있다고 하니, 부디 효과가 있기를 바랄 뿐이다.

1 正确使用汉语，
保护环境，
植树造林，绿化祖国，
应该是我们每个人的责任和义务。

2 我应该尽到我的一点
义务。
责任。
力量。

3 他们这样胡乱使用汉语，
他不肯给老人让座，
他们大量浪费资原，
这太不应该了。

PART 16

太不应该了。

정말 그래서는 안 돼.

학습 목표

1. 의무나 당위를 나타내는 표현을 익혀 봅니다.
2. 부사 '明明'·'偏'·'白' 의 용법에 대해 알아봅니다.

4 这应该从　　民族文化方面　　来考虑。
　　　　　　　　发展前途
　　　　　　　　各国的实际情况

5 尽管　　累得不行，但人家觉得很有意义。
　　　　我们在同一单位工作，却很少见面说话。
　　　　他整天忙碌地工作，工资收入却十分少。

외래어를 중국어로 발음하는 것이 어려운 美珍. 吴 교수님께 이것저것 여쭤보는데……

美珍:　老师，我常常在报刊上看到"因特网"、"国际互联网"这两个词，是不是都是指"INTERNET"？

吴教授:　对，这两个词是一回事。一个外来词有多种译法，可以举出不少例子。拿"LASER"来说，就有"激光"、"镭射"两种译法。

美珍:　那能不能像"CD"、"VCD"、"DVD"一样，干脆直接使用外语词呢？

吴教授:　这应该从语言的发展规律、人们的使用习惯、民族文化等方面来考虑。有的词，像"卡拉OK"，就收入了《现代汉语词典》。

美珍:　但有些广告中使用的词，像"日本料理"中的"料理"，"服装秀"中的"秀"，词典里就根本找不到。

吴教授:　其实，不就是"日本菜"、"时装表演"吗？明明是汉语里有的词语，可有些商家为了吸引顾客，偏要胡乱拼凑，这太不应该了。结果是，外国人看不懂，中国人也不明白。

美珍:　以后我们在学习和使用汉语时要多留点儿神了。

吴教授:　对，正确使用汉语，也是每个外国留学生应该努力的方向。

단어　镭射 léishè 〔명〕레이저(laser)　│　规律 guīlù 〔명〕규칙, 규율　│　考虑 kǎolù 〔동〕고려하다　│　秀 xiù 〔명〕쇼(show)　│　吸引 xīyǐn 〔동〕끌어들이다　│　胡乱 húluàn 〔부〕제멋대로, 함부로　│　拼凑 pīncòu 〔동〕긁어모으다　│　留神 liú∥shén 〔동〕주의하다, 조심하다

194

01 一回事

'一回事' 는 두 가지 사물의 성질이 같으며, 근본적인 차이가 없음을 나타냅니다. '一码事' 라고도 합니다.

(1) 西红柿就是番茄, 番茄就是西红柿, 一回事嘛。
(2) 他们俩说的是一回事。

02 明明

'明明' 은 사실의 진실성을 강조하며, 앞뒤 글에서 이 진실성과 대립되는 상황이 언급되는 경우가 많습니다.

(1) 他明明知道得很清楚, 却假装不知道。
(2) 他明明说过这句话, 怎么能不承认呢?
(3) 明明屋里很干净, 他还嫌脏。
(4) 哪里是小陈, 明明是小王。

03 偏

1. 고의로 규정을 어기거나 누군가와 대립하는 것을 나타내는 경우
   보통 '偏' 이라고 하고, '偏偏' 이라고도 합니다.

(1) 不叫他去, 他偏要去。
(2) 你爱做的事, 偏不给你做 ; 你不爱做的, 偏给你做。

2. 일의 발생이나 상황이 바라는 바와 정반대임을 나타내는 경우
   보통 '偏偏' 을 많이 씁니다.

(1) 我找过你好多次, 你偏偏都不在家。
(2) 这事非他不可, 可他偏偏正在闹病, 你说怎么办?

상황회화 ②

小李와 美珍이 식목일을 맞아 서로에 대한 의견을 나누는데……

美珍: 昨天晚上，我在电视上看到许多中国人，男女老少，都在公园、荒野植树造林。

小李: 对，四月四日是中国的全民义务植树日。 在这前后，不少人都要去公园、荒野种上几棵树。 昨天，我和同学也去森林公园种树。 尽管累得不行，但大家觉得很有意义。 植树造林，绿化祖国，人人有责。

美珍: 这么好的事儿，你该跟我说一声，也好让我和你们一起去。 我现在生活在北京，应该和北京市民一样，尽一点义务。

小李: 不过，树种了下去，还应该有人养护，否则，就白种了。

美珍: 在我们国家，每个城市青年也都应该自觉种树养花。

小李: 对，城市绿化特别重要。

美珍: 我们要坚持种植树木花草，让我们生活的地方漂亮得像一个大公园。

小李: 每年六月五日，是世界环境日。确实，我们要把保护环境看做我们这一代人的责任和义务，让我们的子孙后代有一个更好的生活环境。

단어 植树 zhí∥shù 图 식수하다, 나무를 심다 ｜ 造林 zào∥lín 图 조림하다 ｜ 尽管 jǐnguǎn 젭 비록(설령) ~라 하더라도 ｜ 尽 jìn 图 다하다, 힘껏 완수하다 ｜ 养护 yǎnghù 图 유지하다, 보존하다 ｜ 坚持 jiānchí 图 견지하다 ｜ 种植 zhòngzhí 图 심다, 재배하다 ｜ 子孙 zǐsūn 图 자손 ｜ 后代 hòudài 图 후세, 후손

01 尽管

'尽管'은 '虽然'과 같은 의미를 나타냅니다.

(1) 他尽管身体不好，可仍然坚持工作。
(2) 尽管跟他谈了半天，他还是不明白。

02 不行

'不行'은 보어로서 정도가 높음을 나타냅니다.

(1) 他听说了以后，高兴得不行。
(2) 他气得不行。

03 白

1. '헛되이'의 뜻으로, 효과를 거두거나 목적을 이루거나 보답을 받지 못했음을 나타내는 경우 '白白'라고도 쓰입니다.

(1) 你怎么还是什么都不会，这几午都白学了？
(2) 还好，没有白干。
(3) 你跟他说也是白说，只是白白浪费时间而已，他不会答应你的。

2. '공짜로'의 뜻으로, 대가를 지불하지 않고 이익을 얻었다는 뜻을 나타내는 경우

(1) 他常常去那儿白吃白拿。

04 …化

'化'는 동사 접미사로서, '~화하다', '~하게 만들다' 등의 뜻을 나타냅니다.

绿化 / 美化 / 简化 / 现代化

1
A. 男的没和老板谈过加薪水的事
B. 男的才来公司两年，所以没加过薪水
C. 男的和老板谈过加薪水的事，但是没用

2
A. 相机有质量问题，所以不能用
B. 相机电池装反了，所以不能用
C. 为了修相机，女的是跑着来的

3
A. 会议两点开始　　B. 小张按时来了　　C. 会议两点半开始

4
A. 机场　　　　　　B. 宾馆　　　　　　C. 车站

5
A. 停车场的车很少，他们觉得很高兴
B. 超市不开门，所以停车场的车很少
C. 停车场的车很少，所以超市不开门

6
A. 可以把星期一说成礼拜一　　B. 不可以把星期一说成礼拜一
C. 老师也不知道怎么说

7
A. 饼干过了有效期　　　　　　B. 饼干的有效期到明天
C. 饼干的生产日期是上个月

8
A. 应该多植树　　B. 城市环境很好　　C. 让孩子植树

9
A. 因为女的没有按说明书操作，所以把相机弄坏了
B. 因为女的没有看说明书，所以把相机弄坏了
C. 因为产品质量有问题，相机不能用了

10
A. 可能下雨　　　　B. 阴转晴　　　　　C. 晴天

孩子在功课之外是否还应该学些科学知识，培养对科学的兴趣？很多家长认为：孩子的第一任务是学习，特别是到了毕业时，其他活动都应停止。而孩子们对科技活动的兴趣却很浓厚。你看，一架遥控飞机，根据小主人的意思忽高忽低地飞着；几棵西红柿，长满了又大又红的果实……应该说，在培养孩子的过程中，家长们犯了一个短视的毛病，他们忽视了对孩子好奇心的培养。其实，这不利于孩子的成长。爱因斯坦早就说过："兴趣是最好的老师。"

凡是在科学上取得突出成就的人，最初的动力大多是出于好奇。也许，当这些家长的孩子成为一名大学生时，他们少年时代的兴趣已不知不觉地消失了。孩子错过了最好的发展时期，这难道不值得很多家长深思吗？

1 在培养孩子的过程中，家长往往最重视什么？忽视什么？

____

2 为什么说"兴趣是最好的老师"？

____

3 你觉得父母应该怎样培养、教育下一代？

____

▶▶▶ 빈칸에 알맞은 단어를 골라 넣으세요.

尽管	只管	不管

1 有什么问题你______说，别不好意思。

2 ______困难很大，但我们有信心完成任务。

3 ______困难有多大，我们也一定要完成任务。

明明	偏	白

4 他不在家，我______跑了一趟。

5 我告诉他别去，可他______要去。

6 他______有，可他说没有，不肯借给我。

▶▶▶ 괄호 안의 어휘를 이용해 문장을 완성하세요.

7 星期天，有很多医生______________，不收钱。（义务）

8 ______________________，可是她的工作成绩并不比别人差。（尽管，文化，比，低）

9 中国________________，就是说，每个儿童都必须上九年学。（实行，义务）

▶▶▶ **다음을 중국어로 써 보세요.**

1 분명히 방은 아주 깨끗한데, 그는 여전히 더럽다고 한다. (明明)

2 네가 좋아하는 일은 일부러 시키지 않고, 싫어하는 일은 일부러 시킨다. (偏)

3 그는 몸이 좋지 않지만, 여전히 일을 계속한다. (尽管)

4 너는 어떻게 아직도 아무것도 못 하니? 이 몇 년을 헛배운 거니? (白)

5 그는 듣고 난 후, 매우 기뻐했다. (不行)

6 그들 두 사람이 말하는 것은 같은 얘기다. (一回事)

7 이 일은 그가 아니면 안 되는데 그는 하필이면 병에 걸렸으니, 어쩌면 좋으니? (偏)

一笔勾销 _yī bǐ gōu xiāo

붓으로 단번에 금을 그어 지워 버린다는 뜻으로,
주로 빚 따위를 단번에 갚거나
어떤 것을 전부 무효로 하는 것을 비유한다.

중국 북송(北宋) 때의 정치가인 범중엄(范仲淹)은 매우 청렴하고 백성을 위했던 것으로 유명하다. 그는 『악양루기(岳阳楼记)』에 "먼저 천하의 근심거리를 근심하고, 나중에 천하의 즐거움을 즐긴다."라는 말을 남겼는데, 이 말은 관리라면 마땅히 일반 백성보다 먼저 나라의 어려움을 근심해야 하고, 백성보다 나중에 즐겁고 행복한 일을 누려야 한다는 뜻이다.

1043년, 부재상의 자리에 오른 범중엄은 한기(韩琦), 부필(富弼)과 함께 정치 개혁을 단행하였다. 범중암은 주요 관리의 명단을 가져다가 그들이 제대로 직무를 수행하고 있는지 자세히 조사하였다. 만일 부패하고 무능한 관리가 있으면 명단에 표시하여 관직을 박탈하고, 그 자리에 다른 유능한 관리를 앉혔다.

부필은 평소 범중엄을 존경했지만, 이번에는 그의 일 처리가 너무 엄격한 것 같다고 생각했다. "그렇게 붓을 한 번 긋는 것으로 관직에서 쫓아낸다면, 그 사람들의 가족은 몹시 괴로울 겁니다." 하지만 범중엄은 이 말을 듣더니, "온 천하의 백성이 괴로운 것보다는 그 사람들 가족이 괴로운 편이 나을 것이오." 라고 잘라 말했다.

부필은 그가 한뜻으로 나라와 백성들을 생각하는 것을 보자 더 이상 이러쿵저러쿵할 수가 없었다. 이렇게 제구실을 못하는 벼슬아치들을 전부 갈아치우니, 자연히 관리들의 수준이 높아지게 되었다.

예문

从那以后，我们之间的怨恨被一笔勾销了。

그때 이후로, 우리 사이의 원한은 전부 일소되었다.

캠퍼스 라이프

중국의 대학생들은 대부분 기숙사 생활을 한다. 다른 지방에서 온 학생들이 많아서 90% 이상이 학교 내에 마련된 기숙사에서 숙식을 해결하며 공부하는 것이다. 기숙사는 학교에 따라 수준이 다른데, 시설이 좋은 학교는 4인 1실도 있지만 보통은 8인 1실에 철제 침대와

대학 기숙사

작은 책상이 전부이다. 비좁은 방에서 여덟이나 되는 학생들이 북적대며 지내야 하니 불편한 점도 많지만, 룸메이트끼리는 그만큼 끈끈한 우정을 쌓게 된다.

캠퍼스에서 시험 공부하는 커플

중국 대학은 수업 시간도 많은 편이고 자유롭게 선택할 수 있는 과목이 적다. 출석이나 성적 관리가 엄격한 데다가 최근 심각해진 취업난에 대비해서 외국어와 컴퓨터 공부까지 해야 하니 자유분방한 캠퍼스 라이프 같은 건 먼 나라 이야기일 뿐이다. 아침 8시부터 시작되는 정규 수업을 마치고 나서도 빈 강의실이나 도서관에서 밤중까지 자습을 하는 광경을 보면 마치 우리나라의 고등학생 같기도 하다.

다들 바쁘다 보니 동아리나 학생회 활동이 아주 미미하고 아르바이트도 별로 하지 않는 등, 전반적으로 생활이 단조로운 편이다. 그래도 바쁜 와중에 어떻게든 짬을 내어 여가 생활을 즐기는 걸 보면 대단하기도 하다. 12시부터 2시까지의 점심 시간에는 운동장에서 축구나 농구를 하거나 PC방에서 게임과 채팅을 즐기는 학생들이 많다. 캠퍼스 내에서 데이트를 즐기는 학생들도 흔하게 볼 수 있는데, 간혹 주위 시선을 아랑곳하지 않는 대담한 애정 표현을 선보이기도 한다. 저녁에는 락카페에서 춤을 추거나

교내 체육대회

가벼운 맥주를 즐기는 학생들도 많다.

우리와 비교해 보면 대학 생활다운 낭만과 자유가 없이 너무 공부만 하는 듯하기도 하지만, 그 학구열만큼은 우리 대학생들이 본받아야 하지 않을까 싶다.